T0345515

BASIC CZECH III

Ana Adamovičová
Milan Hrdlička

UNIVERZITA KARLOVA
NAKLADATELSTVÍ KAROLINUM 2023

Recenzenti: PhDr. Helena Confortiová, CSc.
prof. PhDr. Karel Šebesta, CSc.

© Univerzita Karlova, 2016
© Ana Adamovičová, Milan Hrdlička, 2016

ISBN 978-80-246-3256-8

Basic Czech III je pokračováním titulů Basic Czech I a Basic Czech II. Skládá se z šesti lekcí (kolem 2000 slov a frází) a metodicky vychází z komunikativního a komparativního přístupu. Učebnice se dá použít jak v intenzivních, tak v dvousemestrálních a jiných kurzech. Je vhodná také pro samostudium. Ke všem cvičením je v příloze k dispozici klíč. Všechna slova a fráze jsou zahrnuty do česko-anglického slovníčku na konci každé lekce.

Probíraný gramatický a lexikální materiál v tomto dílu již přesahuje úroveň znalostí, kterou obvykle nazýváme základní. Za účelem zachování formální kontinuity všech tří dílů jsme však zachovali název „Basic Czech". Svým gramatickým a lexikálním složením tato učebnice odpovídá úrovni B2 Společného evropského referenčního rámce pro jazyky.

Postupně se zde rozvíjejí další partie české gramatiky pomocí plynulého a systematického osvojování slovní zásoby a konverzačních frází vážících se k jednotlivým tématům (svátky, vaření, zaměstnání, studium a vzdělání, výchova, svatba, služby, česká historie, kultura, sport, ekonomika, politický systém aj.). Gramatika je jako v předchozích dvou dílech prezentována v přehledných tabulkách. Číslicemi uvedenými za slovesy označujeme příslušnost slovesa k jednotlivým prézentním typům podle jednoduššího, avšak osvědčeného třídění z předchozích dílů: 1. -ám: dělám, 2. -ím: mluvím, 3. -uju: studuju, 4. -u: jedu.

Do příloh jsou zahrnuty souhrnné přehledy prepozic a spojek, přehled těžších sloves, přehledy zvláštních typů skloňování a slovesných valencí (do verbálních frází nejsou však zahrnuta základní slovesa z prvních dvou dílů).

Rádi bychom poděkovali recenzentům učebnice PhDr. Heleně Confortiové, CSc., a prof. PhDr. Karlu Šebestovi, CSc., za jejich cenné připomínky. Zvláštní poděkování patří kolegovi dr. Neilu Bermelovi z Scheffieldské univerzity za korekturu angličtiny.

Ana Adamovičová
Milan Hrdlička
Ústav bohemistických studií
Univerzita Karlova v Praze

Kontakt na autory:
ana.adamovicova@ff.cuni.cz
milan.hrdlicka@ff.cuni.cz

Basic Czech III follows on from Basic Czech I and II. The textbook contains 6 lessons (about 2000 words and phrases). Methodically it's based on a communicative and comparative approach. The textbook can be used both in intensive, two-semestral and other courses. It's also suitable for individual study. All the exercises have a corresponding answer key in the appendix. All words and phrases used are gathered together in a small Czech-English dictionary at the end of each lesson.

The grammar and lexis used in this volume exceeds the knowledge level usually called "basic". The title "Basic Czech" has been preserved to maintain a formal continuity in all three volumes. The grammatical and lexical structure meets the level B2 of the Common European Framework for Languages.

In this volume other, more complex parts of Czech grammar are gradually developed through continuous and systematic acquisition of lexical and conversational phrases related to particular themes (holidays, cooking, occupation, study and education, upbringing, wedding, services, Czech history, culture, sports, economics, political system, etc.). The grammar is presented – as in the previous volumes – in well-arranged tables. The reference numbers, which accompany the verbs, represent the membership to particular present tense type according to the simpler but well-proven classifications used in the former volumes: (1) -ám: dělám, (2) -ím: mluvím, (3) -uju: studuju, (4) -u: jedu.

The appendix contains an overall survey of prepositions, conjunctions, more difficult verbs, surveys of special types of declension and verbal valence (verbal phrases that don't include the basic verbs used in the previous two volumes).

We would like to thank the reviewers of our textbook, Mrs. Helena Confortiová and Mr. Karel Šebesta for their useful comments and special thanks to our colleague Neil Bermel from the University of Sheffield for proofreading the English text.

Ana Adamovičová
Milan Hrdlička
Institute of Czech Studies
Faculty of Arts
Charles University in Prague

Contact to authors:
ana.adamovicova@ff.cuni.cz
milan.hrdlicka@ff.cuni.cz

OBSAH
CONTENTS

OBSAH
CONTENTS

OBSAH
CONTENTS

Rody, deklinace a číslo / Genders, declension and number:

M	–	maskulinum (mužský rod) / masculine
Mi.	–	maskulinum (mužský rod neživotný) / masculine inanimate
Ma.	–	maskulinum (mužský rod životný) / masculine animate
F	–	femininum (ženský rod) / feminine
N	–	neutrum (střední rod) / neuter
h.	–	tvrdá deklinace (skloňování) / hard declension
s.	–	měkká deklinace (skloňování) / soft declension
sg.	–	singulár (jednotné číslo) / singular
pl.	–	plurál (množné číslo) / plural

Pády / Cases:

1. Nom./N.	–	nominativ
2. Gen./G.	–	genitiv
3. Dat./D.	–	dativ
4. Ak./A.	–	akuzativ
5. Vok./V.	–	vokativ
6. Lok./L.	–	lokál
7. Instr./I.	–	instrumentál

Slovní druhy / Parts of speech:

V	–	verbum (sloveso)
S	–	substantivum (podstatné jméno)
adj.	–	adjektivum (přídavné jméno)
adv.	–	adverbium (příslovce)
prep.	–	prepozice (předložka)

Slovesa (Verba) / Verbs:

i.	–	imperfektivní (nedokonavé)
p.	–	perfektivní (dokonavé)
inf.	–	infinitiv / infinitive
coll.	–	kolokviální výraz (běžně mluvený) / colloquial
indecl.	–	nesklonný / indeclinable
dim.	–	deminutivum (zdrobnělina) / diminutive
expr.	–	expresivní výraz / expressive
lit.	–	knižní výraz / literary
vulg.	–	vulgární výraz (hanlivý) / vulgar

Symbols (Symboly):

▲	–	lexical explanation (lexikální poznámka)
››	–	grammatical explanation (gramatická poznámka)
!	–	attention (pozor – všimněte si)
*	–	note (poznámka)
●	–	topic for discussion (téma do diskuse)

UŽ JSOU TU ZASE VÁNOCE!

Rok je už pryč, čas letí a Hanna a Juan se zase nemůžou domluvit, kde stráví Vánoce. Je to už klasický problém, který se od té doby, co jsou v Praze, pořád opakuje. Proto se rozhodli, že zůstanou v Praze. Obě rodiny se pochopitelně moc zlobí a naléhají, aby na svátky přijeli k nim do Finska, respektive do Španělska: Vánoce jsou totiž na celém světě rodinným svátkem. Juan to má trochu <u>jednodušší</u>: do Španělska poletí po Silvestru a na Tři krále, kdy se ve Španělsku nejvíce slaví, už bude doma. Hanna to vyřešila tak, že do Prahy pozvala sestřenici s rodinou. Musela však slíbit, že příští Vánoce stráví v "rodinném kruhu", ať už s Juanem, nebo bez něho, to je jedno. A protože už tady padlo hodně kompromisů, "tradiční české Vánoce" jsou přirozeně jen dalším v řadě. Anebo zdravým projevem adaptability (přizpůsobení se).
Teď Hanna shání dárky **k Vánocům** a taky informace, jak se slaví Vánoce v Čechách.

▲ čas letí / běží / utíká / plyne – *flies, flows, passes*
pryč — *over*
od té doby, co – *from/since the time when*
respektive = tj. – *that means*
jednodušší – *simpler*
na Tři krále – *on Epiphany*
však – *however*
ať už…, nebo – *no matter if… or*
padlo hodně kompromisů – *a lot of compromises have been made*

》 rodina + ný → *adj.* rodinný (svátek, kruh)

》 opakovat něco (Ak.) → něco (Nom.) se opakuje
slavit Vánoce (Ak.) → Vánoce (Nom.) se slaví

*The **reflexive passive form** is used if we don't want to say who carries out the action. The accusative case used in the active form becomes nominative in the passive form.*

ČESKÉ VÁNOCE

Hanna: Haló! Ahoj, Hani, neruším?

Hana: Ahoj! Počkej, prosím tě, hned jsem zpátky.
Promiň, málem jsem to spálila.

Hanna: Ty něco vaříš?

Hana: Ale ne, peču vánoční cukroví.

Hanna: No, to je právě ono! Zrovna se na to chci zeptat! Chystám se oslavovat Vánoce po česku. Jak vypadají tradiční české Vánoce?

Hana: No, holka, to se ptáš opravdu brzy. Zítra je Štědrý večer. Máš co dělat, abys to stihla. Ale ty jsi možná rychlá. Taková průměrná česká hospodyně na Vánoce myslí celý rok: v lednu, když jsou slevy, začíná shánět dárky, pak na chvíli, v době Velikonoc a o dovolené, na Vánoce trochu pozapomene, ale od prvních podzimních dnů už začínají přípravy.

Hanna: Tak to trochu zkrať. Řekni mi jen to nejdůležitější.

Hana: Tak za prvé: několik druhů vánočního cukroví. Moje babička pekla čtrnáct druhů. Cukroví začínáme péct už koncem listopadu, abychom to stihli. Pak vánočka, je to takový tradiční vánoční sladký chleba, dávají se tam rozinky a mandle a vypadá to jako cop.

Hanna: Dá se to koupit?

Hana: To víš, že jo, ale není to ono.

Hanna: No dobře. A co dál?

Hana: Dál tradiční vánoční tabule: rybí polévka, smažený kapr, bramborový salát.

Hanna: Potřebuju přesný recept.

Hana: Pošlu ti ho mailem.

Hanna: Jo, díky. Napiš ale všechno podrobně, včetně všech ingrediencí! Jinak si to nebudu schopná zapamatovat.

Hana: Neboj, napíšu! A ještě jedna věc: velký předvánoční úklid!

Hanna: Jo, myslíš vyluxovat, umýt okna, vyklepat koberce a tak dále.

Hana: Přesně tak. Máš už stromeček?

Hanna: Ano, Juan ho včera přinesl a už jsme ho ozdobili. Ale bojím se, že to všechno nestihnu udělat.

Hana: Víš, jak říká moje babička: kdo se bojí, musí bojovat! Život je boj! Rychle do toho! Neztrácej čas.

Hanna: Jo, jo, já vím… A taky říkáte: Život je pes, že jo?

Hana: Ale taky říkáme, že je krásný… Jo, a nezapomeňte **popřát** Honzovi **k narozeninám**. Bude je oslavovat až po Novém roce.

Hanna: Jéé, málem bych na to zapomněla! A celou dobu na to myslím, no vidíš… Dej mi vědět, až bude oslava!

▲ chystat se = připravovat se po česku – *à la*
málem – *nearly, almost* To je ono! – *That's it!*
nejdůležitější – *the most important* Dej mi vědět! – *Let me know!*
dá se = lze / je možné – *be possible, can* Máš co dělat! – *You have your work cut out for you!*

až bude – *when* až po – *only after*

■ 1. Odpovězte:

Na čem se Hanna a Juan nemůžou domluvit?

_____

Jaký mají problém od té doby, co žijou v Praze?

_____

Jak ho vyřešili?

_____

Proč to Juan má jednodušší?

_____

Myslíte si, že Hanna dodrží slib?

_____

Jak budou slavit Vánoce?

_____

Co Hanna ještě neví?

_____

Co dělá Hana?

_____

Jak dlouho se podle Hany průměrná česká hospodyně připravuje na Vánoce?

_____

Jak vypadá tradiční česká vánoční tabule?

_____

Budou Hanna a Juan zdobit stromeček?

_____

Kolik druhů cukroví asi upeče?

_____

Bude mít čas na velký předvánoční úklid?

_____

Čeho se Hanna bojí?

_____

▲ dodržet slib – _to keep a promise_   Sliby chyby! – _Promises, promises!_

STARÉ ČESKÉ ZVYKY

V Čechách dárky nosí ježíšek. Je to český Santa Claus.

Jablíčka
Jablíčko rozpůlíme a když je tam hvězdička, budeme šťastní a zdraví celý další rok. Když je tam křížek, znamená to, že budeme mít problémy.

Střevíce
Holky hodí střevíc ke dveřím. Když dopadne špičkou ke dveřím, znamená to, že se holka do roka vdá a odejde z domova.

▲ jablíčko = malé jablko
hvězdička = malá hvězda ★; křížek = malý kříž †
hodit – _to throw_ × hodit se – _to suit, go together_
střevíc = dámská bota
dopadnout špičkou ke dveřím – _(a shoe) falls down with its tip towards the door_
do roka – _within a year_
odejít z domova – _to leave home_

HANINY RECEPTY

Smažený kapr

1 kapr
sůl, mouka, 2–3 vajíčka, strouhanka, citron

Kapra rozporcujeme, osolíme, obalíme v mouce, ve vajíčku a ve strouhance a smažíme na rozpáleném oleji dozlatova. Před podáváním pokapeme citronem.

▲ smažíme dozlatova – *fry until golden*

Bramborový salát

6 velkých brambor
kořenová zelenina: 2–3 mrkve, 1 menší celer, 1 petržel
několik nakládaných okurek, 1 cibule, sůl, pepř
majonéza, kysaná smetana

Brambory uvaříme ve slupce, necháme vychladnout, oloupeme, nakrájíme nadrobno, přidáme mrkev, celer a petržel, které jsme předtím uvařili a nakrájeli, nadrobno nakrájené nakládané okurky a cibuli. Vše promícháme, osolíme a opepříme a přidáme podle chuti majonézu a kysanou smetanu.
A hotovo! Dobrou chuť!

▲ před podáváním – *before serving*
   nechat vychladnout – *allow to cool*

?

Co všechno musíme udělat, abychom se připravili na Štědrý večer?
Máš rád/a Vánoce? Těšíš se na ně? Proč?
Jak se slaví Vánoce u vás / ve vaší zemi?
Jaká je vaše tradiční vánoční tabule?
Máte nějaké zvláštní zvyky na Vánoce? Dodržujete je?
Kdo u vás nosí dárky?
Máte taky koledy (vánoční písně)?

● Říká se, že jsou Vánoce svátkem klidu a pohody. Myslíš si, že to ještě platí v dnešní hektické době?

❗ platit – *be valid*

Připravujeme jídlo	vařit	smažit	dusit	péct	opékat / grilovat
	to cook, boil, make	*to fry*	*to stew*	*to roast, bake*	*to grill, barbecue*
CO?	kávu polévku rýži vejce brambory	sýr řízek hrambory vejce	zeleninu maso	maso dort cukroví	maso klobásu slaninu chleba
JAK?	ve vodě	na oleji	ve vlastní šťávě pod pokličkou	na oleji	na grilu
KDE?	na sporáku na plotně	na sporáku na plotně	na sporáku na plotně	v troubě	na grilu na roštu na ohni
V / NA ČEM?	v hrnci	na pánvi	v kastrolu	na pekáči	

▲ Nádobí, stejně jako zelenina a ovoce, má v češtině jen singulár!
Z nádobí jíme: mělký talíř je na hlavní jídlo, hluboký talíř je na polévku (proto říkáme talíř polévky: *plate of soup!*), miska je na salát, pudink, kompot apod.
V nádobí taky vaříme.
Pomocí příborů jíme: polévku lžící, hlavní jídlo vidličkou a nožem. Máme také lžičku.
Vařečku potřebujeme na míchání (někdo výjimečně také na děti!), naběračku na polévku.
Kuchař je muž, který vaří.
Kuchařka je žena, která vaří, ale také kniha receptů!

Syrová zelenina = čerstvá zelenina (nevařená – nedušená) × sýrová polévka (ze sýra)

▲ HLAD JE NEJLEPŠÍ KUCHAŘ!

		Nom. sg./pl.	Dativ pl.: Vše nejlepší k / Jdeme k…	
M	hard	svátek	svátkům	-ŮM
M	soft	Vánoce[1], Velikonoce[1]	Vánocům, Velikonocům	
N	-o	auto	autům	
N	-K-um	cent_rum, ví_zum	centrům, vízům	
F	-a	narozeniny[1]	narozeninám	-ÁM
F	-st	místnost + věc, děti	místnostem, věcem, dětem	-EM
F	-e	židle	židlím	-ÍM
F	-cons.	kolej	kolejím	
N	-e	moře	mořím	
N	-í	nádraží	nádražím	
N	-V-um	jubil_eum, stipend_ium	jubileím, stipendiím	

» dům $\boxed{\text{-Ů > -O}}$ → k domům

     peníze $\boxed{\text{-Í > -Ě}}$ → k penězům

     svátek $\boxed{\text{-E̶}}$ → k svátkům

     věci, děti, lidi → věcem, dětem, lidem !!!

M + F + N	TEN svetr	k těm svetrům, sukním, sakům	TĚM
	TA sukně		
	TO sako		
	můj hezký	k mým, tvým hezkým	-ÝM
	tvoje hezká		
	moje hezké		
	její moderní	k jejím moderním	-ÍM
	náš, vaše	k našim, vašim	-IM

[1] *Some Czech words have only a plural form. See p. 23*

■ 2. Dejte do dativu plurálu:

Čemu nerozumíš?
Nerozumím

ty problémy	_____	ti kamarádi	_____
ty požadavky	_____	ty jazyky	_____
ta díla	_____	ta slova	_____
ty zprávy	_____	ty hry	_____
ty věty	_____	ty opery	_____
ty básně	_____	ty písně	_____
ty děti	_____	ti lidi	_____

gramatická pravidla _____

jízdní řády _____

italské opery _____

staré texty _____

hloupé komedie _____

nové trendy _____

světoví politici _____

A ty? Já jim taky nerozumím. / Já jim naopak rozumím.

■ 3. Dejte do dativu plurálu:

Co nemáš rád/a? Co ti vadí? Čemu se vyhýbáš?
Vyhýbám se

      hlučná místa _____

      zakouřené restaurace _____

      tučná jídla _____

      kořeněné pokrmy _____

      sladkosti _____

      cizí lidi _____

      sprostá slova _____

      alkoholické nápoje _____

      zbytečné konflikty _____

      nebezpečné situace _____

      nudní lidi _____

Vyhýbám se

malé děti	_____
sváteční obědy	_____
cestovní kanceláře	_____
tmavé ulice	_____
velcí psi	_____
černé kočky	_____

■ 4. Dejte do dativu plurálu:

Komu blahopřeješ? K čemu?
Blahopřeju

rodiče	_____	k (svátky)	_____
kamarádi	_____	k (svatba)	_____
spolubydlící	_____	k (promoce)	_____
kamarádky	_____	k (úspěch)	_____
profesoři	_____	k (chytří studenti)	_____
přátelé	_____	k (narození dítěte)	_____

■ 5. Dejte do dativu plurálu:

Nemám nic proti

vaše návrhy	_____
naši politici	_____
tvoji bratři	_____
jeho sestry	_____
vaše zvyky	_____
jejich tradice	_____
tvoji spolubydlící	_____

■ 6. Na co máte chuť?

Co si dáš k

brambory	_____?	rajská__ omáčka__
těstoviny	_____?	bílé víno
chlebíčky	_____?	horká__ čokoláda__
palačinky	_____?	pivo
bramboráky	_____?	maso

Hanna a Juan píšou vánoční a novoroční přání...

Milí Hano a Honzo,

přejeme vám krásné svátky –
hodně štěstí, zdraví, úspěchu, lásky, porozumění,
hodně dárků k Vánocům, hodně spolehlivých přátel, hodně peněz...

zkrátka

VESELÉ VÁNOCE A ŠŤASTNÝ NOVÝ ROK!!! ☺♥

... a blahopřejí Honzovi k narozeninám:

Milý Honzo, přejeme Ti všechno nejlepší k narozeninám,
splnění všech přání a hodně krásných dárků!
Juan a Hanna

Honza chce reagovat hned, a proto posílá esemesku:

Dekuju za mile prani.
Datum oslavy poslu
dodatecne. Mejte se! Honza

■ Odpovězte:

Jaké dárky nejčastěji dostáváš k Vánocům?

_____

Co jsi dostal/a k Vánocům minulý rok?

_____

Jaké dárky dáváš k Vánocům kamarádům, rodičům a příbuzným?

_____

Co si přeješ k narozeninám?

_____

Co kupuješ k narozeninám kamarádům a rodičům?

_____

Některé další prepozice s dativem

VŮČI = K – *towards*	Vůči mně / Ke mně je milý.
(O)PROTI – *in comparison with* = VE SROVNÁNÍ S + Instr.	Proti tobě není v ničem lepší. = Ve srovnání s tebou…
VZHLEDEM K – *in view of*	Vzhledem k nedostatku času jsem tu práci neudělal.
NAVZDORY – *in spite of, despite* = PŘES + Ak.	Navzdory špatnému počasí jeli na výlet. = Přes špatné počasí…

Některá další verba s dativem

slibovat, slíbit ▮ něco – *to promise*	Slibuje jí modré z nebe. – *He promises her the earth/moon.*
věnovat se – *to devote to, to engage in*	Věnuje se novodobým dějinám.
vyhýbat se – *to avoid*	Vyhýbá se skinheadům.
patřit – *to belong to*	Komu patří ta bunda?
patřit k – *to be one of*	Karlova univerzita patří k nejstarším univerzitám ve střední Evropě.

■ **7. Dejte slova v závorce do dativu:**

To není moc hezké vůči (zákazníci) _____

Byl přátelský vůči (všichni studenti) _____

Je vždy tolerantní vůči (známí a přátelé) _____

Bylo to přátelské gesto vůči (naši obchodní partneři) _____

Jaký je kurz eura vůči (koruna) _____?

■ **8. Nahraďte prepozicemi s dativem:**

Ve srovnání s tebou nemá žadnou šanci. _____

Ve srovnání s nimi máme mnoho předností. _____

Ve srovnání se starými časy jsou moderní Vánoce hektické. _____

Ve srovnání s tím, co bylo, je dnešní doba moc uspěchaná. _____

Přes problémy to nakonec udělal. _____

Přes všechny zákazy tam nakonec jel. _____

Přes silné bolesti hlavy šel do práce. _____

Přes nedostatek času jsem tu práci udělal. _____

	M	F	N
oblečení *clothes*	manšestráky – *cords* šaty tepláky – *tracksuit* slipy – *briefs* punčocháče – *pantyhose*	bikiny kalhoty kalhotky – *panties* plavky – *swimsuit* šortky – *shorts* džín(s)y – *jeans*	
události *evants*	Vánoce – do Vánoc! Velikonoce – do Velikonoc!	narozeniny prázdniny dějiny	
předměty *things*	peníze – bez peněz!	hodiny hodinky noviny nůžky sáňky – *sledge* brýle dveře	kamna – *heater* vrata – *gate*
části těla *parts of body*		plíce – *lungs*	ústa záda játra – *liver*
názvy lokalit *names of loc.*	Hradčany – kolem Hradčan! Vinohrady – blízko Vinohrad!	Dejvice Vršovice Benátky Helsinky Krkonoše	

» With these nouns we use a special form of numeral:
jedny, dvoje, troje, čtvery, patery, šestery, sedmery, osmery

We also use these numerals with the nouns that come in pairs, e.g. ponožky, rukavice, boty, tenisky, kecky, *or one packet of* (jedno balení) = jedny cigarety, žvýkačky.
Jedny, dvoje ponožky = *one pair, two pairs of socks*

DÁREK K NAROZENINÁM

Hana:	Miláčku, chci ti koupit dárek **k narozeninám**. Co si přeješ?
Honza:	To snad má být překvapení.
Hana:	To nemá být překvapení. Dárky **k Vánocům** mají být překvapení.
Honza:	Ty víš, co já mám rád a co mi udělá radost.
Hana:	Ano. Ale taky vím, co potřebuješ. **K těm hnědým kalhotám** nemáš svetr, **k černým** nemáš pásek, **k džínám** se ti nehodí žádné tričko, které máš, mikina, kterou nosíš **k béžovým manšestrákům** je naprosto nemožná…
Honza:	Ach, už zase oblečení! Samé užitečné věci! Dej mi pokoj! Víš, že mě to nebaví. Nejsem žádný manekýn a nikdy nebudu!
Hana:	Ale ty nemáš co na sebe a já s tebou takhle nemůžu chodit!
Honza:	Tak si najdi nějakého fešáka! Můžeš mu žehlit límečky a kupovat kravaty a oba budete štěstím bez sebe!
Hana:	Nech toho! Rozumíš tomu jako koza petrželi! Pojďme na Flóru a potom na Smíchov!
Honza:	Ach, nákupní centra: Panebože, proč mě nemáš rád, za co mě trestáš?

V OBCHODĚ

Hana:	Máte ten svetr v černé barvě?
Prodavačka:	Jakou potřebujete velikost?
Hana:	52.
Prodavačka:	V padesát dvojce bohužel máme poslední model ve vínové barvě.
Honza:	Ne, vínovou ne, prosím! Nenávidím vínovou barvu!
Hana:	Proč ne? Je to letošní módní výkřik! A vínová ti bude slušet.
Prodavačka:	Ano, je to poslední kus. Vínová jde na odbyt. Je to hit letošní sezóny.
Hana:	Zkus to… No, ty rukávy jsou trochu krátké.
Honza:	Hodně krátké. A nedají se prodloužit!!!
Hana:	A co takhle mikina? Zipy letos taky frčí. … Hm, je trochu dlouhá.
Prodavačka:	Dala by se zkrátit.
Honza:	Je strašně úzká.
Prodavačka:	To není problém. Dá se žehličkou trochu rozšířit.
Hana:	To je fakt. Jinak mu padne jako ulitá. Tak my si ji vezmeme.
Prodavačka:	Zaplatíte u pokladny, prosím. Budete si přát zabalit jako dárek?
Hana:	No, proč ne. Děkuju.
Honza:	Taky děkuju.
Hana:	Není zač. Bude **se ti** báječně **hodit k džínám** i **k manšestrákům**.
Honza:	To víš, že jo.

▲ samý, -á, -é = jen

Dej mi pokoj! – *Leave me alone!*; pokoj ⟨ *room* / *peace, quietness*

Nemáš co na sebe – *you have nothing to wear*
být štěstím bez sebe – *be very happy, overjoyed*
Nech toho! – *Stop it!*
módní výkřik – *dernier cri*
jde to na odbyt – *it's selling like hotcakes*
To letí / frčí! (coll.) – *It's in fashion, in vogue!*
padnout jako ulitý – *fit like a glove; be perfect*
vyjít z módy – *to go out of fashion*

» balit → balík – *package*, balíček – *packet*, balení – *wrapping*, obal – *packaging, case*, obálka – *envelope*

?

Co se letos nosí? Jaká je letošní móda?
Co letos frčí?
Co jde letos na odbyt?
Co už vyšlo z módy?
Jaké barvy jsou letos moderní? Jaké střihy? Jaké boty?
Jaké nohavice, jaké rukávy, jaké límce?
Jaký je tvůj vztah k módě?
Oblékáš se podle poslední módy?
Jakou módu máš rád/a? (např. praktická, sportovní, pohodlná, elegantní...)
Jaká barva ti sluší? Proč? (např. zelená mi jde k očím, k barvě pleti, k vlasům...)
Co raději nosíš: kalhoty, nebo sukni? Proč?
Máš ráda šaty?
Jakou délku šatů preferuješ? (např. dlouhé, ke kotníkům, ke kolenům, krátké)
Kdy si bereš na sebe šaty?
Jaké boty se hodí k večerním šatům?
Máš oblek? Nosíš rád obleky a kravaty?

● Co si myslíte, dělají šaty (=oblečení) člověka?
● Je vám Honzy líto?

▲ Rád/a nosím to, co se nosí.
Šaty dělají člověka.
Je mi líto + *Gen.*

■ **9. Spojte a zeptejte se pak souseda/sousedky na jejich názor:**

Co si vezmeš k

džíny	_____	sandály	minisukně__
vlněné kalhoty	_____	tenisky	sluneční brýle
manšestráky	_____	bílá__ košile__	
dlouhé šaty	_____	krátké tričko	
krátké šaty	_____	široká__ mikina__	
úzká dlouhá sukně	_____	kožený pásek	
tmavý oblek	_____	úzká__ blůza__	
tepláky	_____	volný svetr	
bílé ponožky	_____	kecky	dámské sako
plavky	_____	náhrdelník	klobouk
šortky	_____	vysoké podpatky	
černé punčocháče	_____	lakované boty	

Jak v tom vypadám?

+ 　　　　　　　　　　　　　　　　　　　–

Báječně! Senzačně! Jako ze žurnálu!　　　Dost hrozně! Vypadáš jak strašák!
Jako ze škatulky! Ani bych tě nepoznal/a!　Prosím tě, co sis to na sebe vzal/a!

Sluší mi to?

+ 　　　　　　　　　　　　　　　　　　　–

Moc! Padne ti to jak ulité!　　　　　　　No, jak ti to mám říct...
Jsi v tom fešák/fešanda!

Hodí se mi to k...?

+ 　　　　　　　　　　　　　　　　　　　–

Ano, hodí se ti to k vlasům, k barvě očí/　Nehodí se to k tvé postavě.
k očím...　　　　　　　　　　　　　　　Nehodí se to do práce / do školy.

▲

　　　　　　　wave → vlnité vlasy
vlna <
　　　　　　　wool → vlněný svetr

ZVÍŘATA, BROUCI, PROMIŇTE! JE TO O LIDECH!
SORRY, ANIMALS & BUGS! IT'S ABOUT PEOPLE!

14

■ **10. Doplňte do ustálených přirovnání názvy zvířat:**

lev *(lion)*, **liška** *(fox)*, **mezek** *(mule)*, **opice** *(monkey)*, **páv** *(peacock)*, **vlk** *(wolf)*, **zajíc** *(hare)*, **kostelní myš** *(church mouse)*, **šnek** *(snail)*, **žížala** *(earthworm)*, **beránek** *(lamb)*, **pes** *(dog)*, **prase** *(pig)*, **husa** *(goose)*, **kůň** *(horse)*, **blecha** *(flea)*, **cvrček** *(cricket)*, **mravenec** *(ant)*, **štěnice** *(bedbug)*, **včelička** *(honeybee)*, **veš** *(sucking louse)*

mazaný jako _____

hladový jako _____

vyplašený (bázlivý) jako _____

pyšný jako _____

tlustý jako _____

hubený jako _____

pilný jako _____

líný jako _____

šťastný jako _____

tvrdohlavý jako _____

chudý jako _____

zvědavý jako _____

věrný jako _____

hloupý jako _____

protivný jako _____

silný jako _____

malý jako _____

trpělivý jako _____

utahaný jako _____

pomalý jako _____

■ **11. Doplňte slova:**

pěna *(foam)*, **blesk** *(flash)*, **smrt** *(death)*, **pírko** *(little feather)*, **cedník** *(sieve)*, **den, noc, hodiny**

děravý jako _____   rychlý jako _____

lehký jako _____   přesný jako _____

jasný jako _____   tichý jako _____

ošklivý jako _____   bledý jako _____

	kvalita *quality*	odvozená od S a V *derived from S & V*	-ný, -ový, -tý	-ský, -cký
TVRDÁ	dobrý starý velký malý srdečný pozdrav slunečný den	ovoce → ovocný jahoda → jahodový míchat → míchaný péct → pečený smažit → smažený umýt → umytý		český přátelský sympatický praktický
	+ reálný	+ vepřový		+ kravský, koňský, loňský
	cizí slova *foreign words*	vztah, funkce *relation, function*	čas + prostor *time + space*	zvířata *animals*
MĚKKÁ	aktuální inteligentní moderní miniaturní tolerantní virtuální + cizí	srdce – nemoc: srdeční slunce – brýle: sluneční fakulta – bufet: fakultní	den → denní večer → večerní měsíc → měsíční rok → roční nahoře → horní dole → dolní vpředu → přední vzadu → zadní sever → severní letos → letošní	ryba → rybí kuře → kuřecí pes → psí koza → kozí

》 *You can only form comparatives with the adjectives shaded dark.*
+ = exceptions

pozitiv	komparativ	superlativ	+ změna	koncovka
milý	milejší	**NEJ +** *komparativ*		
rychlý	rychlejší			
nový	novější			
zajímavý	zajímavější			-EJŠÍ/ -ĚJŠÍ
zkušený	zkušenější			
moderní	modernější			
krásný	krásnější		r → ř	
chytrý	chytřejší		sk → šť	
přátelský	přátelštější		ck → čť	
sympatický	sympatičtější			
starý	starší			
mladý	mladší			
krátký	kratší		-ký	
řídký	řidší		-oký	
sladký	sladší			-ŠÍ
široký	širší		ch → š	
hluboký	hlubší		s → š	
tichý	tišší		h → ž	
vysoký	vyšší		z → ž	
drahý	dražší			
blízký	bližší			
hezký	hezčí		-ký	
lehký	lehčí			-Í
měkký	měkčí		k → č	
tenký	tenčí			

>> *Comparatives and superlatives* → *soft adjective declension*

>> O kolik je větší?
Je **o** trochu × **o** dost větší = mnoh**em** větší; Je dvakrát větší. Je větší než ty.

>> *Irregular comparatives:* **velký – větší, malý – menší, dobrý – lepší, špatný/zlý – horší, dlouhý – delší**

! Čím (je) delší slovo, tím (je) větší pravděpodobnost, že v komparativu bude mít delší sufix -ejší: zajímavější, sympatičtější...

■ 12. Utvořte komparativ adjektiv:

Hanna má nový počítač, Honza má _____ .

Honza má levný byt, Hanna shání _____ .

Ten film je nudný, ale ta opera je ještě _____ .

Film je zajímavý, ale kniha je mnohem _____ .

Vlak je rychlý, ale autobus je _____ .

Honza je sympatický, ale Juan je ještě _____ (myslí si Hanna).

Hanna je praktická, Hana je ale ještě _____ než Hanna.

Jeho spolubydlící je přátelský, její je ještě _____ .

Praha je drahá, Londýn je však mnohem _____ .

Hana má (dlouhé) _____ a (tmavý) _____ vlasy než Hanna.

Hana je vysoká, Hanna je ještě o trochu _____ .

O kolik je Honza (starý) _____ než Hana? – O dva roky.

O kolik je váš byt (malý) _____ než náš? – Asi dvakrát.

Ta knížka je mnohem / o dost (krásný) _____ než stejný film.

Nemáš nějaké (blízký) _____ informace?

Je to schopný politik, jeho bratr je ale ještě _____ .

■ 13. Utvořte komparativ a superlativ:

Itálie je teplá, Řecko je _____ , Kypr je _____ .

Zima ve Finsku je studená, na Islandu je _____ , v Laponsku je _____ .

Martinů je známý skladatel, Smetana je _____ , Dvořák je _____ .

Moje taška je těžká, tvůj kufr je _____ , jeho batoh je _____ .

Můj batoh je lehký, váš kufr je _____ , jejich taška je _____ .

Prázdniny jsou krátké, víkend je _____ , dovolená u moře je _____ .

Lekce je dlouhá, přednáška je _____ , zkouška je _____ .

Učebnice je tlustá, román je _____ , slovník je _____ .

Kapesní slovník je tenký, novela je _____ , časopis je _____ .

Kopec je vysoký, hora je _____ , vrchol hory je _____ .

Pohovka je měkká, polštář je _____ , peřina je _____ .

Bavlna je jemná, mohér je _____ , hedvábí je _____ .

Pepř je pálivý, paprika může být _____ , chili papričká je _____ .

▲ bližší informace – *further*; nejbližší příbuzný – *immediate*; nejbližší přátelé – *the closest*; nejbližší stanice metra – *the nearest*

■ 14. Utvořte superlativ:

Který student je (chytrý) _____?

    Je jedním z našich _____ studentů.

Honza a Hana jsou moji (blízký) _____ přátelé.

    Jsou jedněmi z mých _____ přátel.

Které jezero je (hluboké) _____ na světě?

    Bajkal je jedním z _____ jezer na světě.

Čeština je pro mě (těžký) _____ jazyk.

    Čeština je pro mě jedním z _____ jazyků.

To je (hloupá) _____ otázka, jakou jsem kdy slyšel.

    To je jedna z _____ otázek, jaké jsem kdy slyšel.

To asi bude (drahý) _____ hotel v Praze.

    Ubytoval se v jednom z _____ hotelů v Praze.

■ 15. Utvořte komparativ (dávejte pozor na pády):

Stěhuju se do velk**ého** bytu! – A já do ještě _____!

Stěhuju se do krásné vily! – A já do ještě _____!

Směju se dobr**ým** vtipům. – Já se směju _____!

Rozumím těžk**ým** větám. – A já ještě _____!

Potřebuju (nový) _____ slovník, (rychlý) _____počítač, (velký) _____byt, hezký _____ pokoj!

Mám dobr**ého** kamaráda. – A já mám _____!

Piju dobrou vodku. – A já piju _____!

Mám nový mobil! – A já mám _____!

Mám drahou hifi věž! – Já určitě mám _____!

Byl jsem na zajímav**ém** filmu. – Já jsem určitě byl/a na _____!

Byla jsem na skvělé výstavě. – A já na ještě _____!

Pojedu rychl**ým** autem. – A já pojedu _____!

Pojedu krásnou lodí! – A já ještě _____!

Potkal jsem několik báječn**ých** lidí. – A já jsem potkala pár ještě _____ lidí!

Dávám pozor na malé detaily. – A já na ještě _____detaily!

Přestaň se už konečně vytahovat!

▲   vytahovat se – *to show of*

■ **16. Utvořte komparativ (dávejte pozor na pády):**

Chci něco zajímav**ého** na čtení. – Tady jsou noviny.

Nemáš nic _____?

Chci něco lehk**ého** k jídlu. – Tady mám česnečku.

Nemáš nic _____?

Chtěl/a bych vidět něco dobr**ého**. – Můžu ti půjčit Kill Bill.

Nemáš nic _____?

Chtěl/a bych si přečíst něco nov**ého** od Kundery. – Já mám jen Žert.

Nemáš nic _____?

Potřebuju velkou igelitku. – Mám jen tuhle.

Nemáš nic _____?

VERBA UTVOŘENÁ Z ADJEKTIV
VERBS DERIVED FROM ADJECTIVES

Adj.	Perf. verb		Prefix
	Udělat něco / to do	Být nějaký / to become	
krátký	**z**krátit (sukni)	**z**krátit **se** (den se zkrátil)	
úzký – užší	**z**úžit	**z**úžit **se**	
malý – menší	**z**menšit	**z**menšit **se**	
velký – větší	**z**většit	**z**většit **se**	
vysoký – vyšší	**z**výšit	**z**výšit **se**	Z-
dobrý – lepší	**z**lepšit	**z**lepšit **se**	
špatný – horší	**z**horšit	**z**horšit **se**	
drahý – dražší	**z**dražit	**z**dražit **se**	
pomalý	**z**pomalit	**z**pomalit **se**	
rychlý	**z**rychlit	**z**rychlit **se**	
široký – širší	**roz**šířit	**roz**šířit **se**	ROZ-
dlou**h**ý – (delší)	**pro**dloužit	**pro**dloužit **se**	PRO-
hluboký – (hlubší)	**pro**hloubit	**pro**hloubit **se**	
nízký – nižší	**s**nížit	**s**nížit **se**	S-

Rozumíte?

Evropská unie se v roce 2004 rozšířila o 10 nových zemí, v roce 2007 o dvě nové země, v roce 2012 o jednu další zemi.

Počet obyvatel planety se každoročně zvyšuje o 80 milionů.

■ **17. Nahraďte komparativy perfektivním verbem:**

Ty nohavice jsou moc dlouhé. Potřebuju kratší. Potřebuju je _____.

Dají se _____?

Ta sukně je příliš široká. Víc by mi slušela užší. Chci ji _____.

Dá se _____?

Ty šaty jsou moc krátké. Chtěla bych je mít delší. Chci je _____.

Dají se _____?

Ten svetr je po vyprání moc úzký. Potřebuju širší. Chci ho _____.

Dá se _____?

Moje výslovnost je moc špatná. Chci ji mít lepší. Chci ji _____.

Jak mám _____ svoji výslovnost?

Chci zůstat déle v Praze. Chci si _____ pobyt v Praze.

■ **18. Utvořte věty podle modelu:**

V zimě jsou dny kratší.	V zimě se dny zkrátily.

V létě jsou dny delší. _____

Chodník je tady užší. _____

Pracovní podmínky jsou horší. _____

Je lepší v češtině. _____

Ceny jsou v poslední době vyšší. _____

Daně jsou letos nižší. _____

Možnosti výběru jsou širší. _____

Naděje jsou menší. _____

Rozdíly mezi státy jsou hlubší. _____

Počasí je horší. _____

Sukně se zase nosí kratší. _____

Výroba je nižší o 2 procenta. _____

Počet obyvatel na zemi je vyšší. _____

Státní dluh je letos vyšší. _____

Tempo růstu je pomalejší. _____

Jeho chůze je pomalejší. _____

Šance jsou větší. _____

pozitiv	komparativ	superlativ	+ změna	koncovka
rychle pomalu snadno zajímavě	rychleji pomaleji snadněji zajímavěji		~~ko~~ ~~oko~~	
krátce měkce úzce ticho, tiše přátelsky demokraticky hluboko	kratčeji měkčeji úžeji tišeji přátelštěji demokratičtěji hlouběji	NEJ + komparativ	k, c > č z > ž ch > š sk > šť ck > čť o > ou	-(E)JI / -(Ě)JI
snadno draho blízko široko vysoko	snáz(e) dráž(e) blíž(e) šíř(e) výš(e)		d > z h > ž z > ž r > ř s > š	-(E)

» -o × -e
  -o + *verbum* **být**: je tu ticho, je mu smutno, je tady draho; + *konkrétní situace:* je to blízko
  -e + *jiné verbum:* mluví tiše, vypadá smutně; + *abstraktní situace:* blízce příbuzné jazyky

» *Irregular comparatives:* **mnoho – víc(e), málo – méně (míň), dobře – lépe (líp), špatně/zle – hůř(e), dlouho – déle (dýl), daleko – dál(e), brzo – dřív(e)**

» *Forms* **míň** *and* **líp** *are considered to be a spoken literary forms (hovorové spisovné tvary), while* **dýl** *is still considered as only spoken form.*

■ **19. Utvořte komparativ a superlativ:**

Dnes bylo teplo, zítra bude ještě _____ a pozítří má být _____.

Vloni jsem bydlel blízko fakulty, letos bydlím ještě _____. Kdo bydlí _____?

V supermarketu se dá nakupovat levně, v hypermarketu ještě _____.

Zajímá mě, kde se v Praze dá nakupovat _____?

Hana vypadá šťastně a spokojeně, Hanna ještě _____ a _____.

Honza vypadá _____ a _____. *(To určitě!)*

Tento rok jezdím domů docela často, minulý rok jsem však jezdil _____.

Kdo z vás jezdí domů _____?

Chová se přátelsky, jeho přítelkyně ještě _____.

Kdo se k tobě chová _____?

Juan vypráví zajímavě, Honza ještě _____, ale můj dědeček _____.

Autobusem tam budeme rychle, autem ještě _____, letadlem _____.

V Praze je draho, v Helsinkách je ještě _____, kde je _____?

Pěšky se k nám dostanete snadno, tramvají ještě _____, metrem_____.

Hanna se obléká moderně, Hana ještě _____.

Kdo se tady obléká _____?

Byli jsme tady krátce, oni ještě _____, jejich známí _____.

Mluví tiše, jeho soused ještě _____, jeho kamarád _____.

Zpívá hlasitě, ona _____, její kluk však _____.

■ **20. Vyberte správnou formu adverbia a utvořte komparativ:**

Je to (blízko – blízce).
Čeština a slovenština jsou (blízko – blízce) příbuzné jazyky.
Bydlím (daleko – dalece).
Nevím, jak (daleko – dalece) si rozumíme.
Bylo tady (ticho – tiše). Mluví (ticho – tiše).
Je mu tady (smutno – smutně) bez ní.
Vypadá (smutno – smutně).
Vidím, že je tu (veselo – vesele).
Tváří se (veselo – vesele).
Poklad je (hluboko – hluboce) v zemi.
Jsme (hluboko – hluboce) dojati.
Je to (vysoko – vysoce) v horách.
Pan Black je (vysoko – vysoce) erudovaný člověk.

■ **21. Utvořte věty podle následujícího vzoru:**

Jím **hodně**. Mám **velkou** chuť k jídlu.
Čím víc jím, **tím** mám **větší** chuť k jídlu.

Učím se **hodně**. Umím **hodně**.

_____

Znám **hodně** lidí. **Hodně** ho mám ráda.

_____

Jím **rychle**. **Brzo** mám hlad.

_____

Spím **málo**. **Moc** jsem unavený/á.

_____

Byt je **velký**. Je **drahý**.

_____

Snídám **hodně**. Mám hlad **pozdě**.

_____

Směju se **moc**. Mám **dobrou** náladu.

_____

Mám **moc** peněz. Potřebuju **hodně** věcí.

_____

Jezdí **rychle**. Mám **velký** strach.

_____

Je **starý**. Je **krásný**.

_____

Běhá **hodně**. Má **dobrou** kondici.

_____

Je **chudý**. Je **štědrý**.

_____

Je **bohatý**. Je **lakomý**.

_____

Jsem v Praze **dlouho**. **Moc** tady chci zůstat.

_____

Pracuju **hodně**. Mám **moc** práce.

_____

Vím **hodně**. Zapomínám **hodně**.

_____

ROZBIL SE MI ZIP

Hana:	Prosím vás, před svátky jsem u vás koupila tuto mikinu a hned se rozbil zip.
Prodavačka:	Ano. Vzpomínám si. Podívám se, ale zdá se mi, že v této velikosti to byla poslední. Ano, všechny jsou pryč. Můžete se podívat na nějakou podobnou, máme bohatý výběr, dejte mi zatím účet a mikinu.
Hana:	Účet iá bohužel nemám.
Prodavačka:	Bez účtu vám to nevyměníme.
Hana:	A nešlo by to...
Prodavačka:	Je mi líto, ale bez účtu vám to nemůžu vyměnit.
Hana:	Sama jste říkala, že se žehličkou dá rozšířit, no a vidíte, při tom se rozbil zip.
Prodavačka:	Mrzí mě to. Asi jste nebyla dost opatrná. Teď nemáte na výběr: musíte vyměnit zip. Nedá se nic jiného dělat.

▲   rozbít – *to break*; rozbít se: zip se rozbil – *get broken*
    Nemáte na výběr! – *You have no choice!*

▲   vzpomínat si – *to remember*; pamatuju se = vzpomínám si
    Pamatuješ si, když jsme.... = Vzpomínáš si, když jsme....
    paměť – *memory*
    Mám dobrou paměť = *všechno si pamatuju*
    Mám špatnou / děravou paměť = *nic si nemůžu zapamatovat a často zapomínám*
    vzpomínka na – *memory, remembrance, recollection*
    Mám hezké vzpomínky na dovolenou u moře.

Pamatuju se.	– Zapomněl jsem.	– Nemůžu si vzpomenout.
I remember.	*– I've forgotten.*	*– I can't recall it.*

Nemůžu si zapamatovat.   Zapomněl jsem.   Vzpomněl jsem si.

            !

▲ měnit – změnit něco (svět, názor, téma, účes) – *to change (the world, opinion, topic...)*
změnit se – *to change oneself*
vyměnit něco za něco (peníze: eura za koruny, byt: menší za větší):
Potřebuju vyměnit eura za koruny. Jaký je kurz eura vůči koruně?
Jedno euro za dvacet pět korun.

Změnil účes a hodně se změnil. Málem jsem ho nepoznal!
Dlouho jsme se neviděli. Je starší, tlustší a menší a má míň vlasů. – Změnil se
(k horšímu).
Dlouho jsme se neviděli. Vypadá mladší, je štíhlejší a má novou barvu vlasů. – Změnila
se (k lepšímu).

● Už jsem tam dlouho nebyl. Co všechno se od té doby změnilo?

	M	F	N
sg.	Svět se změni**l**.	Móda se změni**la**.	Všechno se změni**lo**.
	Ma.	**Mi. + F**	**N**
pl.	Lidi se změni**li**.	Poměry se změni**ly**.	Auta se změni**la**.

Jak se změnil svět, móda, lidi, poměry, auta?
Svět se změnil: skončila studená válka, Evropská unie se rozšiřuje, globalizace
pokračuje, rozdíly mezi bohatými a chudými se stále prohlubují...
Móda se změnila: sukně jsou kratší, nohavice jsou širší, svetry jsou užší...
Lidi se změnili: jsou k sobě laskavější, slušnější, otevřenější... × drzejší, arogantnější,
lhostejnější...
Poměry se změnily: je tady větší / menší pořádek, míň / víc lidí je bez práce, jsou lepší
/ horší životní podmínky, lepší / horší životní prostředí...
Auta se změnila: jsou rychlejší, pohodlnější, bezpečnější...

Změna je život!

● Chceš něco změnit?
● Chceš se změnit?

■ **22. Doplňte chybějící slova podle kontextu:**

Pohádka o Karkulce

Byla jednou jedna holčička a ta měla červenou _____. V chaloupce na konci lesa na ni čekala nemocná _____. Jednoho dne holčička _____ do lesa natrhat _____ babičku _____ plody: jahody a maliny. V _____ potkala vlka. Začala si s vlkem _____ a řekla _____, kam _____. Vlk rychle běžel _____ chaloupce, byl tam _____ než ona. Když holčička s _____ košem přišla ____ babičce, nemohla ji _____. Myslela si, že se babička _____, protože je nemocná. Nevěděla, že v _____ místo babičky leží _____. Měla velký _____ a ptala se _____: „Babičko, _____ máš tak velké uši? – „Abych tě lépe _____.“ – „A proč máš tak velké _____? – „_____ tě lépe viděla.“ – „A proč máš tak velkou _____? – „_____ tě lépe _____.“ Holčička se lekla a utíkala _____. Najednou přišli myslivci, kteří _____ pušku a _____ zastřelili. _____ jeho břicha vyndali _____.

▲ chalupa – chaloupka (dim.) = vesnický dům
   natrhat (p.) – *to pick*
   leknout se (p.) – *to take fright*
   myslivec – *hunter*
   puška – *gun*
   zastřelit (p.) – *to shoot*
   vyndat (p.) – *to take out*

Jak říkáte Karkulce u vás?

■ **23. Spojte výrazy:**

mluvit
říkat
povídat si
vyprávět
bavit se

1. pohádky, 2. s kamarádem, 3. o politice, 4. pravdu, 5. vtip, 6. historky, 7. česky, 8. otevřeně, 9. upřímně, 10. o filmu, 11. nesmysly, 12. k věci

dřez

hrnec a poklička

kastrol

pekáč

nůž

zátka

lžíce

vývrtka

konvice

vidlička

vařečka

naběračka

pánev

mělký talíř

hrnek

hluboký talíř

báječně (adv.)	wonderfully	klobása (f)	sausage
balit /za- (2) + A	to pack	koleda (f)	carol
bavlna (f)	cotton	koleno (n)	knee
běhat (i.) (1)	to run, jog	kondice (f)	fitness, form, shape
bledý, -á, -é	pale	kopec (m)	hill
boj (m)	fighting	koření (n)	spice
bojovat (i.) (3) proti	to fight	kořeněný, -á, -é	spiced
+ D, o./za + A,		kořenová zelenina	root vegetable
s + I		kotník (m)	ankle
brouk (m)	bug	koza (f)	goat
celer (m)	celery	kožený, -á, -é	leather
cukroví (n)	candy, small cake	krájet / na- (2) + A	to cut up, chop
cop (m)	plait	král (m)	king
česnečka (f)	garlic soup	kráva (f)	cow
daň (f)	tax	kruh (m)	circle
děravý, -á, -é	holey, full of holes	kříž, křížek (m)	cross
dluh (m)	debt	kysaná smetana (f)	sour cream
doba (f)	time, period, age	kůň, koně (m)	horse
dodatečně (adv.)	additionally,	lakomý, -á, -é	miserly, niggardly
	thereupon	lhostejný, -á, -é	indifferent, listless
dodržovat (3) /	to keep, observe,	límec, límeček (m)	collar
dodržet (2) / + A	respect	loupat / o- (4) + A	to peel
dojatý, -á, -é	touched, moved	málem (adv.)	nearly, almost
domov, -a (m)	home	mandle (f)	almond
druh (m)	kind, sort, type	manekýn, -ka	mannequin
drzý, -á, -é	insolent, cheeky	mazaný, -á, -é	sly, cunning
dusit / po- (2) + A	to stew	měnit / z- (2) + A	to change
fešák (m) (coll.)	good-looker, dandy	míchat / pro- (1)	to stir, mix
fešanda (f) (coll.)		+ A	
hedvábí (n)	silk	miláček (m)	darling, honey
hluboko (adv.)	deep	naděje (f)	hope
hodit (p.) (2) + A/I	to throw	nadrobno (adv.)	finely
hospodyně (f)	housewife	náhrdelník (m)	necklace
hvězda, hvězdička (f)	star	nákupní centrum (n)	shopping centre
chovat se /za- (1)	to behave	naléhat (i.) (1) na	to push, urge
chůze (f)	walk, gait	+ A	
chystat se (i.) (1)	to be getting ready	naopak	on/to the contrary
na + A / + Inf.		nápoj (m)	drink
igelitka (f) (coll.)	plastic bag	naprosto (adv.)	absolutely
jemný, -á, -é	delicate, fine, gentle	narození (n)	birth
jízdní řád	timetable	nenávidět (i.) (2) + A	to hate
jubileum (n)	jubilee, anniversary	nemožný, -á, -é	impossible
kecka, kecky (f)	sneakers	nohavice (f)	trouser, pant leg
klepat / za- (1) na	to knock (na dveře)	nosit (i.) (2) + A	to carry, bring;
+ A			wear
klepat / vy- (1) + A	to beat (koberec)	novodobý, -á, -é	modern

obalit (p.) (2) + A v + L	to cover, bread
oheň (m)	fire, flame
opatrný, -á, -é	careful
opékat (1) / opéct (4) + A	to grill, barbecue
palačinka (f)	pancake
pálivý, á, -é	hot, sharp
pásek (m)	belt
patřit (i.) (2) + D	to belong
pepřit / o- (2) + A	to pepper
peřina (f)	quilt
pilný, -á, -é	diligent
pleť (f)	complexion, skin
plotna (f)	cook stove
počet (m)	number, figure
podmínka (f)	condition
podpatek (m)	heel (shoe)
podrobně	in detail
pohodlný, -á, -é	comfortable
pochopitelně	naturally
pokapat (p.) (4) + A + I	put a few drops on
pokrm (m)	dish
poměry (m pl.)	circumstances, conditions
porce (f)	portion
porcovat / roz- (3) + A	to cut into portions
porozumění (n)	understanding
požadavek (m)	claim, request
pravidlo (n)	rule
projev (m)	manifestation; speech
promoce (f)	graduation ceremony
prostředí (n)	environment, surroundings
průměrný, -á, -é	average
přesný, -á, -é	exact, accurate
příbor (m)	cutlery
přidávat / přidat (1) + A	to add, supplement
přinést (p.) (4) + D-A	to bring
příprava (f)	preparation
přirozeně	naturally
přizpůsobení se (n)	acclimatisation
půlit / roz- (2) + A	cut in half
pyšný, -á, -é	proud, arrogant
rozbít (se) (p.) (4) + A	to break, get broken
rozinka (f)	seedless raisin
rozpálený, -á, -é	heat
rukáv (m)	sleeve
růst (m)	growth
rušit / vy- (2) + A	to disturb
rušit / z- (2) + A	to cancel
řídký, -á, -é	sparse, watery; rare
sladkosti (f pl.)	sweet, candy
shánět (2) / sehnat: seženu (4) + A	to look for, to seek/ to get hold of
schopný, -á, -é (+ Inf)	to be able to do
slibovat (3) / slíbit (2) + D-A	to promise
slupka (f)	peel
slušný, á, -é	decent, polite
smažit / u- (2) + A	to fry
solit / o- (2) + A	to salt
spálit (p.) (2) + A	to burn
splnění (n)	fulfilment
sprostý, -á, -é	coarse, vulgar
stíhat (1) / stihnout (4) + A	to catch, manage
strašák (m)	strawman, bugbear
strom (m)	tree
strouhanka (f)	breadcrumbs
střih (m)	cut, styling, designe
sváteční (adj.)	holiday, the best we have
špička (f)	tip, point
šťáva (f)	juice
štědrý, -á, -é	generous
Štědrý večer	Christmas Eve
tabule (f)	board, table
tempo (n)	rate; speed
tenký, -á, -é	thin
trestat, po- (1) + A za A	to punish
tvrdohlavý, -á, -é	stubborn
úklid (m)	cleaning

úspěch (m)	success
uspěchaný, -á, -é	rushed, fast-moving
utahaný, -á, -é	exhausted
užitečný, -á, -é	useful
vánoční stromeček	Christmas tree
včetně + G	including
velikost (f)	size
věnovat se (i.) (3) + D	to devote, engage in
věrný, -á, -é	faithful, devoted
vlna (f)	wool; wave
volný, -á, -é	free; loose
vrchol (m)	peak, top
však	however
výběr (m)	selection; choice
vyhýbat se (1) / vy- hnout se (4) + D	to dodge, avoid
výjimečně	exceptionally
výměna (f)	exchange
vyměnit (p.) (2) + A za + A	to exchange
vyplašený, -á, -é	frighten
vyprání (n)	washing
vyprávět (i.) (2) + D–A	to tell, narrate
výroba (f)	production
výslovnost (f)	pronunciation
vzpomínat (i.) (1) na + A	to remember
vzpomenout si (p.) (4) na + A	to recall in one's mind, to recollect
vztah (m)	relation, attitude
zákaz (m)	prohibition, ban
zákazník (m)	client, customer
zakouřený, -á, -é	filled with smoke
zboží (n)	goods
zdobit / o- (2) + A + I	to decorate, adorn
změna (f)	change
zrovna	only just, just now

zvíře (n)	animal
žehlička (f)	iron
žehlit /vy- (2) + A	to iron
žvýkačka (f)	chewing gum

FRÁZE — **PHRASES**

být štěstím bez sebe	to be overjoyed
jít na odbyt	have a ready market
mít děravou paměť	to have a poor memory
mít strach z + G	to be afraid of
celou dobu	all the time
módní výkřik	dernier cri
nakládané okurky	pickled
od té doby, co	since the time
v poslední době	recently
životní prostředí	environment
Dej mi vědět!	Let me know!
Dej mi pokoj!	Leave me alone!
Hlad je nejlepší kuchař.	Hunger is the best sauce.
Hotovo!	It's ready!
Je jako ze škatulky!	She's dressy, stylish!
Je mi ho líto.	I feel sorry for him.
Nech toho!	Stop it! Cut it out!
Nemám na výběr.	I have no choice.
Padne mu jak ulité!	It fits him like a glove!
Rozumíš tomu jako koza petrželi.	You're talking out of your hat.
Sliby chyby!	Promises, promises.
Šaty dělají člověka.	The tailor makes a man.
To frčí / letí!	It's in fashion!
Život je boj.	Life is a struggle.

NEZÁLEŽÍ MI NA PENĚZÍCH

Honza:	Ahoj, Juane! Dlouho jsme se neviděli. Rád tě vidím!
Juan:	Ahoj! Já tebe taky.
Honza:	Co pořád děláš? Co je u tebe nového?
Juan:	Ale, **před několika dny** jsem se vrátil ze Španělska, byl jsem u rodičů. Jinak sháním práci.
Honza:	Copak ti nestačí ty soukromé hodiny, které máš?
Juan:	**Při těch nárocích**, které má Hanna, a **při dnešních cenách** to bohužel nestačí. **Jsme** úplně **závislí na** jejích **rodičích** a to se mi nelíbí.
Honza:	To chápu. A co chceš dělat?
Juan:	<u>Cokoli,</u> ale za slušné peníze. Víš, mně **nezáleží na penězích**, ale…
Honza:	Tak proč tedy o nich tolik mluvíš?
Juan:	Abych na ně nemusel myslet.
Honza:	Tolik se obětuješ kvůli jedné holce!
Juan:	To je fakt, ale mám ji rád. A nechci riskovat, že ji ztratím.
Honza:	Bez rizika není zisku, jak se říká. Taky by se mohla trochu přizpůsobit tobě a podmínkám. A už jsi zkusil něco konkrétního?
Juan:	Všechno možné. Chtěl bych dělat <u>cokoli</u>. Dal jsem inzerát do novin, zároveň sleduju všechny inzeráty. Navíc jsem byl **na velvyslanectvích** – španělském, mexickém, dokonce i na kubánském, jestli nepotřebujou nějaké překlady, byl jsem i **v různých školách, zahraničních firmách, cestovních kancelářích, nákupních centrech, obchodech, restauracích**… snad jenom **v nemocnicích** a **mateřských školách** ještě ne!
Honza:	No, tam by se pro tebe určitě nějaká práce našla! A jak to dopadlo?
Juan:	Nijak konkrétně. <u>Kamkoli</u> jsem šel, <u>kdekoli</u> jsem se ptal, **s kýmkoli** jsem mluvil, všude byl nějaký problém. Někde bych mohl nastoupit hned, ale <u>za špatných podmínek</u>. Tam, kde o mě neprojevili zájem, tam podmínky byly dobré. „Možná… uvidíme… snad… neručíme… nechte nám na sebe kontakt…" A pořád v tom stylu. Klasika! Nic si od toho neslibuju. Neumíš si představit, jak mě to frustruje. Už trochu ztrácím naději.
Honza:	Ale jdi! Hlavu vzhůru! Nakonec se určitě něco najde. Víš, co mě napadlo? Nejlepší bude napsat životopis. Stačí pár řádků. **Tím začít**. Já ti **s tím** **pomůžu**. Jsem si **jistý tím**, že něco sženeš. Budeš večer doma?
Juan:	No, měl bych, pokud Hanna nenaplánovala něco, **o čem** já **nevím**.
Honza:	Aha. Mohl bych přijít **před osmou hodinou**, nebo **mezi osmou a devátou**. Anebo víš co? Radši ne! Pojďme se sejít zítra před polednem. Ráno je moudřejší večera!
Juan:	Máš pravdu. A díky. Zítra ahoj!
Honza:	Zatím ahoj!

▲ Copak...! – *What in...!*
cokoli(v) – *whatever*
za slušné peníze – *for a handsome sum of money*
bez risku není zisku – *no risk no reward*
nastoupit do práce – *to start a job*
Klasika! = To je typické!
projevit zájem o něco/někoho = začít se zajímat
Nic si od toho neslibuju. – Nečekám, že to dopadne dobře. / Moc tomu
    nevěřím.
Hlavu vzhůru! – *Chin up!*
Pojďme se sejít! – *Let's meet!*
Ráno je moudřejší večera! – *It is better to sleep on it!*

》 Práce by se našla / práce se najde – *A job could / will be found.*
za + Gen. – *under*: za špatných podmínek – *under bad conditions*
Jsem si tím jistý! Čím? Jsem si jistý tím, že seženeš práci.

■ **1. Odpovězte:**

Proč se Honza a Juan dlouho neviděli?
_____

Jaký problém má Juan?
_____

Jakou práci shání?
_____

Jaké má požadavky?
_____

Pamatujete si, jaké nároky má Hanna?
_____

Kde všude Juan byl?
_____

Co ještě nezkusil?
_____

Proč Juan ztrácí naději?
_____

Proč se Honza a Juan sejdou až další den?
_____

	KDO?	O KOM?/ KDE?	
Hard			
M	student dům	o studentech v domech	**-ECH**
F	místnost děti	v místnostech o dětech	
N	město centrum	ve městech v centrech	
N **-ko -cho** **-ho**	autíčko kolečko středisko	o autíčkách na kolečkách ve střediskách	**-ÁCH**
F	dívka škola	o dívkách ve školách	
Soft			
M	muž pokoj	o mužích v pokojích	**-ÍCH**
F	židle kolej	na židlích na kolejích	
N	náměstí	na náměstích	
	muzeum	v muzeích	
M h. **-k** **-ch** **-h, -g**	kluk, vlak Čech, vrch ekolog, břeh	o klucích ve vlacích o Češích na vrších o ekolozích na březích	k > c ch > š h, g > z

>> dům $-\mathring{U} > O$ →   v domech

svátek   ~~E~~   →   o svátcích

věci, děti, lidi   →   o věcech, dětech, lidech !!!
přátelé, peníze   →   o přátelích, penězích !!!
les   →   v lesích !!!
! o Čechách (země), o Češích (lidé)

	TEN kamarád		
	TA dívka	o **těch** kamarád**ech**, dívk**ách**, náměst**ích**	**TĚCH**
	TO náměstí		
M + F + N	můj hezk**ý**		
	tvoje hezk**á**	o m**ých**, tv**ých** hezk**ých**	**-ÝCH**
	moje hezk**é**		
	její modern**í**	o jej**ích** modern**ích**	**-ÍCH**
	náš, vaše	o naš**ich**, vaš**ich**	**-ICH**

■ 2. Dejte do lokálu plurálu:

Kde jste byli v minulém roce?
Byli jsme v

Karlovy Vary _____
Čechy _____
Helsinky _____
Benátky _____
Atény _____
Alpy _____
Vysoké Tatry _____
Krušné hory _____
Lužické hory _____
Krkonoše _____
Teplice _____
Domažlice _____
Mariánské Lázně _____
České Budějovice _____

Kdy jste tam byli?
Byli jsme tam o

svátky _____
letní prázdniny _____
loňské Vánoce _____
letošní Velikonoce _____
zimní prázdniny _____

Co jste tam dělali?

Jezdili jsme na

kola _____

koně _____

sáňky _____

lyže a běžky _____

snowboardy _____

motorky _____

Procházeli jsme se po

lesy _____

louky _____

staré čtvrti _____

krásné ulice _____

velké parky _____

náměstí _____

obchodní domy _____

malé uličky _____

velké třídy _____

Přemýšleli jsme a diskutovali jsme o

budoucí plány _____

naše životy _____

knižní novinky _____

dobré filmy _____

společní známí _____

staré lásky _____

vánoční dárky _____

cizí jazyky _____

naši přátelé _____

■ **3. Dejte do lokálu plurálu nebo singuláru:**

Kde bydlíte v Praze?

Bydlíme na		v/ve	
Hradčany _____		Vršovice _____
Vinohrady _____		Dejvice _____
Hanspaulka _____		Strašnice _____
Žižkov _____		Holešovice _____
Malá Strana _____		Bohnice _____
Smíchov _____		Vysočany _____

■ **4. Dejte do lokálu plurálu:**

Na čem/kom ti záleží?

Záleží mi na

    dobré studijní výsledky   _____

    moji kamarádi   _____

    její příbuzní   _____

    tvoje plány   _____

    vaše názory   _____

    jejich návrhy   _____

    naše kamarádky   _____

    společné cesty   _____

    peníze   _____

V čem si libuješ?

Libuju si v

    drahé parfémy   _____

    italské boty   _____

    módní doplňky   _____

    dobré saláty   _____

    česká jídla   _____

    značkové obleky   _____

    večerní šaty   _____

    všechny dobré věci   _____

    staré hodinky   _____

V čem se nevyznáš?

Nevyznám se v

    dopravní značky   _____

    jízdní řády   _____

    matematické úlohy   _____

    gramatická pravidla   _____

    staré texty   _____

    různé věci   _____

    malé děti   _____

    nové počítače   _____

    někteří lidé   _____

▲   libovat si v + Lok. – *to take pleasure in*;   vyznat se v + Lok. – *to know a lot about*

■ **5. Dejte do lokálu plurálu:**

Kdo se ti ne/líbí?

Ne/líbí se mi muži v

módní obleky _____

seprané džíny _____

úzké kalhoty _____

červené svetry _____

vysoké boty _____

dlouhé pláště _____

černé klobouky _____

tmavé brýle _____

křiklavé barvy _____

Ne/líbí se mi ženy v

moc krátké minisukně _____

příliš dlouhé šaty _____

moc široké kalhoty _____

příliš úzké svetry _____

pánské džínové košile _____

dámské elegantní kostýmy _____

bílé plavky _____

boty na (vysoké podpatky) _____

černé punčocháče _____

■ **6. Řekněte svůj názor:**

Co si myslíš o   staré lidové zvyky _____ ?

posledí zprávy _____ ?

přírodní katastrofy _____ ?

zlaté české ručičky _____ ?

písemné zkoušky _____ ?

české koleje _____ ?

české prodavačky _____ ?

světoví politici _____ ?

sprejeři _____ ?

naše šance _____ ?

	KDO?	KDE? S KÝM?	
M h.	dům, student	před domy, se studenty	**-Y**
N h. + -um	město, centrum	za městy, centry	
M s.	pokoj, muž, učitel	před pokoji s muži a učiteli	**-I**
N s. + -eum	moře, muzeum	před muzei, nad moři	
F h.	žena	s ženami	**-AMI**
F s.	police, kolej	nad policemi, před kolejemi	**-EMI**
F	místnost, děti + lidi	před místnostmi s dětmi a lidmi	**-MI**
N -í	náměstí	za náměstími	**-ÍMI**

>> dům | -Ů > O | → domy

peníze | -Í > Ě | → penězi

svátek | >Ě< | → svátky

dveře   →   přede dveřmi !!!

	TEN kamarád	s **těmi** kamarády, dívkami, městy	**TĚMI**
	TA dívka		
	TO město		
M + F + N	můj hezký	s **mými**, tv**ými** hezk**ými**	**-ÝMI**
	tvoje hezká		
	moje hezké		
	její moderní	s jej**ími** modern**ími**	**-ÍMI**
	náš, vaše	s naš**imi**, vaš**imi**	**-IMI**

15 INSTRUMENTÁL PLURÁLU
THE INSTRUMENTAL PLURAL

»		M h.		M s.		F h.	F s.	
To je / jsou	Nom. sg./pl.	bratr	bratři	lékař	lékaři	sestra sestry	sestřenice	= sg.
Myslím na	Ak. pl.	bratry		lékaře		sestry	sestřenice	
Mluvím s	Instr. pl.	bratry		lékaři		sestrami	sestřenicemi	
To je / jsou	Nom. sg./pl.	dům domy		stroj stroje				
Vidím	Ak. pl.	domy		stroje				
Jsem před	Instr. pl.	domy		stroji				

■ 7. Dejte do instrumentálu plurálu:

Jsem ne/spokojený s

ty šaty _____

jejich návrhy _____

jeho nápady _____

její nároky _____

vaše nabídky _____

studijní programy _____

nová auta _____

naše kola _____

česká jídla _____

ty podmínky _____

vaše otázky _____

naši profesoři _____

vaši odborníci _____

špatní opraváři _____

vaši lékaři _____

noví učitelé _____

vaši taxikáři _____

české koleje _____

pražské restaurace _____

moje lyže _____

ty možnosti _____

ty věci _____

ty lidi _____

■ **8. Dejte do instrumentálu plurálu:**

Čím se chceš zabývat, až ukončíš studium / po ukončení studia?

Chci se zabývat

cizí jazyky   _____

mezinárodní vztahy   _____

počítačové programy   _____

vztahy mezi (lidé)   _____

nové trendy ve vážné hudbě   _____

světové dějiny (f)   _____

užitečné věci   _____

ekologické otázky   _____

slovanské literatury   _____

finance (f)   _____

staré umění *(sg.)*   _____

humanitární práce *(sg.)*   _____

komparatistika *(sg.)*   _____

překladatelská činnost *(sg.)*   _____

práce *(sg.)* s (děti)   _____

mezinárodní právo *(sg.)*   _____

Čemu se chceš věnovat?

Chci se věnovat _____   _____

_____   _____

_____   _____

_____   _____

_____   _____

_____   _____

_____   _____

■ **9. Odpovězte:**

Kterými dopravními prostředky rádi cestujete?

stará auta, velké lodě, levná letadla, lůžkové vlaky, závodní auta, vrtulníky...

_____

■ **10. Dejte do instrumentálu plurálu:**

S kým/čím se rád/a seznamuješ? – Rád/a se seznamuju s

zajímaví lidé	_____	umělci a bohémové	_____
módní návrháři	_____	herci a herečky	_____
krásné holky	_____	básníci a básnířky	_____
pohlední muži	_____	politici a političky	_____
inteligentní kluci	_____	makléři a makléřky	_____
úspěšní byznysmeni	_____	ředitelé a ředitelky	_____
vlivní lidé	_____	milionáři a milionářky	_____

■ **11. Dejte do instrumentálu plurálu:**

Čím je známý Karlův most? – barokní sochy – (svými) barokními sochami.

Čím je známá Praha? – uličky, kostely, zlaté věže, rozmanité architektonické styly

_____

Čím je známý Vincent van Gogh? – krásné obrazy, obzvlášť slunečnice

_____

Čím je známý Einstein? – převratné teorie, objevy a vynálezy

_____

Čím je známý Václav Havel? – absurdní hry, nekompromisní politické postoje

_____

Čím je známý Dostojevskij? – velké romány, depresivní literární postavy

_____

Čím je známý Jaroslav Hašek? – historky, knihy, zvláště pak Osudy dobrého vojáka Švejka

_____

Čím je známý Řím? – antické památky a nádherné fontány

_____

Čím je známé dvacáté století – různé technické vynálezy, koncentrační tábory, světové války *(bohužel taky tím)*

_____

_____

▲ zvlášť – obzvlášť: platíme zvlášť, obzvlášť když nemáme dost peněz

Životopis – Curriculum vitae

1991	narodil jsem se v Madridu (21. 4. 1991)
2007	ukončil jsem základní školu
2010	ukončil jsem klasické gymnázium v Madridu
2009	získal jsem druhou cenu v překladatelské soutěži (překlad povídky o rozsahu 1000 slov z angličtiny do španělštiny)
2010	věnoval jsem se humanitární práci v Ústavu pro handicapované (postižené) děti
2010	úspěšně jsem složil přijímací zkoušky na madridské univerzitě, obory historie, filozofie a středoevropská studia
2012	studoval jsem semestr na Karlově univerzitě v Praze v rámci výměnného programu Erasmus
2012	žádal jsem o prodloužení studia v Praze
2013	studuji ve 4. ročníku na FF UK

Věnuji se pedagogické a překladatelské činnosti. Plynule mluvím španělsky, anglicky a česky (pokročilá úroveň). Pasivně umím portugalsky, francouzsky (mírně pokročilá úroveň) a rusky (začátečník). Soukromě vyučuji španělštinu. Překládám z angličtiny a češtiny do španělštiny i angličtiny.
Ovládám práci na PC. Mám řidičský průkaz.
jméno: Juan Miguel Dîaz
adresa: Seifertova 13, 130 00 Praha 3
mail: jmd@yahoo.com
telefon: 728569343

▲

cena ⟨ *price*

prize, award: získat cenu za film, překlad, režii...

o rozsahu – *in length* (rozsah – *extent*)
složit přijímací zkoušky – *to pass entrance exams*
v rámci výměnného programu – *under the terms of an exchange programme*
plynule / plynně – *fluently*
pokrok – *progress* → pokročilý student
ovládat – *to master*
vyučovat – *to teach, give lessons*

■ 12. Spojte profesi s odpovídající činností a napište co, případně kde, dělají:

1. dělník a dělnice	a.	podnikají + v čem	_____
2. filozof a filozofka	b.	prodávají + co + kde	_____
3. podnikatel a podnikatelka	c.	dělají + kde	v továrně
4. lékař a lékařka	d.	léčí + koho + kde	_____
5. programátor a programátorka	e.	skládají + co	_____
6. učitel a učitelka	f.	hrají + co + v čem	_____
7. vychovatel a vychovatelka	g.	zkoumají + co + kde	_____
8. pečovatel a pečovatelka	h.	úřadují + kde	_____
9. skladatel a skladatelka	ch.	létají + v čem	_____
10. úředník a úřednice	i.	operují + koho + kde	_____
11. prodavač a prodavačka	j.	bádají + o čem /nad čím	_____
12. překladatel a překladatelka	k.	vychovávají + koho	_____
13. letec (pilot a pilotka)	l.	režírují + co	_____
14. režisér a režisérka	m.	programují + co	_____
15. herec a herečka	n.	pečují + o koho	_____
16. operatér a operatérka (chirurg)	o.	filozofují + o čem	_____
17. vydavatel a vydavatelka	q.	vydávají + co + kde	_____
18. ladič	p.	ladí + co	_____
19. výzkumník a výzkumnice	r.	překládají + co	_____
20. badatel a badatelka	s.	učí + co / + koho	_____
21. hasič a hasička	t.	hasí + co	_____

■ 13. Spojte:

Opravář a opravářka opravují:

instalatér	opravuje hodinky a hodiny
obuvník	opravuje elektrické instalace a přístroje
hodinář	opravuje vodovodní instalace
elektrikář	opravuje obuv (boty)

Kdo hraje a řídí:

hráč a hráčka (sportovec a sportovkyně)	hrají hry:
hráč a hráčka (hudebník a hudebnice)	hrají na hudební nástroje:
řidič a řidička	řídí podnik, školu …
ředitel a ředitelka	řídí orchestr
dirigent	řídí auto, autobus, náklaďák …

Truhlář — dělá nábytek
Kadeřník a kadeřnice — upravují vlasy (stříhají a dělají účesy)
Švadlena a krejčí — šijou šaty
Kuchař a kuchařka — vaří jídlo

! upravovat = aranžovat × opravovat
  úprava = aranžmá

PRÁCE

hledat = shánět práci; najít = sehnat práci
dělat konkurz = ucházet se o práci – *to apply for a job*
podepsat smlouvu
nastoupit do práce = začít pracovat

pracuju v oboru = dělám to, co jsem vystudoval
pracuju mimo obor = dělám jinou práci, než je moje kvalifikace
pracovní doba: osm hodin → osmihodinová (plný úvazek),
                čtyři hodiny → čtyřhodinová (poloviční/částečný úvazek)
dělat přesčas – *work/do overtime*
dělat na směny – *do shift work*

plat = mzda: hodinová, měsíční mzda
hrubá mzda – *gross*, čistý plat (příjem) – *net income*
pracovní podmínky (dobré, špatné)

zaměstnavatel = šéf; zaměstnanec = pracující

mít živnostenský list – *have a business licence*
pracovat na volné noze – *work freelance*

dát × dostat výpověď (padáka) – *to give sbd./receive one's notice*

práce mi vyhovuje / líbí se mi
jsem spokojený/a s prací

ukončit/rozvázat pracovní smlouvu/poměr – *to terminate employment*
nezaměstnaný = člověk bez práce

■ **14. Odpovězte:**

Už jsi někdy pracoval/a? Kde jsi dělal/a?
Pracoval/a jsem jako _____ Dělala jsem v/na _____
Jak se ti práce líbila?
Byl/a jsi spokojený/á s platem? Dostával/a jsi hodinovou mzdu?
Jaká je hodinová mzda u vás, jaká je v Česku?
Jaké byly pracovní podmínky?
Jakou jsi měl/a pracovní dobu?
Jaká práce by se ti líbila?

Juan se uchází o místo

Dobrý den. Hlásím se na Váš inzerát. Mám zájem o práci, kterou nabízíte. V příloze posílám svůj CV a kontakt na sebe.

Těším se na setkání.
  S úctou
  Juan Miguel Diaz

Dobrý den. Píšu ohledně Vašeho inzerátu na místo lektora španělského jazyka. Mám bohaté zkušenosti s výukou cizích jazyků. Můžu nastoupit ihned.

Předem děkuji a zůstávám s pozdravem.

Vážený pane Diazi,

děkujeme Vám, že jste projevil zájem o práci v naší společnosti. S lítostí Vám však oznamujeme, že místo, o které se ucházíte, bohužel již bylo obsazeno.

Přejeme Vám hodně úspěchů ve Vašich dalších pokusech a zůstáváme s pozdravem

AXIM TOURS, s.r.o.

▲ ohledně + Gen. = v souvislosti s + Instr. – *relative to, in connection with*
  místo bylo obsazeno – *was occupied* (restaurace) + *was filled* (práce)
  spol. s r. o. (společnost s ručením omezeným) – *LTD*

Accusative	Locative
Verbal phrases	
O	**O**
Zajímám se o film.	Přemýšlím o tom filmu.
Bojím se o dítě. – *I fear for...*	Mluvím o filmu.
Bojuju o život. – *I struggle for...*	Diskutujeme o problému. – *We discuss...*
Snažím se o lepší známky. – *I make an effort to get better marks.*	Povídáme si o dětech. – *We talk about...*
	Uvažuju o doktorátu. – *I think of / speculate...*
Usiluju o to! – *I struggle to achieve it!*	Zmínil se o tom problému. – *He mentioned...*
Pečuju o nemocného. – *I take care of a sick person.*	
O co jde/běží? – *What's all this about?*	
PO	**PO**
Je zamilovaný po uši.	Stýská se mi po kamarádech.
NA	**NA**
Myslím na zkoušku.	Záleží mi na zkoušce.
Stěžuju si na bratra. – *I complain about....*	
V	**V**
Věříš v Boha?	Pokračuju ve studiu. – *I pursue my studies.*
Doufám ve vítězství.	Libuju si v jídle. – *I take pleasure in food.*
	Vyznám se v autech. – *I know a lot about cars.*
Kam? ⟶	**Kde?** ○
Dej to na zem.	Leží to na zemi.
Kdy?	
NA podzim	NA jaře
V jednu hodinu, ve středu	V létě, v zimě, v roce 2005, v květnu
Na jak dlouho?	**Kudy?**
NA jednu hodinu (přijdu)	PO městě (chodíme)
Jak dlouho?	**Jak?**
jednu hodinu (budu)	PO poslovi – *through a messenger*
	PO matce – *after*
O kolik?	**Kdy?**
O hlavu vyšší	PO obědě, O přestávce

▲ Jsem zamilovaný po uši! – *I'm head over heels in love!* – Byli jste zamilovaní po uši?
Mám toho po krk! – *I'm fed up with it / sick of it!* – Čeho máš po krk?

Accusative	Instrumental
Kam ⟶	**Kde** ◯
to pověsíš? to položíš? to dáš, umístíš/postavíš? si stoupneš? si sedneš? si lehneš?	to visí? to leží? to je/stojí? stojíš? sedíš? ležíš?
NAD	**NAD**
Lampu pověsím **nad dveře**.	Lampa visí **nade dveřmi**.
POD	**POD**
Klíče položím **pod rohožku**.	Klíče leží **pod rohožkou**.
PŘED	**PŘED**
Stoupnu si **před tebe**.	Stojím **před tebou**.
ZA	**ZA**
Dej ten obraz **za skříň**.	Ten obraz je **za skříní**.
MEZI	**MEZI**
Křeslo umístíme **mezi stůl a okno**.	Křeslo je **mezi stolem a oknem**.

Some other meanings of the prepositions

NAD *beyond:* Je to nad mé síly.
Je to nad slunce jasnější.

POD *beneath:* Je to pod moji úroveň.

ZA *on behalf of:* Mluví za nás.
instead of: Udělám to za (místo) tebe.
for: Bojuju za svobodu.
Odpovídám za pořádek.

PŘES *more than:* Film trvá přes hodinu.

POD VLIVEM + Gen. *under the influence of:* Byl pod vlivem alkoholu.

ZA *after:* Zavři za sebou dveře.
(go for help): Jdu za panem profesorem.

MEZI *among:* Je mi dobře mezi přáteli.

Verbal phrases

Čapek patří **mezi** naše nejlepší spisovatele. – *Čapek belongs among our best writers.*

! Rozhodl se **pro** druhou možnost. – *He decided on the other option.*

! Rozhoduje se **mezi** dvěma možnostmi. – *He's trying to decide among two possibilities.*

A few other verbs with the Instrumental

Chlubí se úspěchem.	He boasts about his success.
Šetříme přírodními zdroji.	We conserve natural resources.
Zabývám se literaturou.	I work on literature.
Zamyslí se **nad** problémem.	He will think about the problem.
Brání se **před** útokem.	He defends himself against the attack.
Stydí se **před** cizími lidmi.	He is shy of strangers.
Hádá se **s** manželem.	She's quarreling with her husband.
Povídá si **s** kamarádkou.	She's chatting with a friend.
Trápí se **s** diplomkou.	She's agonising over her thesis.

A few other verbs with the Accusative

Chválí ho **za** dobrou práci.	He commends him for his good work.
Považuju ho **za** dobrého přítele.	I consider him to be a good friend.
Stydím se **za** tu chybu.	I am ashamed for that mistake.
Nemůžu **za** to.	It is not my fault.

ZA + Gen.

čas time (history)	**ZA** starých časů vlády Karla IV. války totality	KDYŽ byly vládl byla / během byla	in olden days in the reign of during the war in communist times
počasí **okolnosti** weather circumstances (meteorology)	**ZA** bílého dne úsvitu šera deště světla tmy podmínek	DOKUD/KDYŽ je	in the daytime at the daybreak at dusk in the rain by daylight in the dark under the conditions

■ **15. Doplňte prepozice z tabulek:**

Juan měl hodně práce. Měl práce _____ hlavu.

Já nebudu mluvit s takovým člověkem! To je ___ moji úroveň!

Nevím, kam mám dát ten kufr!? Dej ho třeba _____ postel.

Už mě to nebaví! Už toho mám ___ krk!

Víš, že je Juan pořád ještě do Hanny zamilovaný ___ uši?

Celkově se podobá tatínkovi, ale oči má _____ matce.

V čem je problém? _____ co jde? – Všechno je v pořádku. ____ nic nejde.

Mám _____ něho trochu strach. – Proč se ____ něho bojíš?

Příliš ____ ni pečuje a na sebe vůbec nemyslí.

Čí je to vina? Kdo ____ to může?

Nemluv o něm ošklivě, když není přítomný, nepomlouvej ho ____ jeho zády. – ____ co ti jde? To je přece moje věc.

Hanna má na Juana vliv. Juan je ____ jejím vlivem.

Řídil ____ vlivem alkoholu a havaroval. Běhá mi z toho mráz ____ zádech.

Honza píše diplomovou práci a má s tím potíže. Hodně se trápí ____ diplomkou.

Už má všechny důležité zkoušky ____ sebou.

Juan má ještě hodně zkoušek _____ sebou.

Znáš film Nebe ____ Berlínem?

Znáte citát: Hvězdné nebe ____ mnou, mravní zákon ve mně?

■ 16. Doplňte prepozice a správné tvary:

Dej ten kufr pod postel! – Copak nevidíš? Už je přece dávno ____ _____!

Sedni si pod lampu! – Už přece sedím _____ _____.

Stoupni si přede mě. – Copak nevidíš, že už stojím _____ _____?

Stoupni si do fronty! – Ale já už stojím ____ _____!

Polož ten klobouk na stůl. – Už přece leží _____ _____!

Nedávej tu tašku na zem! – Proč by taška nemohla být ____ _____?

Schoval jsi klíč pod rohožku? – Ano, už je přece dávno ____ _____!

To piano postavíme mezi ty police. – Ale piano nemůže přece stát ____ _____!

Pověs klíč od bytu nade dveře. – Ten už přece visí ____ dveřmi. Tohle je jiný klíč.

■ 17. Nahraďte vedlejší věty prepozicí za + Gen.:

Musíme se vrátit domů, dokud je ještě světlo. – (světlo) _____

Nechci jít na procházku, když bude pršet. – (déšť) _____

Bojí se chodit ven, když je tma. – (tma) _____

Kdo vládl v Čechách, když byla bitva na Bílé hoře? – (čí vláda) _____

Kdyby tady byl starý ředitel, to se nemohlo stát. – (starý ředitel) _____

Dokud je ještě horko, nechci chodit ven. – (horko) _____

Jaký byl život v Čechách, když vládli komunisté? – (komunisté) _____

Když byla totalita, lidi měli strach. – (totalita) _____

Když jsou tady tyto podmínky, beru to. – (tyto podmínky) _____

Když je taková situace, já radši půjdu domů. – (tato situace) _____

■ 18. Doplňte prepozice:

Pan Čech je Čech ___ Čech, ale nebydlí ___ Čechách, ____ patnácti letech se ___ rodiči odstěhoval ___ Čech ___ Ameriky a tam už bydlí _____ třicet let. Má krásný dům ____ velkou zahradou ____ Chicaga. Pracuje ____ jednom vydavatelství. ___ práce jezdí autem. Pracuje ___ osmi ____ pěti hodin. Má dvě děti ___ americkou manželkou. ____ dětmi mluví jen česky. Často ___ rodinou jezdí ___ Čech. Říká ____ sobě, že je Američan, ale ___ sportu fandí Čechům. Je smutný, když někdo vyhraje ____ Čechy.

Honza už má skoro všechny zkoušky ____ sebou. _____ tohoto roku by měl ukončit studium. Ještě nepřemýšlí ___ tom, co bude dělat potom. Chtěl by pokračovat ___ studiu. Uvažuje ____ doktorátu. Chtěl by ___ semestr vyjet ____ zahraničí, bude žádat ___ Španělsko nebo ____ Anglii. Hanna mu říká, že by mohl taky jet ___ Finska, že jsou tam dobré podmínky ____ studenty a že se ____ všemi domluví anglicky. Honza napřed neuvažoval ___ Finsku, protože neumí finsky. Taky ___ tom ještě nemluvil ___ Hanou. Záleží taky ____ tom, co si ____ tom myslí Hana. Honza je nervózní a často se hádá ___ Hanou.

Juan se ____ několika dny vrátil ____ Madridu. Jel tam ____ svátky. Hanna ___ svátcích byla ____ Praze, protože měla návštěvu ____ Helsinek. Juan má ____ sebou těžký rok. ____ studiu musí pracovat. Shání práci ___ různých firmách. Chtěl by co nejdřív nastoupit ___ práce. Nezáleží mu moc ____ tom, co bude dělat, ale chce pracovat ___ slušné peníze. Čte inzeráty ____ novinách a ____ internetu, taky si dal inzerát ___ novin. Doufá, že nebude ___ práci čekat dlouho.

Hana a Hanna se sešly ____ nákupním centrem. Hanna chce koupit Honzovi něco ___ narozeninám. Rozhoduje se ___ cédéčkem a knihou. Nakonec se rozhodla ___ knihu. Dlouho se rozhodovala ____ knihou ___ Finsku „Objevte krásy Finska" a italskou kuchařkou. Hana byla ___ kuchařku, Hanna nebyla _____ kuchařce, ale raději by mu věnovala knihu ___ své zemi. Nakonec rozhodla cena! Kuchařka byla levnější ___ dvě stě korun, takže se rozhodla ___ kuchařku. Hana byla taky moc spokojená ___ náku-pem, říkala, že je to vhodný dárek ___ muže. Pak si šly sednout ___ malé kavárny a tam si dlouho povídaly ___ všem možném. Hana si stěžovala ___ Honzu. Má teď ___ ni málo času, pořád myslí __ studium, chce jet ___ semestr ___ ciziny, neptal se jí ___ to, co si ona ___ tom myslí, zdá se jí, že mu ___ ní už tolik nezáleží. Musí ___ ním pořád bojovat! Hanna se ___ tím zamyslela, protože ____ ni to všechno byly novinky. Slíbila, že bude držet jazyk ___ zuby, že se ____ Honzou ____ tom problému nezmíní. Hanna si ráda povídá ___ Hanou.

▲   rozhodnout se × rozhodnout: Nemůžu se rozhodnout! Cena rozhodla!

Imperfektivní verba					
Kdy + Kolikrát? – _konkrétní čas_			**Jak často? (Kdy?)* – _nekonkrétní čas_**		
teď, dnes, včera, zítra, několikrát...			často, někdy, nikdy, každý den, rád/a...		
prézens	_futurum_	_préteritum_	_prézens_	_futurum_	_préteritum_
	pů-/po- + prézens				
jít – jde	**pů**jde	šel/šla	chodit – chodí	bude chodit	chodil
jet – jede	**po**jede	jel/a	jezdit – jezdí	bude jezdit	jezdil
vést – vede	**po**vede	vedl	vodit – vodí	bude vodit	vodil
vézt – veze	**po**veze	vezl	vozit – vozí	bude vozit	vozil
nést – nese	**po**nese	nesl	nosit – nosí	bude nosit	nosil
letět – letí	**po**letí	letěl	létat – létá	bude létat	létal
běžet – běží	**po**běží	běžel	běhat – běhá	bude běhat	běhal

▲ jít s někým – vést něco/někoho → vede podnik → vedoucí – _head, boss_
jet s někým – vézt něco/někoho → veze zboží → vůz (auto),
   vozovka – _roadway_

▲ Člověk chodí, pták létá.
Chodím s klukem / holkou.
Jezdím = jedu na...
Jezdím na kole, na motorce, na lyžích, na běžkách

Nosím kalhoty, brýle, sukni...

Běhám = sportuju!
Chodím běhat do Stromovky. Chodím běhat každý den. Zítra taky jdu běhat.

▲ Běžím, letím = utíkám, pospíchám!
Běhám / lítám po obchodech!

* Kdy chodíš plavat?
  Chodím každé pondělí. / Zítra je pondělí a jdu/půjdu plavat.

Kdy jezdíš na hory?
Jezdím každou zimu. / Tento rok nepojedu, není sníh.
Kdy vodíš děti do školky?
Ve čtvrt na osm. (každý den) / Zítra je nepovedu, jsou nemocné. / Příští
   rok je už nebudu vodit (= nikdy), budou samy chodit do školy.
Kdy běháš?
Každé druhé ráno. + Zítra taky budu běhat!

▲   Víte, co znamená: Vozit sovy do Atén? Nebo: Nosit dříví do lesa?
    Máte pro to jiný výraz?

■ **19. Doplňte do vět slovesa** *jít – chodit, jet – jezdit, letět – létat* **podle kontextu:**

V Čechách děti začínají _____ do školy v šesti nebo v sedmi letech. Jejímu synovi
už byl rok a ještě _____. V kolik hodin obvykle (ty) _____ spát? Včera jsem
(já) _____ spát velmi pozdě a ráno jsem se nemohl/a vzbudit. Ráda _____ na
kole. Ten vlak v neděli _____. Maximální povolená rychlost, kterou můžeme
_____ na českých dálnicích, je 130 km za hodinu. Řidiči často _____
mnohem rychleji. Kdy _____ další vlak do Brna? Čím (vy) _____ nejraději? –
Vlakem _____ moc rád/a, autobusem _____ o něco raději, ale ze všeho
nejraději _____! Z Prahy do Říma letadla _____ každý den. Už mám
letenku a zítra ráno _____ na konferenci do Bruselu. (vy) _____ často
do ciziny? – (já) _____ několikrát za rok. Minulý rok jsem _____ několikrát. (vy)
_____ vždy služebně? _____ ještě letadla z Prahy do Brna? _____
ta tramvaj taky v noci? Kdy _____ poslední tramvaj? Říká se, že když ptáci
_____ nízko, bude pršet. Podívej, teď _____ nízko, bude asi pršet. V létě ráda
_____ bosa. Nerada _____ metrem v dopravní špičce. Jak jsou dlouho spolu,
jak dlouho _____?

nést – nosit, běhat – běžet

Co (ty) _____ raději: kalhoty, nebo šaty? (já) _____ vám dobré zprávy,
 pojďte si je rychle poslechnout. Už (já) _____! Teď se zase _____
široké košile. Čas _____ strašně rychle. Už nemám čas, musím _____. Celý den
(já) _____ po obchodech a ještě nemám všechny dárky. V Čechách vánoční dárky
_____ Ježíšek Ze všech sportů nejraději (já) _____. (ty) _____ taky v zimě?
Znáš rozhlasový pořad A léta _____?

■ **20. Spojte a všimněte si některých dalších významů sloves:**

1. Kam vede ta cesta?	a) Jak se máš? Jak se ti daří?
2. Kam vedou okna?	b) Kdo vyhrává?
3. Jak se ti vede?	c) To nemá smysl.
4. Kdo vede?	d) Kam jsou otočená? / Kam se dívají?
5. Co běží v kině?	e) O co jde?
6. O co běží?	f) Co dávají?
7. Čas běží...	g) ...letí /utíká.
8. To nikam nevede.	h) Kam se dostanu, když půjdu tudy?
9. To zboží nevedeme.	i) To se nedá v našem obchodě koupit.

■ **21. Dejte do minulého času:**

Kdo ponese ten nejtěžší kufr? _____?

Kdo povede první skupinu? _____?

Už mě to tady nebaví, půjdu domů. _____.

Poběžíš celou cestou do školy? _____?

Do Rigy nepoletím, pojedu vlakem. _____.

Pojede kolem nás, a proto nás odveze domů. _____.

Půjdu rychle, nemám čas. _____.

▲ povést se = podařit se – *turn out well, be a success*
Koláč se povedl! Práce se povedla! Představení se povedlo!
povedlo se mi – *I managed to, I succeeded*
Nepovedlo se mi to udělat!

● Je něco, co jsi chtěl/a udělat a co se ti nepovedlo?

NEURČITÁ A ZÁPORNÁ ZÁJMENA
INDEFINITIVE AND NEGATIVE PRONOUNS

	ně- / -si*	ni-	málo-
	some	*no*	*a few*
kdo	**ně**kdo / kdo**si**	**ni**kdo	**málo**kdo
co	**ně**co / co**si**	**ni**c	**málo**co
čí	**ně**čí / čí**si**	**ni**čí	
jaký	**ně**jaký / jaký**si**	**ni**jaký** žádný	
který	**ně**který / který**si**	žádný	**málo**který

* a little bit more uncertain than ně-; literary form; it can not be used in a question
** of a very bad quality

	kde-	lec-/leda-	-koli(v)	všeli-
	many	*many sorts*	*ever*	*many various sorts*
kdo	**kde**kdo	**lec**kdo	kdo**koli**	
co	**kde**co	**lec**co(s)	co**koli**	**všeli**co(s)
čí	**(kde**čí)	**(lec**čí)	čí**koli**	
jaký	**kde**jaký	**lec**jaký	jaký**koli**	**všeli**jaký
který	**kde**který	**lec**který	který**koli**	

- -

▲   **Někdo** tady byl. Kdo? – **Nějaký** pán.
Kdosi tady byl. Vůbec nevím, kdo to je. – Byl tady **jakýsi** pán.
Nikdo tady nebyl. – **Žádný** člověk tu nebyl.
Málokdo to **umí.** – **Skoro nikdo** to neumí.
Málokdo to **neumí.** – **Skoro všichni** to umí.

Kdekdo/leckdo si to myslí = **spousta lidí**
Kdejaký/lecjaký člověk si to myslí = **spousta/hodně lidí**

Mám **nějaký** problém.
Znám kdejakého člověka / kdejaké lidi. = mnoho lidí (sg. × pl.)
Mám **všelijaké** problémy. = **mnoho různých problémů** (pl.)

- -

■ **22. Pozměňte podtržená zájmena tak, že použijete následující předpony nebo přípony:**

Co shání? – Shání cokoliv. S kým mluvil? – Mluvil s kdekým/nemluvil s nikým.

-koliv

Jakou práci shání? _____ O jakou práci má zájem? _____ Co chce dělat? _____ Čím se chce zabývat? _____ V jakém oboru chce pracovat? _____
Může tam jít někdo _____ z nás. Někomu _____ se nedá věřit. Někoho _____ si nemůžeš vážit. Pro někoho _____ je to těžké.
O někom _____ to nejde říct. Před někým _____ o tom nemůžeš mluvit.
Můžeš jít do kina s někým _____ z kamarádů.

kde-/lec-; málo-/ni-

S kým mluvil?	_____	Čím si nebyl jist?	_____
O čem se bavíte?	_____	O kom přemýšlel?	_____
Na co se ptal?	_____	Na koho se těšil?	_____
Čeho se bál?	_____	Koho si vážil?	_____
Na co myslíš?	_____	O co se zajímáš?	_____

-si

Ukazoval mi něco _____. Někdo _____ tady byl. Dal to někomu _____.
S něčím _____ takovým jsem se nikdy předtím nesetkal/a. S něčím _____ podobným musíte počítat. Mluvil s někým _____ neznámým. Zamilovala se do nějakého _____ cizího kluka. Mluvili jste o nějakém _____ problému?

kde-; všeli-

Měl jsem nějaký problém _____ problém / _____ problémy; _____ problémy.
Měl jsem nějaké starosti _____ starosti; _____ starosti.
Zajímal jsem se o nějakou práci _____ práci; _____ práce.
Mluvil jsem s nějakým člověkem _____ člověkem / _____ lidmi; _____ lidmi.
Díval se na nějaký inzerát _____ inzerát / _____ inzeráty; _____ inzeráty.

UŽ JSME TADY DVA ROKY!
WE'VE BEEN HERE FOR TWO YEARS ALREADY!

15

		M	F + N	
Nom.	To jsou	dva dolary	dvě koruny	**dva, dvě**
Gen.	Zůstal jsem bez	dv**ou** dolarů	dv**ou** korun	**-ou**
Dat.	Zlobí se kvůli	dv**ěma** dolarům	dv**ěma** korunám	**-ěma**
Ak.	Už nemám	dva dolary	dvě koruny	**= Nom.**
Lok.	Mluví o těch	dv**ou** dolarech	dv**ou** korunách	**-ou**
Instr.	Co s	dv**ěma** dolary	dv**ěma** korunami	**-ěma**

» dva = oba, dvě = obě

» Vrátím se do dvou minut, hodin, měsíců, roků/let.
Přišel jsem na dvě minuty, hodiny, dva měsíce, roky.
Odešel jsem po dvou minutách, hodinách, měsících, rocích/letech.
Byl jsem tady před dvěma minutami, hodinami, měsíci, roky/lety.

		M + F + N			
Nom.	To jsou ty	tři	čtyři děti	**tři**	**čtyři**
Gen.	Jsou zamilovaní do **těch**	tř**í**/tř**ech**	čtyř/čtyř**ech** dět**í**	**-í/-ech**	**-Ø/-ech**
Dat.	Dělají všechno kvůli **těm**	tř**em**	čtyř**em** dět**em**	**-em**	
Ak.	Myslí jen na ty	tři	čtyři děti	**= Nom.**	
Lok.	Mluví jen o **těch**	tř**ech**	čtyř**ech** dět**ech**	**-ech**	
Instr.	Jsou spokojení s **těmi**	tř**emi**	čtyř**mi** dět**mi**	**-emi**	**-mi**

» mezi čtyřma očima

		Kolik? Tolik! Mnoho! Několik!		5 ...... ∞ *	
Nom.		kolik		pět, dev**ět**	
Gen.	bez	kolik**a**	**+a**	pět**i**, devít**i**	**+i**
Dat.	kvůli	kolik**a**	**+a**	pět**i**, devít**i**	**+i**
Ak.	na	**= Nom.**		**= Nom.**	
Lok.	o	kolik**a**	**+a**	pět**i**, devít**i**	**+i**
Instr.	s	kolik**a**	**+a**	pět**i**, devít**i**	**+i**

* kromě sto, tisíc, milion, miliarda; sto = město, tisíc = stroj, milion = hrad, miliarda = žena

>> dvacet čtyři hodiny → do dvaceti čtyř hodin, po dvaceti čtyřech hodinách
čtyřiadvacet hodin → do čtyřiadvaceti hodin, po čtyřiadvaceti hodinách

■ **23. Řekněte:**

Co jsi dělal/a

před jednou hodinou?   před dvěma hodinami?

_____

před třemi hodinami?   před čtyřmi hodinami?

_____

před pěti hodinami?   před devíti hodinami?

_____

před rokem?   před dvěma roky/lety?

_____

před třemi roky/lety?   před čtyřmi roky/lety?

_____

před osmi roky/lety?   před dvaceti roky/lety?

_____

před dvaadvaceti roky/lety?   před pětadvaceti roky/lety?

_____

předevčírem?   před příjezdem do Prahy?

_____

Kdy jsi ho naposledy viděl/a?
Naposledy jsem ho viděl/a před

dva dny	_____
tři týdny	_____
pět minut	_____
dvě hodiny	_____
tři měsíce	_____
rok	_____
dva roky	_____
několik let	_____

ZNOVU JSME SE POTKALI PO DVOU LETECH!
WE'VE MET EACH OTHER AFTER TWO YEARS!

15

■ **24. Řekněte:**

Kolik ti bylo let/roků, když...

jsi začal/a chodit?– Byl mi rok.

sis začal/a hrát s dětmi? – Byly mi dva roky.

jsi začal/a chodit do školy? – Bylo mi šest let.

jsi ukončil/a základní školu? – Bylo mi patnáct let.

jsi začal/a studovat? – Bylo mi devatenáct let.

ses poprvé zamiloval/a? – Bylo mi _____. (?)

ses začal/a učit česky? – Bylo mi _____.

Kolik ti bylo let, když...? =	**V kolika letech** jsi začal/a...	**V + Lok.**

Začal/a jsem chodit   v roce.

S dětmi jsem si začal/a hrát v _____

Do školy jsem začal/a chodit v _____

Základní školu jsem ukončil/a v _____

Začal/a jsem studovat v _____

Poprvé jsem se zamiloval/a v _____

Česky jsem se začal/a učit v _____

V kolika cizích zemích jsi byl/a? Byl/a jsem

v (pět cizích zemí) _____, v (několik cizích zemí) _____.

V kolika českých městech jste byl/a? Byl/a jsem

ve (tři česká města) _____, v (mnoho českých měst) _____.

V kolika kinech běží ten film? Film běží

v (pět velkých kin) _____, v (několik málo kin) _____.

Máš řidičský průkaz? V kolika letech ses učil/a řídit?

V kolika letech ve vaší zemi můžete dělat řidičský průkaz?

(Juan nemá řidičský průkaz a nebude ho mít. Není to otázka let ani peněz, je to jeho postoj.)

Proč si Juan asi nechce dělat řidičák?

● Jaký je tvůj postoj k autům?

▲ hrát tenis, hrát na piano, hrát si s dětmi

■ **25. Doplňte správný tvar číslovky a substantiva:**

Počasí se změnilo během (dvě, tři, několik) _____ hodin.

Do (kolik) _____ umíš počítat v češtině? – Hm, asi jen do (2000) _____.

Zlobí se kvůli (několik, dvě, tři) _____ slovům.

Přestávka bude za (dvě) _____minuty, nebo za (pět) _____ minut?

Odešel na vteřinu, vrátil se po (dvě, tři, čtyři) _____ letech.

Mám dvě/tři/čtyři sestry. Záleží mi na (obě, tři, čtyři) _____sestrách.

Dítě ještě neumí chodit, leze po (čtyři) *(Lok. pl.)* _____.

Kamarádí se s (mnoho, několik) _____ českými studenty.

Rozhoduje se mezi (dvě, několik) _____ možnostmi.

Má dilema, nemůže se rozhodnout, je mezi (dvě) _____ ohni.

Vrátím se do (dvě, tři, čtyři hodiny) _____.

Blížíme se ke (dva, tři, čtyři zámky a hrady) _____.

Diskutujeme o (dva, tři, pět) (nové filmy) _____.

Setkali jsme se s (několik) (zajímaví lidé) _____.

Jeden je za osmnáct, druhý bez (dva) _____za dvacet.*

Mají se čím dál hůř, jde to s nimi z kopce – od (deset) _____ k (pět) _____.

Půjčil (dva kamarádi) _____ peníze a teď je bez peněz.

Přemýšlím o (obě knihy) _____, které jsem přečetl/a.

Souhlasil s (obě podmínky), _____, které mu dali.

»   **jeden/jedna + z + nejlepších českých spisovatelů/knih** – *one of the* best
    Czech writers/books
    řada + Gen.: řada dní, domů, lidí – *a series of days, houses, people* (řada –
    chain, row, string)
    spousta + Gen.: spousta lidí – *dozens of / a lot of people*
    většina + Gen.: většina lidí – *the majority of people*

    The genitive case in such phrases does not change! We decline only the first part
    of the phrase (numeral or noun); compare L9: krabice pomerančového džusu.

▲   jde to z kopce / od desíti k pěti = situace je stále horší

---

* Oba (kluci) jsou stejní *(většinou špatní).*

Jaroslav Seifert je jeden/jedním z nejlepších českých básníků.

Četl/a jsem básně (k**oho**?) jednoho z nejlepších českých básníků.

Mluvili jsme o (k**om**?) _____ z nejlepších českých básníků.

▲ Švejk je jedna/jednou z nejznámějších postav české literatury.
Diskutovali jsme o Švejkovi, jedné z nejznámějších postav české literatury.
Vrátíme se ke Švejkovi, jedné z nejznámějších postav české literatury.
Bez Švejka, jedné z nejznámějších literárních postav, by česká literatura
vypadala jinak.

■ 26. Doplňte správné tvary:

Řada lidí to říká.

Slyšel jsem to od (řada lidí) _____.

Půjdu na návštěvu k (řada známých) _____.

Znám (řada lidí) _____, kteří si to myslí.

Mluvil jsem s (řada lidí) _____, kteří se na to dívají stejně.

Byl jsem na (řada konferencí) _____ a slyšel jsem podobné úvahy.

Spousta lidí o tom uvažuje stejně.

Honza dostal dárky k narozeninám od (spousta kamarádů) _____.

Ty máš něco proti (spousta mých kamarádů) _____!

Dostal k narozeninám (spousta dárků) _____.

Viděl jsem (spousta dobrých českých filmů) _____.

Mluvil o (spousta potíží) _____, které teď má.

Bavil jsem se o tom programu se (spousta kolegů a kolegyň) _____.

Většina lidí na to má stejný názor.

To dítě se (většina lidí) _____ bojí.

Ty se vyhýbáš (většina jejích přátel) _____.

Znám (většina tvých kamarádů) _____.

Nemyslím si nic špatného o (většina tvých kamarádek) _____.

Záleží mi na (většina mých známých) _____.

Setkal jsem se s (většina tvých příbuzných)_____.

Hodiny – o'clock ⏰		
V kolik hodin?		
V + Ak.	= ⏰	v jednu hodinu, ve dvě, tři, čtyři hodiny, v pět hodin
OD – DO + Gen.		od jedné hodiny do dvou, do tří, od čtyř do pěti hodin
Kdy přijdeš?		
KOLEM/OKOLO + Gen.	≅ ⏰	kolem jedné, druhé, třetí, čtvrté, páté hodiny
PO + Lok.		po jedné, druhé, třetí, čtvrté, páté hodině
PŘED + Instr.		před jednou, druhou, třetí, čtvrtou, pátou hodinou
MEZI + Instr.		mezi jednou a druhou, třetí a čtvrtou hodinou
Na kdy zarezervuješ/objednáš/zamluvíš stůl?		
NA + Ak.	≅ ⏰	na jednu, druhou, třetí, čtvrtou hodinu, na středu večer
Hodiny – hours ••••••		
Na jak dlouho přišel?		
NA + Ak.	= ●•••••●	na dvě, tři, čtyři hodiny, na pět hodin
Jak dlouho byl?		
Ak.	= ●•••••●	hodinu, dvě, tři, čtyři hodiny, pět hodin
KOLEM + Gen.	≅ •••●•••	kolem dvou, tří, čtyř, pěti hodin
Za jak dlouho?		
ZA + Ak.	●••••••●	za hodinu, za dvě, tři, čtyři hodiny, pět hodin
Kdy?		
PO + Lok.	●••••••→	po hodině, po dvou, třech, čtyřech hodinách
PŘED + Instr.	←••••••●	před hodinou, před dvěma, třemi, čtyřmi hodinami

» **kolem druhé** hodiny – *about two o'clock* × **kolem dvou** hodin – *about two hours*
po druhé hodině – *after two o'clock* × **po dvou** hodinách – *after two hours*
před druhou hodinou – *before two o'clock* × **před dvěma** hodinami – *two hours ago*

KOLIK HODIN? V KOLIK HODIN?
HOW MANY HOURS? AT WHAT TIME?

15

■ **27. Doplňte vhodnou prepozici:**

Na jak dlouho přijdeš? Přijdu ___ jednu hodinu. = ●•••••●

Za jak dlouho přijdeš? Přijdu ___ jednu hodinu. ●••••••●

Přijdu ___ jednu hodinu. (= 🕐)

Přišel _____ druhé hodiny. (≅ 🕐) Jak dlouho tady byl? Byl tady _____ dvou hodin. ≅ •••●•••

Přišel _____ druhé hodině. (≅ 🕐) Jak dlouho tady byl? Byl tady dvě hodiny. = ●•••••● Kdy odešel? Odešel ____ dvou hodinách. ●••••••→

Přišel _____ druhou hodinou. (≅ 🕐) Kdy odešel? Odešel _____ dvěma hodinami. ←••••••●

Budu tady jen ___ dvou hodin. (= 🕐)

Byl tady ___ tří ___ pěti hodin. (= 🕐)

Přijdu ____ druhou a třetí hodinou. (≅ 🕐)

Máme ještě čas, vlak jede ___ dvě hodiny. ●••••••●

Na jak dlouho jsi přišel? Přijel jsem sem ___ jednu hodinu. = ●•••••● Jak dlouho tady budeš? Budu tady jen jednu hodinu. = ●•••••●

Byl tady ___ dvou ____ pěti hodin, (= 🕐), ____ druhou a pátou hodinou. (≅ 🕐)

DLOUHO × DÁVNO; JEN × TEPRVE
LONG × LONG TIME AGO; ONLY

Jak dlouho jsi ho neviděl? **Dlouho** jsem ho neviděl, asi pět let.
Kdy jsi ho viděl **naposledy**? Viděl jsem ho **dávno**, **před** pěti lety.
Jak dlouho jsi tady nebyl? Dlouho jsem tady nebyl, asi pět let.
Kdy jsi tady byl naposledy? Dávno, asi před pěti lety.

Kdy přijel?
Čekali jsme ho včera **ráno**, on přijel **teprve (= až) večer**.
Kdy se vrátíš?
Chtěla jsem se vrátit **dnes**, ale vrátím se **teprve (= až) zítra!**
Už přišel?
Ještě ne, teprve přijde.

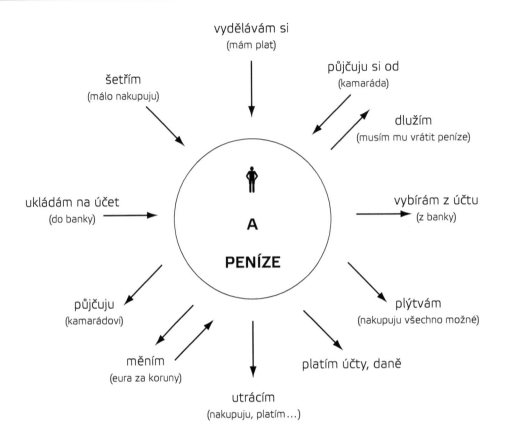

vydělávám si
(mám plat)

půjčuju si od
(kamaráda)

šetřím
(málo nakupuju)

dlužím
(musím mu vrátit peníze)

ukládám na účet
(do banky)

A
PENÍZE

vybírám z účtu
(z banky)

půjčuju
(kamarádovi)

plýtvám
(nakupuju všechno možné)

měním
(eura za koruny)

platím účty, daně

utrácím
(nakupuju, platím…)

---

vydělávám (si) – *I earn, make money* → mám finanční prostředky na život

šetřím = ukládám na účet – *I save = deposit money in a bank account* → jsem šetrný/spořivý mám úroky – *interest* (2% – dvouprocentní, 3% – tříprocentní)

vybírám z bankomatu – utrácím peníze – utrácím hodně, rozhazuju peníze = plýtvám penězi – *I withdraw from a cash machine – I spend – I waste* → jsem marnotratný (rozhazovačný)

půjčuju si od kamaráda – dlužím kamarádovi – *I borrow from a friend – I owe to a friend* → mám dluhy, jsem zadlužený

platím v hotovosti / platební kartou / složenkou (na poště) / bankovním převodem × kupuju na půjčku → splácím půjčku

---

! Utratil jsem peníze = Nemám peníze, ale mám to, co jsem si koupil!
Ztratil jsem peníze = Nemám ani peníze, ani nákup!

■ **28. Odpovězte:**

Jaký je tvůj vztah k penězům?

_____

Nakupuješ rád/a? Co?

_____

Utrácíš hodně? Za co?

_____

Jsi marnotratný/a, nebo šetrný/á?

_____

Máš účet v bance? Máš platební kartu?

_____

Raději platíš v hotovosti, nebo platební kartou?

_____

Jak často vybíráš peníze z bankomatu?

_____

Umíš šetřit?

_____

Na co šetříš?

_____

Máš dluhy?

_____

Dluží ti někdo peníze?

_____

Půjčuješ si často peníze od kamarádů?

_____

Koupil sis něco na půjčku / leasing / hypotéku?

_____

Jaké jsou výhody a nevýhody půjček?

PŮJČKY	
výhody – přednosti	nevýhody – nedostatky

U PŘEPÁŽKY

Úřednice:	Dobrý den. Co pro vás můžu udělat?
Juan:	Dobrý den. Chtěl bych si založit účet ve vaší bance.
Úřednice:	Běžný účet?
Juan:	Ano.
Úřednice:	Můžete mi ukázat nějaké doklady?
Juan:	Mám cestovní pas a povolení k pobytu.
Úřednice:	Stačí povolení k pobytu. Děkuji.
	Pokud budete mít nějaké pravidelné platby, můžeme založit trvalé příkazy.
Juan:	Promiňte, nerozumím.
Úřednice:	Pokud víte, že každý měsíc budete něco platit, můžeme vždy k určitému datu převést peníze z vašeho účtu na účet příjemce. Tomu říkáme trvalý příkaz.
Juan:	No, výborně! To je přesně to, co jsem potřeboval. Právě jsem se na to chtěl zeptat. Musím zaplatit nájem každý měsíc nejpozději do 25.
Úřednice:	Tak založíme trvalý příkaz k 25. v měsíci. Napište sem prosím číslo účtu příjemce a kód banky a částku, kterou převedeme na jeho účet.
Juan:	Prosím.
Úřednice:	Tak, na základě vašeho trvalého příkazu každého 25. v měsíci automaticky převedeme tuto částku z vašeho účtu na účet příjemce.
Juan:	Děkuji mockrát.

▲ dát bance trvalý příkaz – *standing order*
k určitému datu – *for a certain date*
platit bankovním převodem → převést peníze z účtu na jiný účet
platba/úhrada za elektřinu, topení, nájem, kurz
uhradit částku = zaplatit
příjem – *income*; (roční příjem) → příjemce – *payee*

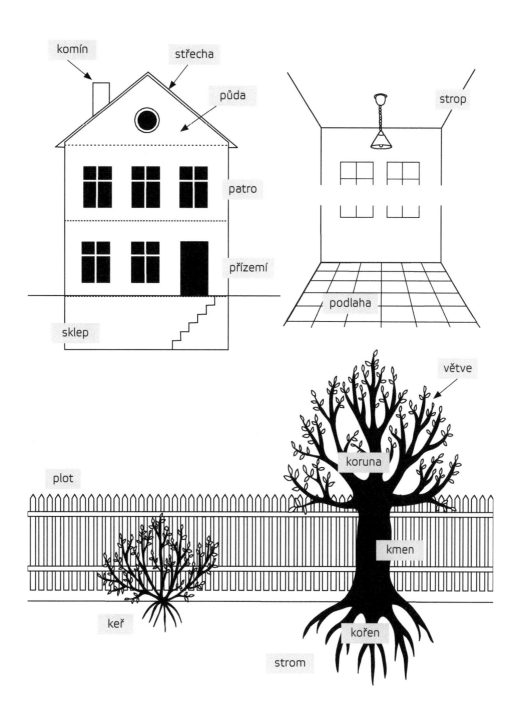

komín

střecha

půda

strop

patro

přízemí

sklep

podlaha

větve

koruna

plot

kmen

keř

kořen

strom

architektonický styl (m)	architectural style	ladič (m)	tuner
bádat (i.) o + L, nad + I	to research, speculate	ladit (2) + A; k + D	to tune up; go together
		lehat si (1) / lehnout si (4)	to lie down
badatel, -ka	researcher		
bankovní převod (m)	transfer	létat (i.) (1)	to fly
běžky (f pl.)	cross-country skis	lézt (i.) (4)	to creep, crawl
bohém (m), -ka (f)	bohemian	libovat si (i.) (3) v + L	to také pleasure in
bosý, -á, -é / (bos,-a)	barefooted	lítost (f)	regret, sorrow
bránit se / u- (2) před + I	to defend oneself	louka (f)	field
		makléř (m), -ka (f)	broker
břeh (m)	bank, shore	marnotratný, -á, -é	spendthrift
budoucí (adj.)	future	mateřská škola (f)	kindergarten
částka (f)	amount	mezinárodní (adj.)	international
činnost, -i (f)	activity, occupation	moudrý, -á, -é	wise
čtvrť, čtvrti (f)	quarter, district	mzda (f)	earnings, salary
dálnice (f)	highway	nádherný, -á, -é	marvelous, splendid
déšť, deště (m)	rain	nájem, nájmu (m)	lease, rental
dialog (m)	dialogue	nárok (m)	claim, demand
diskutovat (3) o + L	to discuss	nastoupit (p.) (2) do + G	to get in, start
dlužit (p.) (2) + D–A	to owe		
doktorát (m)	doctorate	nástroj (m)	instrument
dokud	as long as, while	navíc	furthermore; extra
doplněk, doplňky (m)	accessory	návrhář (m), -ka (f)	designer
dříví (n)	wood, firewood	nezaměstnanost (f)	unemployment
ekolog (m)	ecologist	nezaměstnaný, -á	unemployed
elektrikář (m)	electrician	obětovat se (i.) (3) + D	to sacrifice oneself
finance (f pl.)	finances		
fontána (f)	fountain	objev (m)	discovery, find
frustrovat (i.) (3) + A	to frustrate	objevovat (3) / objevit (2) + A	to discover, find
gymnázium (n)	sixth-form/ high school		
		obor (m)	field of study, line of work
hádat se / po- (1) o + A s + I	to quarrel	obuvník (m), -ice (f)	shoemaker
handicapovaný, -á, -é	handicapped	obzvlášť	particularly, specially
havarovat (3)	to have an accident		
hlásit se / při- se (2) k + D, na + A	to apply for; report	odborník, (m) -ice (f)	expert, scholar
		ohledně + G	relative to
hodinář (m)	clockmaker	opravář (m)	repairman
hráč, -ka	player	ovládat (i.) (1) + A	to master
hrubý, -á, -é	rough, gross	oznamovat (3) / oznámit (2) + D–A	to inform, announce, report
hudebník, -ice	musician		
humanitární	humanitarian	památka, památky (f)	memory, monument
chlubit se / po- (2) + I	to boast		
chválit / po- (2) + A za A	to commend sbd. for	pečovat (i.) (3) o + A	to tend, take care of
instalatér (m)	plumber	pečovatel, -ka	care person
konkurz (m)	audition	písemný, -á, -é	written
kostým (m)	skirt suit	plášť, pláště (m)	thin coat
krejčí (m)	tailor	platba (f)	payment
křiklavý, -á, -é	striking, jazzy	plynule	fluently

plýtvat (i.) (1) + I	to waste	řada (f)	series, row, string
podepisovat (3) /	to sign	řada + G	plenty of
podepsat (4) + A		řádek, řádku (m)	row, line
pokládat (1) /	to lay, put down	schovat (se) (p.) (1)	to hide
položit (2) + A		sednout si (p.) (4)	to sit down
pokročilý, -á, -é	advanced, devel-	sledovat (i.) (3) + A	to follow; monitor
	oped	složenka (f)	postal order
pokrok (m)	progress, advance	slunečnice (f)	sunflower
pokus (m)	attempt,	služebně (adv.)	on business
	experiment	směna (f)	shift, exchange
poměr (m)	relation(ship)	snažit se / vyna- se	to make an effort
pomlouvat (i.) (1) + A	broadcast, program	(2)	
pořad (m)	to slander	soukromě	privately
pořádně	properly, well	soukromý, -á, -é	private
postava (m)	character	splácet / splatit (2)	to pay off
postoj (m)	attitude	+ A	
potíž, potíže (f pl.)	trouble, difficulty	soutěž (f)	competition
považovat (i.) (3) +	to consider, rate	sova (f)	owl
A za A		společnost (f)	society, company
povídat si / po- (1)	to talk, chat	společný, -á, -é	common, mutual
o + L s + I		sprejer (m) (coll.)	street artist
povolený, -á, -é	permitted	stavět / postavit	to stand (up), place,
právě	only just, just now	(2) + A	to build
pravidelný, -á, -é	regular	stěžovat si / po- (3)	to complain
právo (n)	law	na + A	
projevovat (3) /	to show, manifest	stoupnout si (p.) (4)	to take one's stand
projevit (2) + A		středisko (n)	centre, seat, resort
prostředek (m)	means; funds	stydět se (i.) (2) za	to be ashamed
přece	surely, still, yet	+ A; před + I	
překrásný, -á, -é	splendid	svoboda (f)	freedom
přepážka (f)	counter	šero (n)	dusk, gloom
převést (4) (p.) + A	to transfer	šetrný, -á, -é	thrifty
příjem (m)	income	šít / u- + A	to sew
přijímací zkoušky (f)	entrance exams	švadlena (f)	seamstress
příkaz (m)	order; direction	tábor (m.)	camp
příloha (f)	attachment; insert	taxikář (m)	taxi driver
přístroj (m)	appliance;	továrna (f)	factory
	apparatus	trápit se (i.) (2) (s) + I	to worry, stress
přírodní (adj.)	natural		over
přítomný, -á, -é	present, attendee	truhlář (m)	cabinetmaker
přizpůsobovat se (3)	to accommodate,	trvalý, -á, -á	permanent
/ přizpůsobit se	to adopt	úcta (f)	respect
(2) + D		údaj (m)	fact, detail
půjčka (f)	loan	uhradit (p.) (2) + A	to pay, defray
riskovat (i.) (3) + A	to risk	ucházet se (i.) (2)	to apply for
ročník (m)	class, age-group	o + A	
rohožka (f)	doormat	úloha (f)	assignment, role,
rozhlas (m)	radio		task, problem,
rozmanitý, -á, -é	various, varied		homework
rozsah (m)	extent	uložit (p.) (2) + A	to bank, deposit;
ručit (i.) (2) za + A	to guarantee		save

umístit (p.) (2)	to place, put
upravovat (3) / upravit (2) + A	to adjust, arrange
usilovat (i.) (3) o + A	to try to achieve
úrok (m)	interest
úspěšně	successfully
úspěšný, -á, -é	successful
úsvit (m)	daybreak, dawn
utrácet / utratit (2) + A	to spend money
uvažovat (i.) (3) o + L	to think of, consider
úvaha (f)	consideration
v rámci (prep. + G)	under the terms of
věšet / pověsit (2) + A	to hang
většina (f)	majority
většinou	mostly
vhodný, -á, -é	suitable
vina (f)	guilt, fault
viset (i.) (2)	to hang, be hanging
vláda (f)	to reign; government
vládnout (p.) (4)	to govern, rule
vliv (m)	influence
vlivný, -á, -é	influential
vrch (m)	hill, top, peak
vrtulník (m)	helicopter
vybírat si / vybrat si (1) + A	to choose
vteřina (f)	second, moment
vydávat / vydat (1) + A	to publish
vydavatel (m)	publisher
vydavatelství (n)	publishing house
vydělávat / vydělat (1) + A	to earn
vychovatel, -ka	tutor, educator
vychovávat / vychovat (1) + A	to bring up, raise
vynález (m)	invention
výsledek (m)	result
vyučovat (p.) (3) + A	to teach
výzkum	research
vyznat se (p.) (1) v + L	to know a lot about
zabývat se (i.) (1) + I	to deal with
zakládat (1) / založit (2) + A	to establish, found
zaměstnanec (m)	employee
zaměstnavatel (m)	employer
závodní auto	racing car
zároveň	at the same time
zdroj (m)	source, resource
zem (f)	earth, floor
zisk (m)	gain, profit
zlatý, -á, -é	golden
zkoumat / pro- + A	to investigate
značkový, -á, -é	branded
zmínit se (p.) (2) o + L	to mention, touch on
zvlášť, zvláště, obzvlášť	specially, particularly

FRÁZE — PHRASES

být mezi dvěma ohni	be in a double bind
dostat výpověď	to receive one's notice
držet jazyk za zuby	to hold one's tongue
podepsat smlouvu	to sign a contract
dopravní prostředek (m)	means of transport
dopravní špička (f)	rush-hour traffic
dopravní značka (f)	traffic sign
studijní výsledky	course results
studijní program	curriculum
výměnný program	exchange program
Běhá mi mráz po zádech.	A shiver runs down my spin.
Bez rizika není zisku.	No risk, no reward.
Hlavu vzhůru! Nevěš hlavu!	Chin up!
Jde to z kopce / od desíti k pěti.	It's going downhill / from bad to worse.
Mám toho po krk!	I'm fed up with it.
Nemůžu za to.	It isn't my fault.
O co jde?	What's all this about?
O co ti jde?	What are you getting at?
O nic nejde.	Everything is all right.
Ráno je moudřejší večera!	It's better to sleep on it!

HONZOVY PLÁNY

Hanna: Honzo, kolik ještě máš zkoušek? Kolik ti ještě zbývá do konce **studia**?

Honza: Mám ještě pár menších zkoušek. Mohl bych to zvládnout za jeden semestr, ale já nechci pospíchat: mám ještě možnost někam vycestovat na výměnu a já si tu šanci nenechám ujít...

Hanna: No vidíš, kdybychom já a Juan tuto šanci nevyužili, to bychom se nepoznali a...

Honza: No, to mě vlastně nenapadlo!

Hanna: A už jste se o tom bavili s Hanou? Co ona na to?

Honza: S Hanou je to těžký. Pořád se jí něco nelíbí, furt si na něco stěžuje.

Hanna: Ani bych neřekla. Měli byste si o tom promluvit v klidu, jen vy dva, mezi **čtyřma očima**... Ale jinak ti závidím, ty už přemýšlíš o **tématu** diplomové práce a my s Juanem máme toho ještě tolik před sebou...

Honza: Téma, to je dobrá otázka. O **tématu** už uvažuji hodně dlouho. Taky jsem o tom mluvil s různými **kolegy** a ještě řada z nich neví, jakému oboru a **tématu** dát přednost. Já už celkem vím, že to bude španělština. Zvolím si pravděpodobně nějaké téma na pomezí jazyka a literatury, například překlady španělského autora do češtiny, nebo obráceně a zaměřím se na nějaký jazykový jev.

Hanna: No, to nezní špatně. **Je vidět**, že na to hodně myslíš.

Honza: A kolik ještě zbývá tobě?

Hanna: Ani se neptej! Dost! Ale během dvou let musím **studium** ukončit! Jinak bych přišla o **stipendium**. Juan je na tom o něco lépe než já. Ale víš, my teď máme ještě nějaké jiné plány...

Honza: Jaké plány?

Hanna: Zatím ti to nechci říkat. Až to bude víc aktuální, včas ti to oznámím.

Honza: Jsem fakt zvědavý, ale počkám a nechám se překvapit! A jak je Juan jinak spokojený s prací?

Hanna: No, jak se to vezme.

Honza: Co vlastně dělá?

Hanna: Překlady různých smluv, obchodní korespondenci, no, celkem nic zajímavého, ale prý aspoň vidí, jak to ve firmách a ve velkém byznysu chodí... Říká, že denně ve všem dělá pokroky. Práce má hodně, **nosí** si ji taky domů.

Honza: Já jsem si myslel, že pracuje jen doma.

Hanna: Je tam denně, ale ne tak dlouho, jak kdy, občas taky tlumočí. Vzal si na sebe hodně, má příliš moc povinností, teď by se zase měl víc věnovat **studiu**, ostatně já taky...

Honza: No, správně. Nezbývá vám nic jiného než učit se, učit se a učit se!

Hanna: Ale jdi ty, víš, že některé citáty já nemusím!

Honza: Jasně, promiň. A co přesně děláš?

Hanna: Teď jsem hodně mimo Prahu, jezdím na praxi do jednoho uprchlického tábora. Skamarádila jsem se s **vedoucím** tábora a teď se podílím na projektu integrace uprchlíků do společnosti. Věnuju se hlavně dětem, zvláště jednomu iráckému **dítěti**, pětileté holčičce.

Honza: A jak se s tím **dítětem** dorozumíváš?

Hanna: Trochu česky, trochu anglicky a trochu „**rukama nohama**".

Honza: Jsi úžasná!

Hanna: Ale jdi, není na tom nic zvláštního... Měli bychom se někdy všichni sejít.

Honza: Jo, nějak se domluvíme. Brzy se ozveme.

▲ Nezbývá ti nic jiného, než se učit! – *There's no way around it but to study!* = Nemáš na výběr.

zvládat / zvládnout něco – *to manage, handle* × ovládat – *to master*

Nenechám si ujít šanci! – *I won't miss the chance!*

využít šanci – *to make use of, take advantage of a chance*

je to těžký *(coll.)* = je to těžké; furt *(coll.)* = pořád

Ani bych neřekl/a = Nemyslím si to.

zvolit si = vybrat si → volby – *elections*

pravděpodobně – *probably, likely*

pomezí = hranice

zaměřit se na něco – *to focus, concetrate on sth.*

přijít o něco – *to lose sth.*

Jak jsi na tom? – *How is it going for you?*

oznámit = informovat

Nechám se překvapit. – *There's no hurry.*

jak to chodí – *the way things are*

(citáty) já nemusím *(coll.)* – *I don't like*

uprchlický tábor – *refugee camp*

podílet se na něčem – *to participate, partake*

dorozumívat se s + ♟ + jak / (Instr.) – *to communicate*

» zbývat – *be left, remain*, zbytek – *rest, remainder*, zbytky – *remains*, zbytečný – *useless*

mimo + Ak. = pryč z: Je mimo Prahu.

■ **1. Odpovězte:**

?

Je to pravda, nebo ne?

Honza má před sebou ještě několik důležitých zkoušek.
Honzovi zbývá jen několik malých zkoušek a během půl roku ukončí studium.
Honza ví, že spěch vždy neznamená úspěch.
Honza je cílevědomý a nenechá si ujít žádnou příležitost.
Hanna má pocit, že Honza málo informuje Hanu o svých záměrech.
Honza si ještě nezvolil téma diplomové práce a rozhoduje se mezi několika tématy.
Hanna mu závidí, že je na tom tak dobře, protože jí zbývá ještě hodně zkoušek.
Juan musí ukončit studium během dvou let, aby nepřišel o stipendium.
Honza je zvědavý na to, jaké další plány mají Juan a Hanna.
Honza je netrpělivý a chce všechno vědět hned.
Juan tráví hodně času v práci.
S prací je celkem spokojený.
Práce ho moc nebaví, ale je rád, že získá nové zkušenosti.
Hanna se teď přestěhovala do uprchlického tábora mimo Prahu.
Má velmi odpovědnou práci.

▲

zkoušky — písemné (testy) / ústní

dělám = skládám zkoušku z + Gen.
udělal/a jsem = složila/a jsem zkoušku
neudělal/a jsem zkoušku = propadl/a jsem / neuspěl/a jsem u zkoušky

! zkoušet – zkusit: zkouším udělat zkoušku – zkusím
! zkoušet – vyzkoušet: pan profesor mě zkouší – vyzkouší

Kolik ještě máš zkoušek do konce studia?
● Máš raději písemné, nebo ústní zkoušky? Proč?

KDO	KDY	CO DĚLÁ	TYPY ŠKOL	VZDĚLÁNÍ
žák a žákyně	od 6 (7) do 15 let	chodí na *chodí do* učí se má předměty	základní devítiletá škola *1.–4. třída (1. stupeň)* *5.–9. třída (2. stupeň)* Předměty: čeština, matematika, zeměpis, dějepis, hudební výchova	**základní povinné** povinná školní docházka ukončil základní školu získal základní vzdělání
student a studentka učeň a učnice – *trainee*	11–19 13–19 15–19	chodí na (studuje) *chodí do* chodí na *chodí do* chodí na dělá maturitní zkoušku maturitní ples	*státní nebo soukromé* osmileté gymnázium šestileté gymnázium *prima, sekunda, tercie…* čtyřleté gymnázium *1.–4. třída* střední škola *(ekonomická, zdravot-* *nická, obchodní)* střední odborné učiliště *(služby a řemesla)*	**středoškolské** ukončil střední školu získal středoškolské vzdělání maturoval maturant (s maturitou)
student a studentka posluchač a posluchačka vysokoškolák a vysoko- školačka	19+	dělá přijímací zkoušky (přijímačky) *chodí na* studuje obory dělá (skládá) zkoušky píše a obhajuje diplomovou práci (diplomku) má promoci	vysoká škola Karlova univerzita: právnická fakulta, filozofická fakulta…, Vysoká škola ekonomická… obory: jazyky, psychologie, filozo- fie… 1.–5. (6.) ročník bakalářské (tříleté) studium navazující (dvouleté) studium magisterské (pětileté) studium	**vysokoškolské** ukončil/absolvoval vysokou školu získal vysokoškolské vzdělání bakalář a bakalářka magistr a magistra absolvent/ka vysoké školy
doktorand a doktorandka		píše doktorskou práci (doktorát) obhájil práci		**postgraduální studium** doktor/ka filozofie, práv, psychologie…

▲ povinný předmět – *compulsory, obligatory,* × volitelný (výběrový/nepovinný –
facultative)
povinná školní docházka – *mandatory education*

Povinná školní docházka v ČR je devět let – **devíti**letá základní škola
Magisterské studium většinou trvá pět nebo šest let – **pěti**leté, **šesti**leté studium
Bakalářské studium trvá tři roky (léta) – **tří**leté studium
Navazující magisterské studium trvá dva roky – **dvou**leté studium
Student na FFUK může studovat dva obory – **dvou**oborové studium
Z jednoho oboru píše diplomovou práci (diplomku).
Na střední a vysokou školu uchazeči dělají přijímací zkoušky (přijímačky).

ZNÁMKY / HODNOCENÍ NA ČESKÝCH ŠKOLÁCH			
základní a střední škola	1 (jednička) výborný 2 (dvojka) chvalitebný 3 (trojka) dobrý 4 (čtyřka) dostatečný 5 (pětka) nedostatečný	vysoká škola	1 výborně 2 velmi dobře 3 dobře 4 neprospěl

■ 2. Odpovězte:

Jaký je systém vzdělávání u vás?
Jaké jsou u vás typy škol?
Máte taky přijímací zkoušky? Jsou těžké?
Jaké jsou u vás známky? Kolik máte stupňů?
Která je nejvyšší (nejlepší) a která nejnižší (nejhorší) známka?
Kolikrát můžete dělat stejnou zkoušku?
Kolikrát můžete opakovat ročník?
Máte bezplatné školství, anebo platíte školné?
Jak dlouho se učíš na zkoušku?

■ 3. Spojte:

JUDr. Jan Starý	inženýr/ka (absolvent technické a ekonomické vysoké školy)
MUDr. Ina Stará	magistr a magistra (absolventi magisterského studia)
PhDr. Jan Holý	doktor lékařských věd
Jan Nový, **Ph.D**.	doktor práv
Ing. Jana Holá	bakalář/ka (absolventi bakalářského studia)
Mgr. Milan Pátý	doktor filozofie *(starý titul)*
Bc. Anna Malá	doktor filozofie *(nový titul)*

Ma.	sg. = Ma. hard -~~us~~		pl. = Ma. soft -~~us~~, -~~es~~		
Nom.	génius	-us	géniové	-ové	
Gen.	génia	-a	géniů	-ů	Amadeus
Dat.	géniu/-ovi	-ovi	géniům	-ům	Celsius Ovidius
Ak.	génia	-a	génie	-e	Sokrates Aristoteles
Vok.	génie!	-e	géniové!	= Nom.	Archimédes
Lok.	géniovi	-ovi	géniích	-ích	
Instr.	géniem	-em	génii	-i	

Mi.	sg. = Mi. hard -~~us~~		pl. = Mi. hard -~~us~~		humanismus/(-izmus)
Nom.	cyklus	-us	cykly	-y	realismus romantismus
Gen.	cyklu	-u	cyklů	-ů	feudalismus kapitalismus
Dat.	cyklu	-u	cyklům	-ům	socialismus
Ak.	cyklus	-us	cykly	-y	!!!!!! cirkus – cirkusu
Lok.	cyklu	-u	cyklech	-ech	kaktus – kaktusu korpus – korpusu
Instr.	cyklem	-em	cykly	-y	luxus – luxusu

N	sg. = N hard -~~um~~		pl. = N soft -~~um~~		
Nom.	muzeum	-um	muzea	-a	adverbium akvárium
Gen.	muzea	-a	muzeí	-í	jubileum kolokvium
Dat.	muzeu	-u	muzeím	-ím	kritérium
Ak.	muzeum	-um	muzea	-a	stadium (stage) stipendium
Lok.	muzeu	-u	muzeích	-ích	studium
Instr.	muzeem	-em	muzei	-i	vakuum

N	sg. = N hard -um		pl. = N hard -um		
Nom.	centr**um**	**-um**	centr**a**	**-a**	adjektivum
Gen.	centr**a**	**-a**	cent**er**	**-Ø**	album
Dat.	centr**u**	**-u**	centr**ům**	**-ům**	datum < date (sg. + pl.) / data (only pl.)
Ak.	centr**um**	**-um**	centr**a**	**-a**	substantivum
Lok.	centr**u**	**-u**	centr**ech**	**-ech**	verbum
Instr.	centr**em**	**-em**	centr**y**	**-y**	vízum

N	sg. = M hard + at		pl. = N hard – kuřata		
Nom.	téma	**-a**	témat**a**	**-a**	aroma
Gen.	témat**u**	**-u**	témat	**-Ø**	dilema
Dat.	témat**u**	**-u**	témat**ům**	**-ům**	dogma
					drama
Ak.	téma	**-a**	témat**a**	**-a**	klima
Lok.	témat**u**	**-u**	témat**ech**	**-ech**	kóma
					panorama
Instr.	témat**em**	**-em**	témat**y**	**-y**	schéma
					trauma

F	sg. = F hard/soft		pl. = F hard/soft		
Nom.	idea	**-a**	id**ey**/ide**je**	**-y/-e**	
Gen.	id**ey**/ide**je**	**-y/-e**	-/idej**í**	**-í**	odysea
Dat.	-/idej**i**	**-i**	ide**ám**/idej**ím**	**-ám/-ím**	orchidea
Ak.	ide**u**/-	**-u**	id**ey**/ide**je**	**- y/-e**	Korea
Lok.	-/idej**i**	**-i**	ide**ách**/idej**ích**	**-ách/-ích**	Lea
Instr.	ide**ou**/idej**í**	**-ou/-í**	ide**ami**/idej**emi**	**-ami/-emi**	

■ 4. Dejte slova v závorce do správných tvarů:

Znáš nějakého (génius) _____? Mluvil/a jsi někdy s nějakým (génius) _____? Četl/a jsi nějakou knížku o (Sokrates) _____?

V (socialismus) _____ nežilo mnoho lidí v (luxus) _____. Petrarca je představitelem italského (humanismus a renesance) _____.

Víte něco o průmyslové revoluci v období (kapitalismus) _____? Kdy jsi byl/a naposledy v (cirkus) _____? Chodíš rád/a do (cirkus) _____?

Byl/a jsi na (cyklus) _____ přednášek o evropském (romantismus) _____? Rád/a chodím na (cyklus pl.) _____ podobných přednášek. Všechno se opakuje v (cyklus pl.) _____.

Sejdeme se před (muzeum) _____. Už jsi byl/a v (Muzeum) _____ Antonína Dvořáka? Bez (stipendium) _____ bych asi těžko mohl/a studovat. V jakém (stádium) _____ je tvoje diplomová práce? Věnoval/a se jenom (studium) _____. Kolik pražských (muzeum pl.) _____ jsi už navštívil/a? Na schůzi mluvili o (stipendium pl.) _____. V tomto roce oslavíme dvě důležitá (jubileum pl.) _____. Nemůžeš se na to dívat podle různých (kritérium pl.) _____. Studujeme na Ústavu bohemistických (studium pl.) _____.

Fotky jsem dal/a do (album) _____. Bydlím blízko (centrum) _____. V (centrum) _____ se nedá parkovat. Do Ameriky zatím nemůžeme cestovat bez (vízum) _____. Do kterých zemí ještě potřebujeme (vízum pl.) _____? Máš všechny fotky v (album pl.) _____? Znám několik (datum pl.) _____ z české historie. Díváš se na televizní pořad Svět v (datum pl.) _____? Do dotazníku musím napsat několik (osobní data)_____. Co je pro tebe horší: česká (verbum pl.) _____ nebo (substantivum pl.) _____, komparativ (adverbium pl.) _____ nebo (adjektiva pl.) _____?

Vím, co chci dělat, nemám žádné (dilema) _____. Víš něco o tom (drama) _____, které se stalo včera u jezera? Obdivovali jsme (panoráma) _____ Hradčan. Nejsem spokojený s (téma) _____ diplomové práce. Nechtěl mluvit o (trauma pl.) _____, které má z dětství. S takovými (trauma pl.) _____ není lehké žít. Profesor nám nabídl několik (téma pl.)_____ na esej. Která Shakespearova (drama pl.) _____ jsi viděl/a v divadle? Co si myslíš o jeho (drama pl.) _____? Diskutovali o změně (klima) _____.

K narozeninám jí koupil (orchidea) _____. Které (idea pl.) _____ antických filozofů se ti líbí? Byl jsi někdy v (Jižní Korea) _____?

Jednooký Jack má dvě oči, ale na jedno oko nevidí. Slyší na obě uši.
Oka jsou v mastné polévce nebo na punčoše!
Ucha mají tašky, my máme uši!

– A tamta dívka, s tě**ma** krásný**ma** dlouhý**ma** nohama, štíhlý**ma** rukama, modrý**ma** očima a malý**ma** ušima, neznáš ji náhodou?

– Myslíš tamtu s tě**ma** tenký**ma** nohama, dlouhý**ma** rukama, velký**ma** očima a nevím jaký**ma** ušima? Ne, tu neznám. Zkus se zeptat Honzy.

– Kluci, nechte toho, to je přece Hana a Honza bude žárlit!

Nom. pl.	dvě, tři	oči	uši	ruce	nohy
Gen. pl.	**dvou**, **tří**	očí	uší	rukou	nohou
Dat. pl.	dvěma, třem	očím	uším	rukám	nohám
Ak. pl.	dvě, tři	oči	uši	ruce	nohy
Lok. pl.	**dvou**, třech	očích	uších	rukou/rukách	nohou/nohách
Instr. pl.	(tě**ma**) **dvěma**, tř**ema**	očima	ušima	rukama	nohama

» *Any word combining with* očima, ušima, rukama, nohama *is taking ending* -ma. *The ending* -ma, *being literary here, is in spoken Czech in Instr. pl. very typical ending for all genders:*
s těmi mými domy, kluky, penězi, dětmi, holkami, auty... →
s tě**ma** mý**ma** doma**ma**, kluka**ma**, peněz**ma**, dět**ma**, holka**ma**, auta**ma**!

» *You can also find the ending* -ou (Gen. and Loc. pl.) *in the words* koleno, prso *(breast),* rameno: na kolenou, na prsou, na ramenou

■ **5. Doplňte** *oko – oči* **v různých pádech:**

Pořád na ni dává pozor. Stále ji má na _____ (Lok).
Dívali se na sebe z _____ do _____.
Už tě nechci vidět, jdi mi z _____!
Text nečetl pozorně, jen rychle přelétl _____ (Instr.).
Musíme si o tom popovídat jen my dva mezi čtyřma _____.
Je opatrná, nechce riskovat, dívá se na svět s otevřenýma _____.
Byl jsem očitým svědkem té události, viděl jsem to na vlastní _____.
Je omezený, nedívá se ani doprava, ani doleva, má klapky na _____ (Lok.).

Musíme mu říct pravdu, musíme mu otevřít _____.

Vůbec mu nevěřím, nevěřím mu ani nos mezi _____.

V mých _____ (podle mého názoru) to není správné.

Jsi to ty? Kde se tu bereš? Nevěřím vlastním _____!

Kolik dáváš cibule do salátu? – No, nevím to přesně, tak nějak od _____ (sg.).

Hanna se Juanovi hned moc líbila, hned mu padla do _____ (sg.).

Hanna často sní o budoucnosti s otevřenýma _____ .

■ 6. Doplňte *ucho – uši* v různých pádech:

Juan je zamilovaný po _____ do Hanny.

Taky je po ____ zadlužený, protože Hanna má velké nároky.

Naše přátelské rady poslouchá jen na půl ____ (sg.), jedním ____ tam a druhým ven.

Musíme být opatrní, nevíme, co má za _____ (Instr.).

Proč jsi tak nepořádný a všechny tvoje knihy mají oslí _____?

Nezapomeň na to, co jsem ti řekl, zapiš si to za _____!

On všechno slyší, má dobré _____.

Hana ještě nemá náušnice, ale chce si nechat propíchnout _____.

Zvoní mi v _____.

Tu píseň pořád slyším, mám ji pořád v _____.

Je to možné? Nevěřím svým (uši) _____!

Znáte krále Midase s oslíma _____?

■ 7. Doplňte *ruka – ruce* v různých pádech:

Nemá dost peněz, žije z _____(sg.) do úst.

Vím to stoprocentně! Dám za to _____ (sg.) do ohně, že je to pravda.

Nechal to být, už se o to přestal zajímat, mávnul nad tím _____ (sg.).

Juan a Hanna se pořád drží za _____.

Mám takový pocit, že se Juan chce ženit a že požádá Hannu o _____ (sg.).

Tu informaci mám z první _____ (sg.).

Už se domluvili, už je _____ v rukávě.

No fajn, Hanna bude v dobrých _____.

On by pro ni udělal všechno, na _____ by ji nosil!

Je ale nešikovný, má obě _____ levé.

Neboj, on to zvládne, situaci má pevně v _____.

Teď ale má plné _____ práce.

Vezme si to pořádně do obou _____.
Musí to držet pevně v obou _____!
Pořád chodí s _____ v kapsách.
Umíš chodit po _____?
To je osobně pro pana profesora. Musíš na obálku napsat k _____ pana profesora.
_____ vzhůru!

■ **8. Doplňte *noha – nohy* v různých pádech:**

Juan se chce co nejdřív postavit na vlastní _____.
Nemá s tou novou prací zkušenost, nic o tom před tím nevěděl, skočil do toho rovnýma _____.
Chce mít pevnou půdu pod _____.
Hana je moc unavená, sotva stojí na _____.
Hanna je náročná, chce žít na vysoké _____ *(sg.)*.
V pokoji měl nepořádek, hledal klíč a celý pokoj nechal vzhůru _____.
Nemá zaměstnavatele, pracuje doma, je na volné _____.

▲ od oka = přibližně
padnout do oka = zalíbit se
mít klapky na očích – *to wear blinkers*
mít za ušima = být mazaný
oslí uši – *dog-ears* = ohnutý roh stránky v knize, sešitu; osel – *donkey*
Zapiš si to za uši! – *Keep it in mind!*
nechat si propíchnout uši – *to have/get one's ears pierced*

▲ Ruce vzhůru! – *Hands up!*
vzhůru nohama – *upside-down*
postavit se na vlastní nohy – *to stand on one's own legs*
skočit do toho rovnýma nohama – *to jump into with feet first*
mít pevnou půdu pod nohama – *be on firm ground*
žít na vysoké noze – *to live high off*
být na volné noze – *to work freelance*

PANE PŘEDSEDO, KDE JE PAN SOUDCE?
CHAIRMAN, WHERE THE JUDGE IS?

16

	sg.	pl.	sg.	pl.
Nom.	předseda	předsedové turisté/-i	soudce	soudci
Gen.	předsedy	předsedů	soudce	soudců
Dat.	předsedovi	předsedům	soudci	soudcům
Ak.	předsedu	předsedy	soudce	soudce
Vok.	předsedo!	předsedové	soudce!	soudce
Lok.	předsedovi	předsedech	soudci	soudcích
Instr.	předsedou	předsedy	soudcem	soudci

turista, kolega, hrdina – *hero*	plátce – *payer*, příjemce – *payee*
socialista, kapitalista, scénárista	průvodce – *guide*, správce – *caretaker*
fotbalista, hokejista, tenista	poradce – *adviser*, únosce – *kidnapper*
pianista, houslista, basista	vůdce – *leader*, vynálezce – *inventor*
Kundera, Klíma, Procházka	zájemce – *interested person*
Jirka, Jindra, Honza, Pepa	žalobce – *prosecutor*

>> *„Předseda" in the singular is much more like „žena" (F -a) than like „pán" (Ma. hard): only the Dat. and Loc. follow the type „pán". In the plural it completely follows the „pán" type. „Soudce" is almost the same as „muž" (Ma. soft) with the exception of the Nom. and Voc. sg.*

■ **9. Dejte do správných tvarů:**

Ještě neznáš mého (kolega Honza) _____ _____. O (kolega Honza) _____ _____ jsem ti hodně vyprávěla. Seznámím tě s (Honza) _____. Četl/a jsi něco od (Kundera nebo Klíma) _____? Praha je plná (turisti) _____. Díval ses večer na (čeští hokejisté) _____, jak vyhráli nad (finští hokejisté) _____? Víš něco o (nový předseda ODS*) _____? Po Praze jsme chodili jen s (průvodce – pl.) _____. Tu informaci mám od (jeden průvodce) _____. Sešli jsme se s (poradce) _____ (pan předseda) _____. O (ti soudci) _____ se hodně mluví. Práce (soudci) _____ je velmi zodpovědná. Kolik je (zájemce) _____ o kurz? Víš něco o největším českém (vynálezce) _____ všech dob, Járovi Cimrmanovi? Poslal peníze na účet (příjemce) _____. Chtěl se stát (strojvůdce) _____, ale bohužel měl problémy se zrakem.

>> plný + Gen.: sklenice plná vody

* ODS – Občanská demokratická strana

	sg.: *moře* + et	pl.: *města* + at
Nom.	kuře, dítě	kuřata
Gen.	kuřete, dítěte	kuřat
Dat.	kuřeti, dítěti	kuřatům
Ak.	kuře, dítě	kuřata
Vok.	kuře, dítě	kuřata
Lok.	kuřeti, dítěti	kuřatech
Instr.	kuřetem, dítětem	kuřaty

» dítě sg. = kuře (N), pl. = děti (F) → (místnosti, věci + lidi) **!!!**
to dítě – ty děti

▲ **Mláďata:**

kocour, kočka a kotě	→ kočičí hlavy (*cobblestones*)
pes, fena a štěně	→ psí počasí
kohout, slepice a kuře	→ slepičí, kuřecí polévka
býk, kráva a tele	→ býčí krev (víno), telecí maso
beran, ovce a jehně	→ ovčí sýr, jehněčí maso
kozel, koza a kůzle	→ kozí sýr
kůň, kobyla a hříbě	→ koňský salám
poupě	← malý květ
děvče	← malá (i „velká") dívka
vnouče	← malý vnuk/vnučka

!

rajče ← rajské jablíčko ⟨ rajčatový salát / rajská polévka

dvojče – *twin* + trojče, čtyřče, paterče…
doupě – *den*
hrabě Monte Christo – *count*
kníže – *prince*
zvíře – *animal*
klíště – *tick*

» ten český kníže (sg.) – ta česká knížata (pl.)
ten moravský hrabě (sg.) – ta moravská hrabata (pl.)

DEJ DÍTĚTI KUS KUŘETE!
GIVE THE CHILD A PIECE OF CHICKEN!

16

■ **10. Dejte do správných tvarů:**

Dědeček čte (dítě) _____, (jeho vnouče) svému _____ pohádku
o (kotě a štěně) _____. Jde pak s (dítě, kotě a štěně) _____
do zoologické zahrady podívat se na (různé zvíře *pl.*) _____. Vzali si
s sebou taky kuře, tedy kus (pečené kuře) _____. Dítě se bálo (každé
velké zvíře *pl.*)_____ _____, chtělo si hrát jen s (kotě a štěně)
_____. Ke (kuře) _____ si dali taky kus (rajče) _____.
K (pečené kuře *pl.*) ____ _____ se nejvíc hodí pečené brambory a (rajče *pl.*)
_____. Ale pečené brambory si s sebou vzít nemohli.
Kup kilo brambor a (rajče *pl.*) _____.
Jaro už vrcholí! Podívej se, kolik (poupě *pl.*) _____ je na stromech!
Četl jsi knížku o (hrabě Monte Christo) _____?
Slepice chodí se svými (kuře *pl.*) _____, kráva s (tele *pl.*) _____, ovce
s (jehně *pl.*) _____, koza s (kůzle *pl.*) _____, kobyla s (hříbě *pl.*)
_____ a babička s (vnouče *pl.*) _____.
Četl jsem zajímavou knížku o (zvíře *pl.*) _____. Víš něco o životě (lesní zvíře *pl.*)
_____?
Kolik (český kníže *pl.*) _____ znáš? Mluvil/a jsi někdy s (nějaký opravdový kníže)
_____?
Honza a jeho bratr jsou (dvojče *pl.*) _____. Znáš (nějaké dvojče *pl.*)
_____? Mám se nechat očkovat proti (klíště *pl.*) _____?

Utvořte názvy mláďat od těchto zvířat:

medvěd – _____
slon – _____
kachna – _____
pták – _____
vlk – _____

?

Trochu matematiky

Bratr: Mám stejně bratrů jako sester. Moje sestra má třikrát víc bratrů než sester.
Kolik má tato rodina dětí? Kolik je v této rodině chlapců a děvčat?

_____

■ 11. Dodělejte tabulku do konce:

imperfektivní v.		perfektivní v.	imperfektivní v.
Kdy + Kolikrát?	Jak často?	Kdy + Kolikrát?	Kdy + Jak často?
prézens	prézens	futurum	prézens
jít – jde	chodit – chodí	**při**jít – přijde	při**cház**et – přichází
jet – jede	jezdit – jezdí	**při**jet – přijede	při**jížd**ět – přijíždí
vést – vede	vodit – vodí	**při**vést – přivede	při**vád**ět – přivádí
vézt – veze	vozit – vozí	**při**vézt – přiveze	při**váž**et – přiváží
nést – nese	nosit – nosí	**při**nést – přinese	při**náš**et – přináší
běžet – běží	běhat – běhá	! **při**běhnout – přiběhne	při**bíh**at – přibíhá
letět – letí	létat – létá	**při**letět – přiletí	při**lét**at – přilétá

futurum	prét.	fut.	prét.	préteritum	préteritum
pů- + jde	šel/ šla	bude chodit	chodil	**při**šel	**při**cházel
po- + jede	jel	bude jezdit	jezdil	**při**jel	**při**jížděl
po- + vede	vedl	bude vodit	vodil	**při**vedl	**při**váděl

lézt – leze – poleze – lezl

>> **PŘI-/DO-** × **OD-**

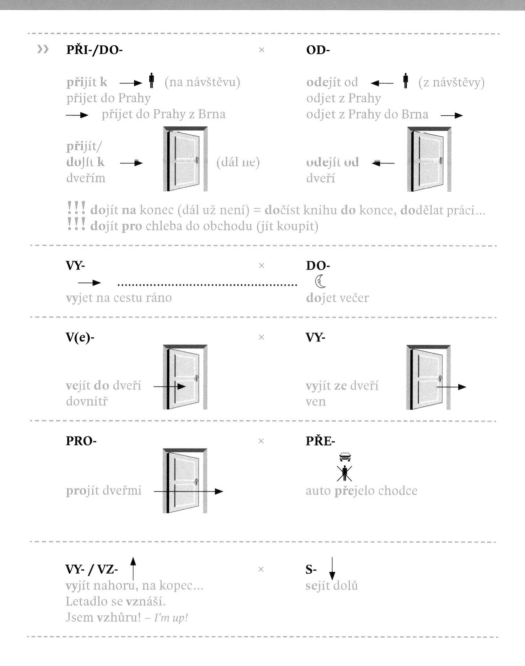

přijít k ⟶ 🚶 (na návštěvu)
přijet do Prahy
⟶ **při**jet do Prahy z Brna

přijít/
dojít k ⟶ (dál ne)
dveřím

odejít od ⟵ 🚶 (z návštěvy)
odjet z Prahy
odjet z Prahy do Brna ⟶

odejít od ⟵
dveří

!!! **do**jít **na** konec (dál už není) = **do**číst knihu **do** konce, **do**dělat práci...
!!! **do**jít **pro** chleba do obchodu (jít koupit)

VY- × **DO-**
⟶ .... 🌙
vyjet na cestu ráno **do**jet večer

V(e)- × **VY-**

vejít **do** dveří **vy**jít **ze** dveří
dovnitř ven

PRO- × **PŘE-**

projít dveřmi auto **pře**jelo chodce

VY- / VZ- ↑ × **S-** ↓
vyjít nahoru, na kopec... **se**jít dolů
Letadlo se **vz**náší.
Jsem **vz**hůru! – *I'm up!*

POD-
podjet most; **pod**epsat se

NAD-
nadepsat článek

OB-
obejít dům

PŘED-
předjet auto

+ obejít zákon = vyhnout se

U-
ujel mi vlak

uletělo mi letadlo
+ uběhl rok, uběhlo hodně času (je **pryč**)

Nenech si ujít příležitost! Nenechte si ujít ten film! – *Don't miss…*
+ ujít = *to walk, travel*: Dnes jsem ušel 10 km.

» nastoupit do metra × vystoupit z metra; přestoupit z trasy na trasu →
nástup, výstup, přestup

nabít baterii × vybít baterii (mobilního telefonu) →
nabitá *(charged)* a vybitá baterie *(discharged, flat)*

▲ dovést < vést do konce / umět = dokázat!!!

dokázat < dát důkaz – *to prove* / umět!!!

Ne/dovedu to udělat, pochopit, napsat… Ne/dovedu zpívat hezky.
najít – nacházet – *to find* × nacházet se – *be located/situated*: Kde se nachází nemocnice?

■ **12. Použijte ve větách vhodný prefix:**

nastoupit **do**, **pře**stoupit **z – na**, **vy**stoupit **z**, **vy**stoupit **nahoru + ven**, **se**stoupit **dolů**,
obstoupit **(kolem)**, **od**stoupit **z**, **u**stoupit **stranou**

Přímý vlak tam nejezdí, v Brně musíme ___stoupit na jiný vlak. Kdy začne pracovat,
kdy ___stoupí do nové práce? Ještě jsme ani ne___stoupili na vrchol, ty už nemůžeš
dýchat a chceš ___stoupit dolů, měl bys přestat kouřit! Slavného herce ___stoupili di-
váci a chtěli po něm autogram. Moudřejší vždy ___stoupí. Ministr oznámil, že odchází
z úřadu a __stoupí z funkce.

vyrazit **z** domova (vyjít/vyjet), **do**razit **domů** (přijít), **s**razit **se s** někým *(to collide with)*, **na**razit **na** někoho (potkat), **po**razit někoho (vyhrát nad někým/zvítězit), **v**razit **do**

V kolik hodin zítra ___razíme na cestu? Kdy jste se vrátili, v kolik hodin jste ___razili domů? Na silnici se ___razila dvě auta. Sparta ___razila Slavii 2:1.
Ve městě jsem náhodou ___razila na starého známého. Ta novinka mě moc překvapila, úplně mi to ___razilo dech. Nedíval se před sebe a ___razil do židle.

přeložit **z – do**, **s**ložit skladbu, **roz**ložit pohovku, **vy**ložit (vysvětlit) karty

Kdo ___ložil skladbu Má vlast? Co to děláš? Tuto pohovku nemůžeš ___ložit, ona totiž není rozkládací, na ní bohužel nemůžeme spát. ___ložil mi svůj plán. ___ložíš ten článek z češtiny do angličtiny?

přeskočit **(přes)**, **vy**skočit **nahoru**, **u**skočit **stranou**, **od**skočit si (na chvíli pryč)

Tady není žádný můstek, musíme ten potok ___skočit. Když se dozvěděl, že ho vzali na vysokou školu, ___skočil radostí. Auto přijíždělo velkou rychlostí, a tak radši ___skočil stranou. Promiňte, musím si na chvíli __skočit.

vyhnout se, **u**hnout (stranou, pryč), **za**hnout (zabočit) **za** roh

Nepříjemným situacím je lepší se ___hnout. Na křižovatce ___hneme doprava. Pozor! Auto! ___hni z cesty!

rozloučit se **s**, **s**loučit **s / s**loučit se **v** něco, **vy**loučit **z**

Měl několik nedostatečných a k tomu ještě hodně zameškaných hodin, nakonec ho __loučili ze školy. Už odjíždíme, musíme se bohužel ___ loučit. ___loučit kariéru s mateřstvím je velmi náročné. Ze dvou politických stran vznikla jedna: dvě politické strany se ___loučily v jednu. Něco takového nepřichází v úvahu, je to naprosto __loučeno.

▲ ustoupit → dělat ústupky (kompromisy)
sraz = schůzka před výletem nebo nějakou společnou akcí: V kolik hodin máme sraz?

▲ rozložit – rozkládat → rozkládací pohovka
přeložit – překládat → překlad
vyložit – vykládat → výklad
odskočit si (jít na záchod) – *to spend a penny*

neskromný člověk
náročný <
těžký úkol

To nepřichází v úvahu! = Je to vyloučeno! – *That is out of the question!*

■ **13. Zopakujte si základní významy prefixů pohybu z 9. lekce a doplňte je podle kontextu do vět:**

___ šla k nám návštěva. ___nesli s sebou hodně pití.

Zůstali u nás **přes** noc. ___spali u nás. ___šli od nás až ráno.

Kdy Juan ___ jel z Madridu zpátky do Prahy? ___jel vlakem, nebo ___letěl?

Kdy ___letí letadlo z Madridu? – Letadlo právě ___létá (přistává).

Včera jsme byli v kině, ale nedodívali jsme se na film do konce, ___šli jsme z kina dřív, byl to mizerný film.

Podívej se nahoru, letadlo právě __létá, __náší se **vz**hůru, podívej, jak se rychle __daluje a už pomalu není vidět, no, a už zmizelo v dálce.

Nelíbilo se jí, co jsem řekl, ___skočila ze židle a ___letěla ven bez pozdravu! – To je teda výchova! – Ale ne, jen se neumí ovládat.

Promiň, musím na chvíli ___běhnout, hned jsem zpátky.

Holčička si v parku hrála s dětmi, pořád ale ___bíhala k mamince a od maminky ___bíhala zase zpátky k jiným dětem.

Počkej na mě! Běžíš moc rychle, nemůžu tě ___běhnout! – Ty mě přece nemůžeš ani ___běhnout, ani ___běhnout, já jsem lepší běžec než ty!

Paní, co si to dovolujete? Stál jsem tady **před** vámi! Ne___bíhejte ve frontě!

Ne___bližujte se tomu místu, je tam něco nebezpečného!

Když petarda ___buchla, vylekané děti se ___běhly na všechny strany!

Na které stanici ___stupujeme?

Na příští stanici ___stupujeme (měníme trasu).

Dívej se a poslouchej pozorně, ať ne___jedeme stanici, na které ___stupujeme.

Když známá herečka ___šla z divadla, fanoušci ji ___stoupili a žádali po ní autogram.

Tady něco opravujou, musíme to místo ___jet. Nevím, kudy vede **ob**jížďka.

Ten kamion je příliš vysoký, ten určitě ne___jede ten nadjezd.

Nepojedu s ním na výlet, protože jezdí moc rychle a vždy ___jíždí všechna auta.

Na **s**jezd se ___jeli politici z celého světa.

Ještě neumí dobře lyžovat, podívej se, jak ten kopec ___jíždí pomalu a určitě ještě ___padne.

Brzo ráno ___jedeme na cestu. – Šťastnou cestu! A dobře ___jeďte! – Díky.

Přišel jsem pozdě na nádraží a díval jsem se na vlak, jak mi před nosem ___jíždí.

No jo, to se stává ___letělo ti taky někdy letadlo?

Moje sousedka se vždy na všechno pozorně dívá, všeho si všimne, nikdy jí nic ne___jde!

To představení je výborné, nenechte si ho ___jít!

___jel chodce a ___jel pryč z místa nehody. K zraněnému se ___běhli lidi.

Juane, prosím tě, ___jdi pro kávu, už žádná není a já mám na ni chuť!

Je v depresi, s nikým se ne___chází a ne___chází ven! – Co se jí proboha stalo? – Jen se ___šla s klukem.

Nejenže jsem ten těžký kufr ___nesl z nádraží až domů, musel jsem ho taky ___nést nahoru až do pátého patra, protože nejel výtah! Teď vůbec necítím ruce a záda!

Co mi to neseš, miláčku? – ___nesl jsem ti kytičku k svátku! – Jééé, díky.

___nes to špinavé nádobí ze stolu! A ještě prosím tě ___nes smetí, jo, a nezapomeň si potom umýt ruce, víš přece, že se infekční nemoci ___nášejí špinavýma rukama.

Ano, ano, ___jdu si je umýt. Máš ještě nějaké přání?

▲   vzdalovat se / vzdálit se ← daleko × přibližovat se / přiblížit se ← blízko

■ 14. Změňte vid:

Kdy přijedete _____ z dovolené? Kdy odjedeš _____ domů?

Z ciziny dovezeme _____ různé zboží. Převedu _____ ty peníze na účet v jiné bance. Odvede _____ pozornost jinam. Nesnese _____ prohru. Projdeme se _____ ___ trochu po městě. Rozejdou se _____ __ v názoru. Odběhla _____ od práce. Odnese _____ špinavé nádobí ze stolu. Přejdeme _____ ulici. Jeho nepozornost přešla _____ mlčením. Předjedu _____ ten kamion.

■ **15. Doplňte do vět vhodné prefixy podle kontextu:**

VÝLET

Včera jsme jeli na výlet. ___jeli jsme brzo ráno, protože jsme chtěli co nejvíc vidět. Napřed jsme ___jeli k nějakému velkému rybníku, tam jsme zastavili a ___stoupili jsme z auta. Chvíli jsme se ____cházeli kolem rybníka a pak jsme jeli dál. Nejeli jsme dlouho a byli jsme bohužel svědky dopravní nehody: přes silnici ___běhlo nějaké zvíře, řidič nezvládl situaci, lekl se a ___jel ze silnice dolů do příkopu. Auto, které jelo za ním, ___jelo další zvíře (byli to dva zajíci) a jak brzdilo, ___jelo na druhou stranu silnice a srazilo se s protijedoucím autem. Nikomu se naštěstí nic nestalo (až na toho druhého chudáka zajíce). Nechtěli jsme čekat, takže jsme se rozhodli, že to místo ___jedeme. Udělali jsme dobře, protože ___jížďka vedla kolem výborné hospody, do které jsme, samozřejmě, ___šli na oběd. Po obědě jsme se museli chvíli __jít, nemohli jsme hned pokračovat v cestě, aby řidič neusnul za volantem! Po krátké procházce jsme zase ___sedli do auta, jeli jsme dál a ___ jeli jsme k nějaké věži. Tam jsme zaparkovali, ___šli jsme z auta ven a pak jsme ___šli nahoru na věž, abychom se ___hlédli po kraji. Bylo krásně vidět, protože bylo jasno. Když jsme z věže ___cházeli dolů, počítal jsem schody a napočítal 199! ___šli jsme ven na sluníčko. V dálce byl nějaký les, rozhodli jsme se, že se ___jdeme ještě po lese. Když jsme ___šli k lesu, napadlo nás, že by tam ještě mohly růst houby. Proto jsme se na začátku lesa ___šli, každý šel na jinou stranu hledat houby. ___šli jsme celý les, nenašli jsme však ani jednu! Měli jsme smůlu, zřejmě jsme ___šli moc pozdě. Všichni jsme se zase ____šli na druhém konci lesa. ___cházeli jsme se dál a když jsme ___cházeli přes nějaký potok, Honza málem do potoka ___padl. Naštěstí to dopadlo dobře. Za potokem byl nějaký kopec, ___lezli jsme nahoru, abychom se podívali na ___pád slunce. Slunce právě ___padalo, ale nedodívali jsme se do konce, protože slunce ___šlo za jeden mrak. Pomalu jsme ___šli z toho kopce a jinou cestou jsme ___šli zpátky k našemu autu. K večeru jsme v pořádku ___jeli domů. Za ten den jsme ___jeli asi 90 kilometrů a ___šli jsme zhruba 15! Domluvili jsme se, že příští týden, pokud bude hezky, zase ___jedeme někam ven do přírody.

▲   až na + Ak. = kromě
    k večeru – *towards evening*
    protijedoucí auto = auto, které jede proti nám (v opačném směru)
    zajít někam = jít někam na chvíli

■ **16. Změňte podtržená slova tak, aby věty měly opačný význam:**

Přicházím do práce pozdě. _____

Vlak zrovna vjíždí do stanice. _____

Kdy odjel z Prahy? _____

Vyšla jsem na chvilku ven. _____

Došli jsme ke dveřím. _____

Sešli jsme se před osmou hodinou. _____

Sešel jsem po schodech dolů. _____

Děti vběhly do domu. _____

Dcerka přibíhala k mamince. _____

Vystoupíme z metra na Můstku. _____

Slunce už zašlo. _____

Za jak dlouho se baterie nabije? _____

Rozešli jsme se po druhé hodině. _____

Letadlo právě přilétá. _____

Číšník odnáší prázdné talíře. _____

Došla jsem k budově fakulty. _____

Vyjeli jsme brzo ráno. _____

Letadlo přiletělo včas. _____

Přišli před chvilkou. _____

■ **17. Utvořte ze sloves substantiva a spojte je se slovy v závorce:**

přijet (vlak) – **příjezd vlaku**, vystoupit (metro) – **výstup z metra**

vjet (garáž) _____, odjet (vlak) _____ , sjet se (politická strana)

_____ , vyjet (garáž) _____, objet (místo nehody)

_____, nadjet (auta) _____, zajet (cizina) _____,

vcházet (budova) _____, procházet (domy) _____, přecházet

(chodci) _____, procházet se (okolí) _____, scházet se

(parlament) _____, scházet se (kamarádi) _____, podcházet

(pěší) _____, docházet (kurz) _____, dovážet (zboží)

_____, vyvážet (zboží do zahraničí) _____

■ **18. Doplňte do vět vidové prefixy:**

na-, o-, pře-, s-, u-, vy-, z-

Nevíš, kdo __kreslil postavu Švejka a kdo __točil film podle Haškova románu?

Tak to ses __mýlil! Obraz Slunečnice ne__maloval přece Picasso, ale van Gogh!

Učila se tu báseň zpaměti, ale ještě se ji ne__učila celou.

Jedla polévku, ale nemohla ji __jíst celou.

Počítala drobné, ale ještě je ne__počítala.

Svíčka hořela dlouho, za chvíli __hoří celá.

Myl se důkladně, ale zase si zapomněl __mýt uši.

Máš zajímavý účes, __česal ses vůbec dnes ráno?

Vařila knedlíky, ale ne__vařila je dobře, byly moc tvrdé.

Budeš na Vánoce péct cukroví? __pečeš taky vánočku, anebo si ji koupíš?

Účastnila se mnoha konferencí, ale té naší se nemohla __účastnit.

Opakovala gramatiku, ale zapomněla si __opakovat poslední příklady.

Ráno se prý holil, ale zase mě to při polibku píchalo, ne__holil se dobře!

Už jsi ___četla ty noviny?

O víkendu budu prát, musím __prat spoustu prádla.

Nevím, kdy to všechno mám __žehlit!

Budeš mě ničit tak dlouho, než mě úplně __ničíš!

Chci __kontrolovat všechny účty za plyn a elektřinu.

Kdo __organizuje tu akci?

Banka __krachovala a on __bankrotoval.

po-, pro-, vz-, za-, z(e)-

Můžu tě o něco __prosit? __žádala mě o pomoc. Chci vám __děkovat za pomoc. Nechceš se __dívat na ten film? __trestali ho rodiče za slabý prospěch? Už se zase __hádali. Kam __mizel ten klíč? Během posledního roku se hodně __měnil, asi je to tím, že __stárnul. Pojď nám __hrát tu písničku, já ji __zpívám, Honza si tady __tancuje a Hana nám všem __tleská! Je hubenější, v létě zase __hubla, a tak si ty šaty musí __úžit a dokonce si je i __krátí. Ráno jsem se __budil moc pozdě. Nemůžu si __pamatovat jeho číslo! __balíš ten dárek, nebo ho dáš do tašky? __ptal jsem se ho, kde byl včera večer a on __červenal, asi před námi něco tají!

▲ starý – stárnout – zestárnout; tlustý – tloustnout – ztloustnout organizovat – zorganizovat; krach *(expr.)* = bankrot – zkrachovat, zbankrotovat

---

		KDE	KAM	ODKUD
		v/na ↓	do/na ↓	z ↓
PŘEDNÍ	→	vepředu	dopředu	zepředu
ZADNÍ	→	vzadu	dozadu	zezadu
SPODNÍ	→	vespod	dospod(a)	zespoda
PROSTŘEDNÍ	→	uprostřed	doprostřed	zprostřed(ka)
LEVÝ	→	vlevo/nalevo	doleva	zleva
PRAVÝ	→	vpravo/napravo	doprava	zprava
DOLNÍ	→	dole	dolů	zdola
HORNÍ	→	nahoře	nahoru	shora
VENKOVNÍ	→	venku	ven	zvenčí/zvenku
VNITŘNÍ	→	vevnitř/uvnitř	dovnitř	zevnitř/z vnitřku

■ **19. Doplňte do vět vhodná adverbia podle kontextu:**

Sedíme vpředu. Pojďme _____. _____ bude dobře vidět.

Místa máme _____. Musíme jít dozadu. _____ bohužel neuvidíme dobře.

Ta knížka je _____. Proč jsi ji dávala _____? Zespoda ji teď nevytáhneš.

Proč je to křeslo uprostřed? Nedávej ho _____. Odnes ho pryč _____.

Kde je? Je tam _____. Pojďme taky _____. Vidím je taky přicházet zleva.

Sedí vpravo. Posadíme se taky _____. Už na nás mává _____.

Sejdeme se _____. Já už jdu _____. Pak na něj zdola zavoláme.

Ta taška je _____. Dala jsem ji nahoru. Sundej ji _____.

Byli jsme venku. Nechoďte _____, je silný vítr. Pojďte všichni _____ dovnitř.

Jsou asi _____. Pojďte taky _____. Zevnitř jsou slyšet hlasy.

■ **20. Doplňte do vět vhodné prepozice:**

Ty klíče jsou zase __ zámku . Nedávej je __ zámku. Vyndej je __ zámku.

Špinavé prádlo je __ pračce. Dej ho __ koše na prádlo. Vyndej ho __ pračky.

Maso je ještě __ mrazáku. Dej ho __ lednice. Vyndej ho __ mrazáku.

Ubrus ještě není __ stole. Dej ho __ stůl. Vyndej ho __ skříně.

Ta zpráva je __ internetu. Podívej se __ internet. Mám to __ internetu.

NEURČITÁ A ZÁPORNÁ ADVERBIA
INDEFINITIVE AND NEGATIVE ADVERBS

	ně-/-si*	ni-	málo-	-koli(v)
	"some"	*"no"*	*"a few /rarely"*	*"ever"*
kde	někde / kdesi	nikde	málokde	kdekoli
kam	někam / kamsi	nikam	málokam	kamkoli
kudy	někudy / kudysi	nikudy		kudykoli
odkud	odněkud / odkudsi	odnikud		odkudkoli
kdy	někdy / kdysi	nikdy	málokdy	kdykoli
jak	nějak / jaksi	nijak		jakkoli

* *a little bit more uncertain than* ně-: Někdo tady byl. Nevím, kdo to je. Kdosi tu byl.
(I have no idea who it was). Kdysi (dávno) – *once upon a time;* kdesi = někde, kamsi =
někam

		ten ↓	sem ↓	jiný ↓	všechen ↓
kde	→	tu / tady	zde	jinde	všude
kam	→	tam	sem	jinam	
kudy	→	tudy		jinudy	všudy
odkud	→	odtud	odsud	odjinud	odevšad
dokud	→		dosud		
kdy	→	teď; tehdy		jindy	vždy
jak	→	tak		jinak	(však)

▲ odtud = odsud – *from this place*; dosud = doteď
tehdy = tenkrát – *at that time*

■ 21. Utvořte adverbia pomocí sufixů -si a -koli(v):

Bylo to (někdy) _____ před mnoha lety. Ta tužka určitě (někde) _____ tady
bude. Můžeš to dát (kam) chceš _____. (Kdy) ti můžu zavolat? – V jakoukoli
dobu _____. (Nějak) _____ tomu nerozumím. (Všechno, co) _____ řekl, bylo
špatně. Co říkal? – Říkal (něco) _____ neurčitého.

■ **22. Utvořte adverbium na základě otázky v závorce:**

Dej to na **jin**é místo (k**am**?) — Jinam.

Chce jít **jin**ou cestou (k**udy**?) _____

Přijde v **jin**ou dobu (k**dy**?) _____

Udělá to **jin**ým způsobem (j**ak**?) _____

Půjdeme na **jin**ou stranu (k**am**?) _____

Přišel z **jin**é strany (**odkud**?) _____

Vůně je cítit ze **vš**ech stran (**odkud**?) _____

Z tohoto místa to není daleko (**od**kud?) _____

▲ **Přijď kdykoli = kdy budeš chtít.**
kdykoli přijdu…·= pokaždé když / vždy když

Kdykoli/pokaždé když přijedu do Prahy, jdu se za úsvitu podívat na Karlův
   most, abych se vyhnul turistům.
Potkali jsme se, kdykoli jsem sem přijel.
Kdykoli dostanu dopis, snažím se hned odpovědět.
Kdykoli jsem tam šel, byla tam hrozná fronta.

▲ **dokud** žiju / budu žít / jsem žil / to umím… (+ **imp. v.**): *while / as long*
         as I live… = do (během) té doby, co
   nepřineseš, **ne**přečtu, **ne**udělám… (– **perf. v.**): *until you*
         bring… = **než** přineseš, přečtu, udělám…

Řeknu ti to, **dokud si** to **ještě pamatuju**.
Budu ti to říkat **tak dlouho, dokud si** to taky **nezapamatuješ.**

Musíš brát kapky, **dokud budeš kašlat.**
Musíš brát kapky **tak dlouho, dokud nepřestaneš kašlat.**

Dokud budeš ještě **nemocný**, nesmíš chodit do práce.
Nesmíš chodit do práce **tak dlouho, dokud se neuzdravíš.**

■ **23. Odpovídejte a doplňte věty podle modelů:**

Jak dlouho (dokdy) chceš uklízet? (uklidit)   –   **Dokud ne**uklidím / **Než** uklidím.

Jak dlouho bude Juan shánět lepší práci? (sehnat ji) _____

Jak dlouho se budeš ještě učit tu lekci? (naučit se ji) _____

Jak dlouho budeš ještě dělat ten úkol? (udělat ho) _____

Jak dlouho budeš ještě číst ty noviny? (přečíst je) _____

Jak dlouho budeš ještě psát ten dopis? (napsat ho) _____

Jak dlouho budeš hledat ten klíč? (najít ho) _____

Jak dlouho budeš řešit ten problém? (vyřešit ho) _____

Jak dlouho budeš ještě spát? (vyspat se dobře) _____

Jak dlouho budeš ještě jíst? (najíst se pořádně) _____

Jak dlouho budeš ještě luxovat? (vyluxovat pořádně) _____

Co se dělo během té doby, co jsi uklízel/a? –   **Zatímco** jsem uklízela, on spal.

Zatímco Juan sháněl lepší práci, _____

Zatímco jsem se učil/a tu lekci, _____

Zatímco jsem dělala ten úkol, _____

Zatímco jsem četl/a ty noviny, _____

Zatímco jsem psala ten dopis, _____

Zatímco jsem hledala ten klíč, _____

Zatímco jsem řešila ten problém, _____

Zatímco jsem spala, _____

Zatímco jsem já ještě jedla, _____

Zatímco jsem já ještě luxovala, _____

Co budeš dělat potom? – **Až / Jakmile / Hned jak / Jen co** uklidím, půjdu se projít.

Až _____ , _____

Až _____ , _____

Až _____ , _____

Jakmile _____ , _____

Hned jak _____ , _____

Jakmile _____ , _____

Hned jak _____ , _____

Jakmile _____ , _____

Až _____ , _____

Až _____ , _____

MOCT	Ne/můžu pochopit to, co říká.
umět	Ne/umím to pochopit.
dokázat / dovést	Ne/dokážu / ne/dovedu to pochopit.
stíhat – stihnout	Nestíhám to udělat.
je možné	To je/není možné pochopit. Je to ne/pochopitelné.
dá se / jde to	To se ne/dá pochopit. To ne/jde udělat.
podařilo se mi	Ne/podařilo se mi to udělat.
SMĚT	Smím kouřit? Smím prosit? (tanec)
dovolovat – dovolit	Dovoluju ti kouřit = smíš. Je to dovoleno.
zakazovat – zakázat	Zakazuju ti kouřit = nesmíš. Je to zakázáno.
CHTÍT	Chci to pochopit.
snažit se	Snažím se to pochopit. – *I'm doing my best to understand it.*
potřebovat	Potřebuju to pochopit.
zkoušet – zkusit	Zkouším to pochopit.
odmítat – odmítnout	Odmítám to udělat.
být ochotný	Jsem ochotný to udělat. – *I'm ready to do it.*
MUSET	Musím jít.
je třeba	Je třeba jít. – *It's necessary to go.*
je nutné	To není nutné dělat. – *It isn't necessary to do that.*
je nezbytné	Je nezbytné to udělat – *It's imperative to do that.*
MÍT	Nevím, co mám dělat: zůstat, nebo odejít?
mít možnost	Mám možnost studovat v zahraničí.
příležitost, šanci	V Praze mám příležitost mluvit česky.
v plánu	Mám v plánu cestovat stopem po Evropě.
v úmyslu	Mám v úmyslu tady zůstat. – *I intend…*
začínat – začít	Začínám to chápat. Začnu se učit.
přestávat – přestat	Přestávám tomu rozumět. Přestalo pršet.
chystat se	Chystám se jít spát. Chystám se začít pracovat.
je/bylo/bude VIDĚT	Je vidět, že se snažíš. – *It can/could be seen*
SLYŠET	Je slyšet nějaká hudba.
ZNÁT, POZNAT	Není poznat, odkud je.
CÍTIT	Je cítit nějaká vůně. – *A scent could be smelt.*
vidět / slyšet + Ak. 🧍	Vidím/slyším ho zpívat = jak zpívá
nechat / pustit + Ak. 🧍	Nech mě žít! Pustíš mě sednout?
jít, dát	Jdu vám pomoct. Chodím plavat. Dej mi vědět.

›› (Kde) **je možné + je třeba koupit + kávu?**   **Dá se** (tady) **koupit + káva?**
Slyším nějakou hudbu.   **Je slyšet** nějaká **hudba**.
Je slyšet nějakou hudbu. *(lit.)*

■ **24. Doplňte do vět vhodná slovesa podle kontextu (někde je více možností):**

_____ pršet. _____ to udělat, nebo ne? _____ to pochopit. Prosím tě,
už nezpívej, _____ zpívat, to ___ ____ poslouchat! Už je pozdě, _____ jít.
V Praze ____ jedinečnou _____ mluvit česky každý den . _____ __ napsat tu
práci co nejlíp. _____ ___ to taky tak říct. _____ mě iritovat! _____ ___ zapam-
atovat si nová slovíčka a nejde mi to. _____ pro tebe večer přijít? _____ plavat
každou neděli. _____ v zimě lyžovat? Co _____ ještě koupit? Každý
_____ udělat chybu. Kde __ _____ koupit vánočka? ___ _____ nějaká řeka.
Nevíš, jak se jmenuje? Na schodech ___ _____ nějaké hlasy. Ty ještě pořád kouříš?
Kdy _____ kouřit? Honzík _____ jít ven hrát si s kamarády, ale maminka mu
_____ chodit ven, protože měl rýmu.

Cítím nějakou divnou vůni.   ___ _____ nějaká vůně.
Slyším nějakou krásnou hudbu.   ___ _____ nějaká hudba.
Je tma! Nevidím klíč ve tmě.   Klíč ____ _____ ve tmě.
Vidím, že mi nerozumí.   ___ _____, že mi nerozumí.
Vidím, cítím, že se nemají rádi.   ___ _____, že se nemají rádi.
Mluvte nahlas! Neslyším, co říkáte.   ___ _____, co říkáte.
Rozsviťte! Nevidím nic!   Nic ____ _____!

■ **25. Řekněte a doplňte:**

Co neumíš, nedovedeš, nedokážeš? _____
Mám v úmyslu _____
Mám šanci _____
Mám příležitost _____
Mám možnost _____
Mám v plánu _____
Nejsem ochotný/á _____

Sg. Nom.	M	vrátný = dobrý	F	dovolená = dobrá
Gen.		od vrátného		z dovolené
Dat.		k vrátnému		k dovolené
Ak.		na vrátného		na dovolenou
Vok.		pane vrátný!		
Lok.		o vrátném		o dovolené
Instr.		s vrátným		s dovolenou
Pl. Nom.		vrátní		dovolené + drobné N
Gen.		-ých		
Dat.		-ým		
Ak.		-é		
Lok.		-ých		
Instr.		-ými		

dospělý, -á – adult
nemocný, -á
příbuzný, -á
známý, -á
zraněný, -á

konečná – the last stop
kopaná = fotbal
košíková = basketbal
schovávaná – hide-and-
　　seek
svíčková
trvalá – permanent wave
vrátná

Sg. Nom.	N	školné = dobré
Gen.		bez školného
Dat.		ke školnému
Ak.		školné
Lok.		o školném
Instr.		se školným

kapesné – pocket money
kolejné – student dormitory
　　rent
nájemné – rent
mýtné – toll
spropitné – tip
vstupné – admission (fee)
výkupné – ransom money

Sg. Nom.	M	mluvčí = moderní	F
Gen.		od mluvčího	mluvčí
Dat.		k mluvčímu	mluvčí
Ak.		na mluvčího	mluvčí
Vok.		pane mluvčí!	paní mluvčí!
Lok.		o mluvčím	mluvčí
Instr.		s mluvčím	mluvčí
Pl. Nom.		-í	
Gen.		-ích	
Dat.		-ím	
Ak.		-í	
Lok.		-ích	
Instr.		-ími	

Jiří, Dalí
cestující – passenger
kolemjdoucí
pěší
pokladní
průvodčí – guard, conduc-
　　tor
spolubydlící
rozhodčí – referee, arbiter
rukojmí – hostage
účetní – accountant
účinkující – performer
vedoucí – head, boss
věřící – believer
vrchní – headwaiter

■ **26. Utvořte správné tvary:**

Vláda projednávala výši (školné) _____. Co si myslíte o (školné) _____?
Rozvedl se s manželkou a teď musí platit (výživné) _____ na děti. Ve srovnání
s některými jinými evropskými státy je výše (mýtné) _____ na českých dálnicích
o něco nižší. Necháváte u vás číšníkům (spropitné) _____. Kolik? Ochutnal/a jsi
(svíčková) _____? Jakou v tomto roce plánuješ (dovolená) _____?
Na kterou (dovolená) _____ nikdy nezapomeneš? Proč? Objednám se
u kadeřnice na (trvalá) _____. Nemáš pár (drobné *pl.*) _____? Lidi rádi
jezdí na (dovolená *pl.*) _____ k moři. Nejvíc dopravních nehod na českých
silnicích je bohužel už tradičně během posledního prázdninového víkendu, kdy
se všichni vracejí z (dovolená *pl.*) _____. Při autonehodě bylo několik
(zranění *pl.*) _____. Sanitky odvážely (zranění) _____ do nemocnic.
Vystupujeme na (konečná) _____. Já musím vystoupit jednu stanici před
(konečná) _____. Stal se (mluvčí) _____ Strany zelených. Byla jedinou
ženou (rozhodčí) _____. Pořád si pletu (průvodce) _____ s (průvodčí)
_____. Jak si mám zapamatovat, kdo je kdo? – No, zkus si vzpomenout,
že je průvodce jak člověk, tak knížka a že se práce průvodce, na rozdíl od práce
(průvodčí) _____, dá dělat i během studií. Musím se zeptat (pan pokladní)
_____ nebo (paní pokladní) _____ na účet, něco není v pořádku. Zavolej
(vrchní) _____, budeme platit. Bavíš se někdy na koleji s (pan vrátný) _____
a (paní vrátná) _____? Většina (jeho příbuzní *pl.*) _____ žije v zahraničí.
S (příbuzní *pl.*) _____ se setkáváme jednou do roka. Znáš (všichni tvoji příbuzní)
_____? Už dál nechci bloudit, zeptej se (kolemjdoucí *m.*) _____
na cestu! Policie jednala s únosci o výši (výkupné) _____ na záchranu
(rukojmí *pl.*) _____. Znáš někoho z (účinkující *pl.*) _____ v tom
novém muzikálu? Jméno ani jednoho (účinkující) _____ mi nic neříká. Musím
zajít za (účetní *M*) _____. Zapsal se do kurzu pro (mírně pokročilí) _____.

▲ říct něco na vysvětlenou; večírek na rozloučenou

Zabloudil/a jsi někdy v Praze nebo v nějakém jiném městě?
Bloudil/a jsi dlouho?
Jaký to byl pocit?
Kdo ti pomohl najít cestu?
● Na koho se spoléháte, když zabloudíte: na své orientační schopnosti,
  na kolemjdoucí, na navigaci ve svém mobilu? Proč?

DOBA		KDO	CO DĚLÁ	KDY	KDE
D Ě T S T V Í	předškolní věk	**DĚTI** dítě – miminko	leží, spí, roste křičí pije mléko má plenky (čurá a kaká do plenek) začíná lézt – leze	od narození do jednoho roku	v postýlce v kočárku
		batole	začíná chodit, mluvit pláče/brečí roste chodí do jeslí	kolem jed- noho roku do 3 let	doma v jeslích
		chlapeček a holčička	hraje si roste má první kamarády hraje si s kamarády na schovávanou, indiány… chodí do školky	od 3 do 6 let	ve školce
M L Á D Í	školní věk	chlapec a dívka (kluk a holka)	učí se číst, psát a počítat hraje si roste chodí do školy má koníčky a první lásky	od 6 do 15 let	ve škole
		MLÁDEŽ puberťák a puberťačka adolescent dospívající, mladý pán a slečna	(Co nedělá?!) roste jako z vody dospívá má/dělá problémy… chodí na střední školu	od 13 do 19 let *(někdo do konce ži- vota!)*	všude na střední škole

DOBA		KDO	CO DĚLÁ	KDY	KDE
D O S P Ě L O S T	produktivní, zralý věk	**DOSPĚLÍ** dospělý člověk a dospělá žena	už neroste, vyrostl, dospěl dělá „řidičák", zakládá rodinu (má děti a vychovává je) studuje na vysoké škole pracuje	od 20 let (plnoletý = 18 let)	na univerzitě v práci
S T Á Ř Í	„podzim života"	starší pán (stařec – senior) a paní (stařena – starší paní) důchodce důchodkyně	už nepracuje, odpočívá, hlídá vnoučata, konečně má čas na koníčky	od 65 let	doma v důchodu (v domově důchodců)

▲ dospívat (i.) → dospívající (náctiletí) – *teenager*, dospět (p.) → dospělý – *adult*
školka = mateřská škola
hrát divadlo, hrát na klavír, hrát si na schovávanou

■ **27. Odpovězte:**

Chodil/a jsi do jeslí? Chodil/a jsi do školky?
_____

Líbilo se ti ve školce?
_____

Kdo se o tebe staral, pokud jsi nechodil/a do školky?
_____

Jak dlouhou mateřskou dovolenou mají maminky u vás?
_____

Kolik dětí má u vás průměrná rodina?
_____

Říkáte taky: jedno dítě – žádné dítě?
_____

Říkáte taky: malé děti nás nenechají spát, velké děti nás nenechají žít?
_____

Už jsi uvažoval/a o tom, kolik bys chtěl/a mít dětí?

V kolika letech je nejlepší mít děti (založit rodinu)?

Svobodná matka vychovává děti sama. Jaký na to máte názor?

▲ chovat dítě – *to cradle* → chůva – *nanny* + chovat zvíře – *to keep* → chov – *breeding*
chovat se – *to behave* → chování
vychovat – *to bring up* → vychovaný

▲

bringing up: výchova dětí

výchova

education: hudební a tělesná výchova
(music lessons and physical education)

vzdělání → *education*

ne/vychované dítě

ne/vzdělaný člověk

Vychovatel vychovává.

Pedagog vzdělává.

Dítě neposlouchá = zlobí = je zlobivé
Dítě je zlobivé → dospělý se zlobí = je rozzlobený

■ 28. Řekněte:

?

Zlobil/a jsi moc, když jsi byl/a malý/a?

Jak? Co jsi dělal/a?

Zkus si vzpomenout na nějakou příhodu (vylomeninu/lumpárnu) ze svého dětství a pověz nám ji.

Myslíš si, že tě rodiče vychovali dobře?

■ **29. Doplňte do tabulky jednu z uvedených možností a uveďte opak:**

Co dělá / jak se chová ne/vychované dítě?

	vychované dítě	nevychované dítě
A. doma		
B. ve škole		
C. na ulici		
D. při jídle		
E. v přeplněné tramvaji		
F. když mluví dospělí		
G. když dostane dárek		

1. skáče jim do řeči, 2. nechává za sebou nepořádek, 3. pozorně poslouchá, 4. pomáhá s úklidem, 5. mlaská, 6. zdraví starší, 7. ukazuje na někoho prstem, 8. sedí a dává pozor, 9. nic neříká, 10. sedí se sluchátky na uších a dívá se z okna, 11. uvolní místo starším, 12. poděkuje, 13. je mimo, 14. jde kolem a dívá se jinam, 15. jí potichu

■ **30. Vyjádřete svůj názor:**

Co si myslíte, je třeba děti trestat?

Jak tě trestali rodiče?
nesměl/a jsem chodit ven, nesměl/a jsem se dívat na televizi
nekoupili mi to, co jsem si přál/a
vzali na mě pásek (dostal/a jsem výprask)

_____

Za co tě vždy potrestali?
za špatné známky ve škole
když jsem lhal/a
když jsem něco rozbil/a
když jsem nechtěl/a poslechnout

_____

Co si myslíš o fyzických trestech?
Jsi spíš pro liberální, nebo autoritativní výchovu?

■ 31. Spojte:

1. Nenechám si to ujít!	a) Budete ode mě mít zprávu.
2. Nechám vzkaz.	b) Zapomněl jsem je.
3. Nechala ho holka.	c) Nestarej se o to!
4. Nech to být!	d) Neříkej to nikomu!
5. Nechal jsem klíče doma.	e) S dovolením!
6. Nech si to pro sebe!	f) Využiju to!
7. Nechte mě projít!	g) Dejte mi pokoj!
8. Nechte mě být / na pokoji!	h) Odešla od něho / Opustila ho.
9. Nechte to na mně!	ch) Rozhodnu se sám!

■ 32. Co dělat, když…:

Když něco neumím/nemůžu udělat sám, musím za někým jít, aby to pro mě udělal. Kdo a kde to pro mě udělají?

Mám rozbité auto – Nechám/dám si ho <u>opravit</u>. <u>Opravář</u> <u>v autoopravně.</u>

Mám dlouhé vlasy – Nechám/dám si je _____ _____ _____

Mám široké kalhoty – Nechám/dám si je _____ _____ _____

Mám krátkou sukni – Nechám/dám si ji _____ _____ _____

Mám úzké šaty – Nechám/dám si je _____ _____ _____

Mám špinavý pokoj – Nechám/dám si ho _____ _____ _____

Mám látku na šaty – Nechám/dám si je _____ _____ _____

Mám vlnu na svetr – Nechám/dám si ho _____ _____ _____

Nemám propíchnuté uši – Nechám/dám si je _____ _____ _____

■ 33. Co uděláte? Spojte:

1. Horké jídlo	a) nechám okapat
2. Zmrazené jídlo	b) nechám vychladnout
3. Mokrý salát	c) nechám vystoupit
4. Cestujícího	d) nechám rozmrazit

* Budu si stěžovat!

nechat + Gen. =	přestat něco dělat
nechat + Ak. =	odejít od někoho
nechat + Inf. =	různé fráze

Nechal/a studia. Nechal/a kouření.

Nech toho! – Přestaň to dělat!

Nechala kluka. – Opustila ho, odešla od něho.

Nechám se překvapit. = Jsem trpělivý, počkám...

Nenechám se otrávit. = Nedovolím, aby mi něco zkazilo náladu.

Nenechám se ošidit! = Nedovolím, aby mi pokladní vrátila míň, než je třeba.

Nechte si chutnat! = Dobrou chuť!

Nechte si poradit! = Poslechněte radu jiných!

Nenechá si nic říct! = Je tvrdohlavý...

Příhody z dětství

Juan: Bydleli jsme ve velkém domě na sídlišti. Jednou po Novém roce, to mi bylo asi sedm, osm let, jsme u popelnice našli krásný velký stromeček, který tam někdo nechal. S kamarádem jsme ten stromek vzali, vyjeli jsme výtahem do 7. patra, opřeli jsme strom o dveře souseda, zazvonili jsme na dveře a utekli... No, umíte si to představit! A tak jsme postupně obešli celý dům. Všichni se celkem smáli, ale na prvním patře bylo zle, soused nás začal honit, a přitom se u jeho dveří celkem nic nestalo, ten strom tam už byl celý opadaný...

Hanna: Cha, cha, ty jsi byl pěkný lump! Celý barák měl velký povánoční úklid!

Hana: No a já jsem jednou napsala svoje jméno na nové červené auto našeho souseda, protože jsem si myslela, že mu tím udělám radost a byla jsem dokonce hrdá na to, že umím tak hezky psát.

Honza: Čím jsi to napsala, prosím tě? Tužkou?

Hana: Ale kdepak! Tužka by na laku nedržela. Ostrým kamenem!

Juan: Ježíšimarjá! A jak to dopadlo?

Hana: Ten soused se málem zbláznil, ještě dnes si pamatuju, jak křičel, rodiče se mu omluvili, na mě se trochu zlobili a pak mně vysvětlili, že se to nedělá...

Honza: To je teda* síla!

Hanna: A co ty, Honzo?

Honza: Já radši nebudu vyprávět.

* teda *(coll.)* – tedy, ale

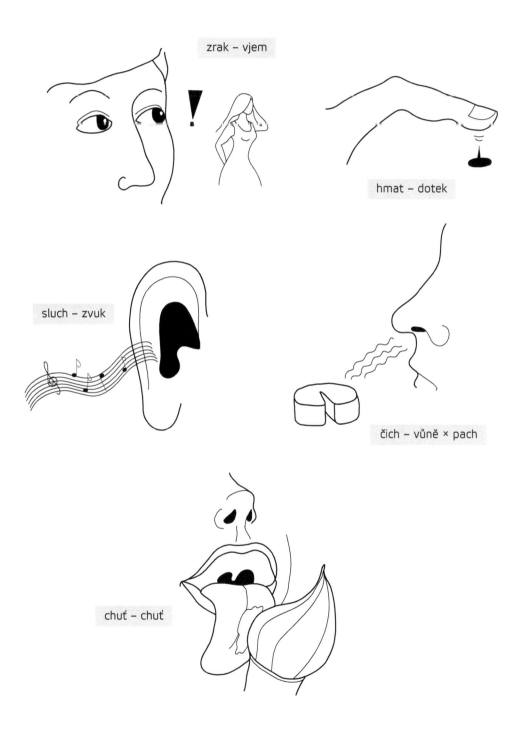

zrak – vjem

hmat – dotek

sluch – zvuk

čich – vůně × pach

chuť – chuť

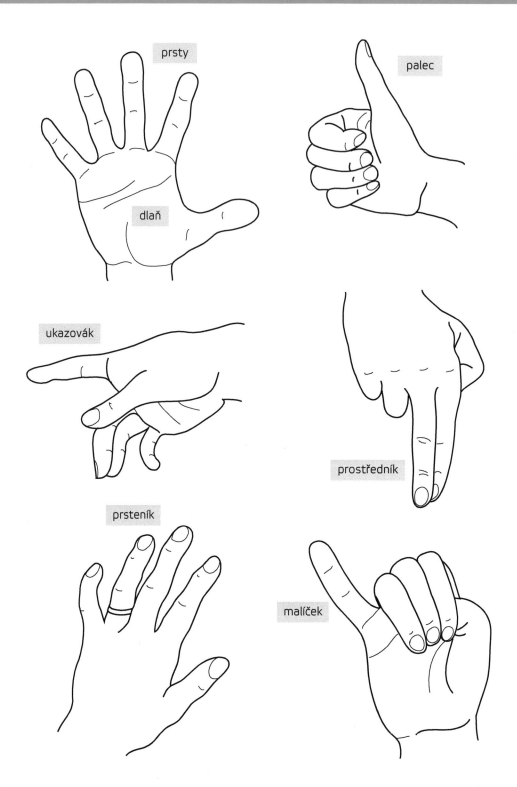

prsty

palec

dlaň

ukazovák

prostředník

prsteník

malíček

absolvent, -ka	graduate
autogram (m)	autograph
barák (m) (coll.)	house
baterie (f)	battery, accumulator
batole (n)	toddler
bezplatný, -á, -é	free of charge
bít / z- (4): biju + A	to beat
běžec (m)	runner
brzdit / za- (2)	to brake, slow down
cílevědomý, -á, -é	single-minded
cítit / u- / po- (2) + A	to feel, smell
červenat se / zčervenat (1)	to become red, blush
česat, -u (se): češu (4)	to comb
čurat (i.) (1)	to leak, tinkle
dálka (f)	distance, remoteness
dařit se (2) (i.) + D	do well, prosper
dech (m)	breath
dějepis (m)	history (school subject)
deprese (f)	depression
dětství (n)	childhood
docházka (f)	attendance
dokázat (4)	to be able to do
dokazovat (3) / do-kázat (4): dokážu + D–A / + A	to prove, establish
dokud (ne)	until
dospělý, -á	adult
dospívat (1) / dospět (4)	to grow mature; to reach sth.
dotazník (m)	questionnaire
dovést (4)	to manage
dovolovat (3) / do-volit (2) + D–A	to allow, let, permit
drobný, -á, -é	tiny, petty; change
důkladně	thoroughly
dýchat (i.) (1)	to breathe
fanoušek (m)	devotee, fan
fyzický, -á, -é	physical
hlídat (i.) (1) + A	to babysit, guard
honit (i.) (2) + A	to run after; rush
hořet / s- (2)	to burn
housle (f pl.)	violin
hrdý, -á, -é na + A	proud
jesle (f pl.)	day nursery
jev (m)	phenomenon
kakat (i.) (1)	to poop (childish)
kámen (m)	stone
kamion (m)	lorry, camion
kapsa (f)	pocket
kazit / z- (2) + A	to spoil
klíště (n)	tick
kočárek (m)	baby carriage
koš (m)	basket
kreslit / na- (2) + A	to draw
krev, krve (f)	blood
křičet (i.) (2) na + A	to cry, shout, scream
látka (f)	material, cloth, matter
lekat se (1) / lek-nout se (4) + G	to get scared of sth.
lump (m)	scoundrel, louse
mastný, -á, -é	greasy, fatty
maturitní ples (m)	high-school prom
mávat (1) / mávnout (4) + D / na + A + I	to wave, to sweep one's hand
medvěd (m)	bear
mizet / z- (2)	to disappear, vanish
mládež (f)	the young
mládí (n)	youth
mlaskat (i.) (1)	to smack, eat noisily
mokrý, -á, -é	wet
mrazák (m)	deep freeze
mýlit se / z- (2)	to be wrong, mistaken
mýtné (n)	toll
nadjezd (m)	overpass
nahlas	loudly
náročný, -á, -é	demanding; hard
náušnice (f)	earring
nehoda (f)	accident
ne/určitý, -á, -é	un/certain
ničit / z- (2) + A	to destroy, ruin
nutný, -á, -é	necessary, imperative

obdivovat (i.) (3) + A	to admire	postýlka (f)	small bed
období (n)	period of time, era	pořádný, -á, -é	tidy; proper
obejít (p.) (4) + A	to walk / get around	potichu	silently
		potok (m)	stream, brook
obhajovat (3) / ob- hájit (2) + A	to defend	povinnost (f)	duty
		povinný, -á, -é	compulsory, obligatory
objížďka (f)	diversion		
obráceně	backwards	pozorně	attentively
obstoupit (p.) (2) + A	to surround	praxe (f)	practice
očkovat se (i.) proti + D	to vaccinate	proboha	my God! for God's sake!
odborný, -á, -é	professional, expert	projednávat / pro- jednat (1) + A	to discuss, debate
odmítnout (p.) (4) + A	to refuse, decline		
ochotný, -á, -é	be willing, obliging	průmysl (m)	industry
omezený, -á, -é	limited, restricted; dull	předmět (m)	subject, item, object
omluvit (se) (p.) (2) za + A	to excuse (oneself) for	představení (n)	performance, show
		představitel, -ka	representative
opačný, -á, -é	opposite	přelétnout (p.) (4)	to look over; fly across
opřít (se) (p.) (4) o + A	to lean		
		přeplněný, -á, -é	overcrowded
ostatně	for that matter	přibližně	approximately
ostrý, -á, -é	sharp	příhoda (f)	event, happening
ovce (f)	sheep	přijít (p.) (4) o + A	to lose sth.
ovládat se (1) / ovládnout se (4)	to control oneself	příkop (m)	ditch
		příroda (f)	nature
ozvat se (p.) (4) + D	to give sbd. a ring	přistávat / přistát (1)/(4)	to land
parkovat / za- (3) + A	to park		
pěší (m); (adj.)	pedestrian; foot	průvodčí (m, f)	guard, conductor
petarda (f)	cracker, banger	prý	supposedly
pevný, -á, -é	firm, hard, strong	půda (f)	soil, ground; attic
píchat (i.) (1) + A	to prick	rozhodčí (m, f)	referee, arbiter
plakat (i) (4): pláču	to cry, weep	rukojmí (m, f)	hostage
plenka (f)	nappy	růst, vy- (4): rostu	grow (p. grow up)
ples (m)	ball (formal dance)	řemeslo (n)	trade, craft
plnoletý, -á, -é	of age, consenting	sanitka (f)	ambulance
pocit (m)	feeling	schovávaná (f)	hide-and-seek
podařit se (p.) (2) + D	to manage, succeed	sídliště (n)	housing estate
		síla (f)	power, force, strength
podchod (m)	subway		
podílet se (i.) (2) na + L	to participate	silnice (f)	road
		sjezd (m)	congress; slope
pomezí (n)	bounds, frontier	skákat (4) / skočit (2)	to jump, spring
popelnice (f)	garbage can	slavný, -á, -é	famous, glorious
postupně	gradually, step by step	sloučit (p.) (2) + A s + I	to unit, merge

služby (f pl.)	services, utilities
smlouva (f)	contract, agreement
snít (i.) (2) o + L	to daydream
sotva	hardly, scarcely
spadnout (p.) (4)	to fall, drop down
spěch (m)	hurry, rush
srazit se (p.) (2) s + I	to collide with, crash
stáří (n)	old age
stranou	aside
strojvůdce	engine-driver
sundat (p.) (1) + A	take down/ off, remove
svíčka (f)	candle
šidit / o- (2) + A o + A	to cheat, overcharge
tajit / u- (2) + A před + I	
titul (m)	title; acad. degree
tleskat / za- (1) + D	to applaud
tlumočit (i.) (2) + A	interpret, translate
trest (m)	punishment
ubrus (m)	tablecloth
účinkující (m, f)	performer
uchazeč, -ka	applicant, candidate
úmysl (m)	intention
ústupek (m)	concession
usínat (1) / usnout (4)	to fall asleep
uvolnit (p.) (2) + A	to release, make way for; free a place
úžasný, -á, -é	amazing, astonishing
vedoucí (m, f)	head; leading
věk (m)	age
vítězit, z- (2) nad + I	to win
vlast (f)	homeland
vlastní	one's own
volant (m)	steering wheel
volit, z- (si) (2) + A	to choose; elect
volitelný, -á, -é	facultative
vrchní (m, f)	headwaiter
vrcholit (i.) (2)	to culminate
vůdce (m)	leader

vůně (f)	aroma, scent
vybuchnout (p.) (4)	to explode
výchova (f)	upbringing
vychovaný, -á, -é	good-behaved
výklad (m)	explication; shopwindow
výkupné (n)	ransom money
vylekaný, -á, -é	frightened, scared
vyndávat / vyndat (1) + A z + G	to take out, remove
výprask (m)	thrashing, beating
výše (f)	height; level
vytahovat (3) / vytáhnout (4) + A z + G	to pull out × up; to draw
využít (3) + A	to make use of
výživné (n)	alimony
vzdělání (n)	education
vzdělaný, -á, -é	well-educated
vzdělávat (se) (i.) (1)	to educate
zadlužený, -á, -é	indebted
záchrana (f)	deliverance, saving
zajíc (m)	hare
zakazovat (3) / zakázat (4) + D–A	to forbid, prohibit
záměr (m)	intention
zaměřovat se (3) / zaměřit se (2) na + A	to focus, concentrate on sth.
zameškaný, -á, -é	missed, lost
zastavovat (3) / zastavit (se) (2)	to stop, drop in
zbývat (1) / zbýt (4): zbude / zbyde	to remain, be left over
zdravit / po- (2) + A	to say hello, to greet
zhruba	more or less, roughly
zeměpis (m)	geography
zle	badly, cruelly
zlobivý, -á, -é	disobedient
znít (i.) (2)	to sound
zpaměti	by heart
způsob (m)	way, manner, method
zralý, -á, -é	mature; ripe

zraněný, -á, -é	hurt, injure	od oka	approximately
zřejmě	obviously, probably	oslí uši	dog-eared
zvládat (1) / zvlád-nout (4) + A	to cope/ deal with sth.	přijímací zkouška / přijímačky (pl.)	entrance examina-tion
žák, žákyně	pupil	psí počasí	miserable weather
		svobodná matka	unmarried mother
FRÁZE	**PHRASES**	tiskový mluvčí	press spokesman
být na praxi	to be in training	uprchlický tábor	refugee camp
být na volné noze	to work freelance	vzhůru nohama	upside-down
mávnout nad něčím rukou	to wave sth. aside	z první ruky (zpráva)	first-hand (news)
mít klapky na očích	to wear blinkers	Ani se neptej!	I'd rather you don't ask!
mít něco za ušima	to be canny, wily		
mít pevnou půdu pod nohama	to be on firm ground	Bude zle!	The fur will fly!
postavit se na vlastní nohy	stand upon one's own legs	Jak se to vezme.	It depends on how you view it.
padnout někomu do oka	to take sbd.'s fancy	Mám v úmyslu + inf.	It's my intention to...
růst jako z vody	to thrive, flourish	Nech si to pro sebe!	Keep it under your hat!
skákat někomu do řeči	to interrupt sbd.	Nech to být!	Let it be!
skočit do toho rovnýma nohama	to jump in at the deep end	Nenech si to ujít!	Don't miss it!
		Nic mu neujde.	He doesn't miss anything.
žít na vysoké noze	to live high on the hog	To je síla!	That's too much!
		To se stává.	It can happen.
žít z ruky do úst	to live hand to mouth	To nepřichází v úvahu!	That is out of the question!
		Ruce vzhůru!	Hands up!
mateřská / rodičov-ská dovolená	maternity leave	Vyrazilo mi to dech.	It took my breath away.
mezi čtyřma očima	face to face	Zapiš si to za uši!	Keep it in your mind!
očitý svědek	eyewitness		

PŘÍPRAVY NA SVATBU

Hana: Jak **probíhají** přípravy na svatbu?

Hanna: Ani se neptej! Je toho ještě tolik, co musíme **zařídit**: **dát vytisknout** pozvánky, objednat restauraci, ještě nevím pro kolik lidí, musím si **dát ušít** šaty, ještě **jsem si nevybrala** boty, nevím, jestli budu potřebovat nějaký kabátek, už je teplo, může **se** ale **ochladit**, co když bude pršet a já zmoknu a **zmačkají se** mi šaty a zničí se mi účes…

Hana: Ty to všechno nějak moc **prožíváš**. Copak neexistují deštníky? Mokré šaty uschnou. A je to navíc pro štěstí. Řekni mi ale, kolik budete mít hostů?

Hanna: Právě to bych ráda věděla. Já jsem původně nechtěla žádnou svatbu, podle mě je to přežitek, ale to víš, Juanova rodina, ti se na to těší a nikdy by mu **neodpustili**, kdyby je všechny nepozval, oni to vlastně všechno tak trochu dirigují a my **se** musíme **podřídit**, Juan je zvyklý poslouchat a vlastně mu to ani nepřijde, že **se** mě to **dotýká**…

Hana: To nechápu. Nikdy by mě nikdo **nedonutil** dělat něco, co je mi proti mysli.

Hanna: Tobě **se** to **povídá**, když je neznáš. Je to strašně rozvětvená rodina, drží spolu a všech rodinných událostí **se účastní** úplně všichni… Nejenže přijedou rodiče a sourozenci, přijedou úplně všichni, a to nejen ze Španělska, ale také vzdálení příbuzní z Ameriky, dokonce z Austrálie… a já nevím odkud ještě, bude to invaze Juanových příbuzných do Prahy… To bude zmatek! Týden **se** pak z toho budu **vzpamatovávat**.

Hana: Stejně je to ale hezké. Bude to mezinárodní svatba.

Hanna: Ano, bude to mezinárodní ostuda Finů, ti tam skoro nebudou vidět.

Hana: To máš jedno. A jak **vycházíš** s budoucí tchyní?

Hanna: Na dálku výborně. Pod jednou střechou asi těžko. Pojď, podíváme se po nějaké látce na šaty.

Hana: Proč si šaty nekoupíš v obchodě, nebo si je nepůjčíš v půjčovně?

Hanna: V půjčovně – to **nepřichází** v úvahu! Juan by mi to taky **nedovolil**. A takové šaty, jaké chci já, bych v obchodě určitě **nesehnala**.

Hana: Víš, že mít půjčené věci na svatbě **přináší** štěstí?

Hanna: To slyším poprvé. U vás **se** to **říká**?

Hana: Ano.

Hanna: Tak si půjčím třeba nějakou drobnost, řetízek nebo kapesník. Poslyš, Hani, ty jsi ale nějaká smutná.

Hana: No, s Honzou nám to v poslední době nějak neklape.

Hanna: Co se děje? Objevil se u tebe, anebo u něho, někdo jiný?

Hana: Ne, to snad ne. Není to nic podstatného, jen staré rozpory **vypluly** víc na povrch a… Nevím, čí je to vina.

Hanna: Určitě to **překonáte**.

Hana: Nejsem si tím tak jistá.

Hanna: No tak, uvidíš, bude to dobrý.

▲ prožívat něco – *to live through sth., suffer*
Nepřijde mu to. – *It doesn't seem that way to him.*
Je mi to proti mysli – *I object to it.*
Tobě se to povídá. – *It's easy for you to say.*
držet spolu – *to hang, stick together*
vzpamatovat se (z šoku) – *pull together, recover, come to one's senses* = přijít k sobě
Stejně je to ale hezké. – *Anyway...*
vycházet dobře, špatně s někým – mít dobrý, špatný vztah
říká se... / jak se u nás říká – *it is said / as they say* × jak se to řekne – *how do you say*
podívat se po – *look around for*
v poslední době – *lately/ recently*
Neklape nám to. – *Things aren't so good between us.*
Co se děje? – *What's going on? What's happening?*
rozpory vypluly na povrch – *disagreements surfaced*

» mokrý → zmoknout; suchý → uschnout
rozejít se / rozcházet se → rozchod
větev *branch* → rozvětvená rodina (velká)
daleko → vzdálený příbuzný × blízký
děj *action, plot* → dějiny → dějství *act* → dít se: Co se děje?
! objevit – *to discover* × objevit se – *to appear*

■ 1. Odpovězte:

Na co se Hanna připravuje?
_____

Co všechno musí udělat?
_____

Už mají vytištěné pozvánky na svatbu?
_____

Jaká je Juanova rodina?
_____

Co se Hanně nelíbí? Jaký zažívá šok?

_____

Jaké má Hanna vztahy s budoucí tchýní?

_____

Ví Hanna, že mít na svatbě něco půjčeného přináší štěstí?

_____

Proč je Hana smutná?

_____

Věří tomu, že se jejich vztahy s Honzou zlepší?

_____

SVATEBNÍ OZNÁMENÍ

Hanna Valtonen
Juan Miguel Dîaz

oznamují, že budou oddáni
15. května 2015 ve 12 hodin
v obřadní síni Staroměstské radnice
v Praze

Jste srdečně zváni na slavnostní hostinu
do restaurace hotelu Hilton
s počátkem od 14 hodin

▲   oznamovat – oznámit → oznámení
oddat se – *get married (official)* – budou oddáni; zvát – jste zváni *(pasivum)*
prožít × zažít: prožít válku v úkrytu × zažít něco příjemného i nepříjemného
To byl zážitek! *(a new experience)*
svatba → svatební *(adj.)*
svatební oznámení
svatební šaty
svatební cesta = líbánky
svatební host = svatebčan
host → hostina = slavnostní oběd

▲ Hanna bude mít na sobě bílé svatební šaty, přes obličej průhledný závoj a velkou kytici bílých růží.
Juan si na sebe vezme černý smoking, bílou košili a motýlka.
Svatebčané v klopě saka anebo na šatech budou mít snítku rozmarýnu*.
Hanna a Juan ještě nevědí, kam pojedou na svatební cestu.

▲ brát se, vzít se
Juan a Hanna se berou/vezmou – uzavřou manželství (sňatek) – oddají se
nechat se oddat → oddací síň
obřad → obřadní síň
brali se z lásky × z rozumu

vdát se, oženit se
Hanna se vdává za Juana, Juan se žení s Hannou
Hanna je nevěsta, Juan je ženich; Hanna a Juan jsou novomanželé.

▲ zasnoubit se
zasnoubit se s – *to get/become engaged to*; snoubenec a snoubenka
Juan musí koupit Hanně snubní prstýnek.

▲ svědek, svědkyně
Hana jde za svědkyni a Honza jde za svědka.
jít za svědka *(to act as witness)* × být svědkem události *(to witness an event)*

?

Už jste byli na nějaké svatbě?
_____

Jakou svatbu byste si přáli?
_____

Je důležité mít svatbu, anebo stačí, když se lidi mají rádi a žijou neoddáni jako druh a družka?
_____

Kam byste rádi jeli na stavební cestu?
_____

* snítka rozmarýnu – *a branchlet of rosemary*

Perfektivní verba → Imperfektivní verba	
-at/-át → -ávat	potkat – potkávat, dát – dávat, přestat* – přestávat
-at → -ovat	ukázat* – ukazovat, zakázat – zakazovat
-ít (-et)/-ýt → -ívat/-ývat	užít* – užívat, dorozumět se – dorozumívat se, umýt* – umývat, zbýt* – zbývat
-it → -ovat	koupit – kupovat, zrychlit – zrychlovat do/po/volit – do/po/volovat, zesílit – zesilovat, ovlivnit – ovlivňovat **áť → ac** zkrátit – zkracovat **íť → ěc** rozsvítit – rozsvěcovat **íť → iť** pocítit – pociťovat **ď → z** nahradit – nahrazovat, potvrdit – potvrzovat **ř → r** podpořit – podporovat **íď → iz** vyřídit – vyřizovat **oď → az** vyhodit – vyhazovat **oč → ak** pře/skočit – přeskakovat
-it → -et	otočit – otáčet **uď → ouz** probudit – probouzet **us → ouš** pustit – pouštět **ys → ýš** vy/myslet – vymýšlet **iď → íz** uklidit – uklízet **az → áž** vy/razit – vyrážet **ať → ác** ztratit – ztrácet **áť → ac** vrátit – vracet
-it → -at	chytit – chytat **č → k** strčit – strkat **oč → ák** skočit – skákat* **u → ou** omluvit se – omlouvat se **lož → klá** pře/s/při/...odložit – pře/s/při/...odkládat **p/t/ř → p/t/ír** opřít* – opírat, utřít* – utírat

* Slovesa 4. typu, viz s. 135

-nout/-mout → -at	mk → myk tk → týk im → ím sn → sín pn → pín ly → lýv jm → jím	obléknout* – oblékat, napadnout* – napadat, odmítnout – odmítat* zamknout*– zamykat dotknout se* – dotýkat se všimnout si* – všímat si usnout* – usínat, zhasnout* – zhasínat vy/pnout* – vypínat vy/plynout" – vyplyvat při/jmout* – přijímat
-nout → -et	d → z ed → íž in → íj	nabídnout* – nabízet (pro)hlédnout si* – prohlížet si minout* – míjet, vyvinout* – vyvíjet
-nout → -ovat		dosáhnout* – dosahovat, navrhnout* – navrhovat, stáhnout* – stahovat

Slovesa pohybu

při/jít* – přicházet, při/jet* – přijíždět, při/nést* – přinášet, při/letět – přilétat, (při)běhnout* – přibíhat, při/vést* – přivádět, při/vézt* – přivážet, při/lézt* – přilézat

Další nepravidelná slovesa

(vy)brat* – vybírat, do/číst* – dočítat, do/jíst – dojídat, (do)psat* – dopisovat, vy/růst* – vyrůstat, do/říct* – doříkat, odpovědět – odpovídat;
vzít* – brát*, (pře)hnat* – přehánět, hnout* – hýbat, pochopit – chápat*, (na)zvat* – nazývat, (po)slat* – posílat, umřít* – umírat, u/smát se* – usmívat se, ob/out se* – ob/ouvat se;
(po)moct* – pomáhat, (vy)téct* – vytékat, utéct* – utíkat

! hnát: ženu, poženu, hnal jsem – honit: honím, budu honit, honil jsem

* Slovesa 4. typu prézentu:

přestanu, ukážu, užiju, umyju se, zbydu (zbudu)** , skáču, utřu
obléknu (obleču), napadnu, odmítnu, zamknu, dotknu se, všimnu si, usnu, zhasnu, vy/pnu, vy/plynu
přijmu, nabídnu, prohlédnu si, minu, vyvinu, dosáhnu, navrhnu, stáhnu
přijdu, přijedu, přinesu, přiběhnu, přivedu, přivezu, přilezu
vyberu, dočtu, dopíšu, vyrostu, řeknu
beru, přeženu, hnu, chápu, nazvu, pošlu, umřu, usměju se, obuju se, zuju se, pomůžu, teču, uteču

* Slovesa 4. typu
** zbýt – zbytek – zbytečné: To, co zbyde, je zbytek. Zbytek je zbytečný...

▲ světlo: rozsvítit × zhasnout
elektrické přijímače (televize, rádio, pračka): zapnout (pustit) × vypnout
hudbu: zesílit × ztlumit
svetr: obléknout × svléknout
knoflíky: zapnout × rozepnout
boty: obout × zout; zavázat si tkaničky × rozvázat si tkaničky

■ 2. Nahraďte podtržená slovesa slovesy opačného vidu:

Nabízíme (nabídnout) _____ vám více za lepších podmínek.

Už je dobře vidět, zhasínám (zhasnout) _____ světlo.

Je zima, zapínám si (zapnout si) _____ bundu.

Já přijedu ráno, ty odjedeš večer. Pořád se míjíme.
Zase (minout se) ___ _____.

Vyvíjeli (vyvinout) _____ novou technologii.

Novou hudbu stahuju (stáhnout) _____ z internetu.

Dosahuje (dosáhnout) _____ dobrých výsledků.

Jak dlouho jsi sháněl ten slovník? Kde jsi ho (sehnat) _____?

Bolí mě záda, vůbec se nemůžu hýbat (hnout se) _____.

Posílá (poslat) _____ mi pozdrav z dovolené.

Jen se usmívá (usmát se) ___ _____ a nic neříká (říct) _____.

Doma se přezouváme (přezout se) ___ _____ do bačkor.

Trochu mi s tím pomáhá (pomoct) _____.

Utíkám (utéct) _____ před nimi.

Vypínám (vypnout) _____ počítač, už nad tou prací pomalu usínám (usnout) _____.

Ukládám (uložit) _____ údaje na harddisk.

Je tady něco k jídlu? Umírám (umřít) _____ hlady!

Už přestává pršet? Zdá se mi, že snad nikdy (nepřestat) _____.

Jen jemu ukazuješ všechny nové funkce svého mobilu, a mně (neukázat)
_____ nic!

Počkej, prosím tě, ty se hned urážíš (urazit se) _____!

Juanovi rodiče zařizují všechno, Hannini asi (nezařídit) _____ vůbec nic.

Prach tady pokaždé utírám já, ať ho dnes (utřít) _____ někdo jiný!

Na Prahu si pomalu zvykám, na české jídlo si asi nikdy (nezvyknout) _____.

Dveře většinou nezamykají, řekni jim, ať je radši (zamknout) _____.

Vydrž chvíli, dopisuju poslední větu, za pět minut práci (dopsat) _____
a vyrazíme.

Pokud si on (nevzít) _____ nic, já tedy beru všechno!

To je nespravedlivé! Oni dostávají stipendium, a my (nedostat) _____ nic.

■ **3. Použijte sloveso opačného vidu:**

Martina <u>se obléká</u> nevkusně. Jsem zvědavá, jak se _____ na svatbu. – Nech se překvapit a nepomlouvej ji zase!

<u>Nedotýkej se</u> toho! Je to nebezpečná látka! Nesmíš se toho ani _____! – To jsem netušil/a.*

Obvykle <u>si všímá</u> všech detailů. Mého nového účesu si asi ne_____. – To víš, teď má dost svých starostí!

Hana <u>usíná</u> špatně. Dlouho nemůže _____. – Nejspíš ji něco trápí.

<u>Přijímají</u> každý rok na ten obor stejný počet studentů? – To nevím. Vím jen, že letos _____ 20 nových uchazečů.

Pořád ho něco <u>napadá</u> a <u>nabízí</u> mi nějaké věci. Uvidím, co ho teď_____ a jestli mi zase _____ něco zajímavého. – Jsem taky zvědavý/á.

<u>Prohlížíš si</u> jen nové fotky. Nechceš si _____ taky ty staré? – Ukaž, _____ si je taky.

Tím, jak se chová, mě <u>vyvádí</u> z míry! – Nenech se _____ z míry!

<u>Přesvědčoval</u> ho o tom hodinu, stejně ho ne_____, že je to pravda.

<u>Vysvětloval</u> mu ten problém dlouho, ale nepodařilo se mu ho _____.

Nevíš, v kolik hodin <u>přijíždějí</u> Juanovi příbuzní? – Nevím přesně, myslím, že _____ někdy k večeru.

Kdo vede? – Zatím <u>vyhrává</u> Slavia, ale uvidíme, kdo nakonec _____.

Proč <u>vyhazuješ</u> ty věci? – Chci _____ všechno, co nepotřebuju.

<u>Nahrazujeme</u> pomalé programy výkonnějšími. – Postupně _____ všechny pomalé programy.

Vždy ve všem <u>přeháníš</u> a zase to _____.

Dlouho <u>si vybírala</u> šaty, nic se jí nelíbilo a nakonec si žádné ne_____!

▲   spíš *(rather)* – nejspíš *(most probably)*
utíkat *(to flee, run)*: Utíká rychle. Čas rychle utíká.

utíkat <   utéct před + Instr. *(to run away)*: Utíká před psem

utíkat za + Instr. *(to run after)*: Utíká za psem

míra *(measurement, measure, rate)*:
   šaty ušité na míru – *tailored to sb.'s needs*
   vyvést někoho z míry – *disconcert, psych out sb.*

---

* Netuším! / Nemám tušení / ponětí! – *I have no idea!* × Mám nápad! – *I have an idea!*

■ **4. Změňte vid:**

Není to lehké, musíš si (dát) _____ dobrý pozor.

(já-potkat) _____ ho jen na fakultě, (my-nesetkat se) _____ ___ často.

Honza se moc změnil, já ho vůbec (nepoznat) _____!

Je moc vážný, skoro nikdy (neusmát se) ___ _____.

(my-nazvat) _____ *(imperativ)* věci pravým jménem: je namyšlený!

(já-poslat) _____ vám pozdrav z dovolené.

Pomalu ale jistě nám všude (oni-zakázat) _____ kouřit.

(já-nedovolit) _____ vám, abyste se mnou takto mluvil!

Syn roste jako z vody a už (přerůst) _____ otce.

Ty to (nepochopit) _____!

Mám na tebe čekat s večeří, (vrátit se) _____ ___ dnes brzo, nebo pozdě?

Už to nebudeme dělat, tím jen (my-ztratit) _____ spoustu času.

Kolik (vy-utratit) _____ měsíčně za jídlo?

(já-omluvit se) _____ ___ za všechno.

Je už pozdě, (my-vyrazit) _____ domů.

Zase si něco (on-vymyslet) _____, pořád ho něco (napadnout) _____.

(já-probudit se) _____ ___ brzo, ale (nevstát) _____ hned.

Ten termín už nejde (odložit) _____, (já-pustit se) _____ ___ hned do práce!*

(já-vyřídit) _____ jeho pozdravy.

K žádosti (já-přiložit) _____ lékařskou zprávu.

Kdo (přeložit) _____ tu knížku?

Proč nikdy (ty-neutřít) _____ nádobí? – Protože nakonec vždy uschne samo.

Nesmíš na to (zapomenout) _____!

Co z toho (vyplynout) _____? – Že se musíš lépe soustředit!

(já-vyhnout se) _____ ___ všem nepříjemným situacím.

(oni-pronajmout si) _____ nový byt.

Kde tu knížku (ty-sehnat) _____?

Kdo (přiznat se) ___ _____ k chybě, často (pocítit) _____ úlevu.

(on-zažít) _____ hodně dobrodružství.

Proč jste si (vy-koupit) _____ tak drahý lux?

(uklidit) _____ tady někdo? Asi zase budu muset všechno udělat já.

Kolikrát jsi to už (ty-zkusit) _____?

Už jsem ti to tolikrát (připomenout) _____ a ty jsi na to zase zapomněl!

(oni-přijmout) mě _____ dobře, a já jsem na to (odpovědět) _____ vstřícně.

Neměl bys (odmítnout) _____ jeho pomoc.

* pustit se do práce = začít pracovat

daň	→	**z**danit / **z**daňovat výdělek
důvod	→	**z**důvodnit / **z**důvodňovat něco něčím
obraz	→	**z**obrazit / **z**obrazovat něco
způsob	→	**z**působit / **z**působovat škodu
vina	→	**za**vinit nehodu
	→	**ob**vinit / **ob**viňovat někoho z vraždy
vliv	→	**o**vlivnit / **o**vlivňovat někoho něčím
pozor	→	**u**pozornit / **u**pozorňovat na nebezpečí
vědomí	→	**u**vědomit si / **u**vědomovat si něco
drahý	→	**z**dražit / **z**dražovat zboží
levný	→	**z**levnit / **z**levňovat zboží
mírný	→	**z**mírnit / **z**mírňovat bolest
nervózní	→	**z**nervóznit / **z**nervózňovat někoho
pomalý	→	**z**pomalit / **z**pomalovat
vysoký	→	**z**výšit / **z**vyšovat ceny
nízký	→	**s**nížit / **s**nižovat ceny
klidný	→	**u**klidnit / **u**klidňovat někoho/se: Uklidni se!
možný	→	**u**možnit / **u**možňovat něco
pevný	→	**u**pevnit / **u**pevňovat něco
rychlý	→	**u**rychlit / **u**rychlovat něco
skutečný	→	**u**skutečnit / **u**skutečňovat = realizovat
volný	→	**u**volnit / **u**volňovat místo; uvolnit se *(loosen up)*
nemožný	→	**z**nemožnit / **z**nemožňovat plán
chladný	→	**o**chladit se / **o**chlazovat se
teplý	→	**o**teplit se / **o**teplovat se
jistý	→	**po**jistit někoho/se / **po**jišťovat se
den	→	**roze**dnít se / **roze**dnívat se
tma	→	**se**tmít se / **s**tmívat se
úklid	→	uklidit / uklízet pokoj: Ukliď si svoje věci!
nápad	→	napadnout / napadat: Co tě to napadlo?
dotek	→	dotknout se / dotýkat se něčeho
oblek	→	obléknout (se) / oblékat se
obsah	→	obsáhnout / obsahovat něco
podpora	→	podpořit / podporovat něco
poslech	→	poslechnout (si) / poslouchat něco

■ **5. Změňte vid:**

Ceny (se letos zvýšily) ___ letos _____ několikrát.

Platy nám (nenavýšili) ani jednou.

Platy nám zatím ne_____.

V poslední době (se zboží zdražilo) ___ zboží _____ několikrát.

Počet zaměstnanců v té továrně (se postupně sníží) ___ postupně _____.

Pracovní doba supermarketu (se prodlouží) ___ _____.

(Ovlivnil) _____ ho svými názory.

Snažil se (zmírnit) _____ rozdíly, které mezi nimi jsou.

Čím to (zdůvodní) _____?

Od příštího týdne (se) má (oteplit). Bude ___ postupně _____.

Nenech (se znervóznit) ___ _____.

Už (se ochlazuje) ___ zase _____.

Před válkou (se zkracovaly) ___ _____ šaty.

(Pojišťujete se) _____ ___ před cestou do ciziny?

Napětí mezi nimi (se uvolnilo) ___ _____.

(Stmívalo se) _____ ___ rychle.

Už můžeme zhasnout, už (se rozední) ___ _____.

Hana (obvinila) _____ Honzu, Honza zase ji. Kdo za to může?

Hanna (uklidnila) _____ Hanu.

(Upozornila) _____ ji na nebezpečí.

(Uskutečňuju) _____ všechny svoje plány.

Optimistický postoj nám (umožňoval) _____ realizaci plánu.

Stres nám (znemožňoval) _____ se soustředit.

Honza (si neuvědomoval) ___ _____ svou chybu.

Na displeji (se nezobrazilo) ___ _____ jeho jméno.

(Podpoříme) _____ jeho návrh.

(Pociťovala) _____ vůči němu vztek.

(Ujistil) _____ ji, že mu ještě na ní záleží.

Můžeš to ztlumit? Ty snad tu hudbu (zesiluješ) _____ schválně, vždy když já telefonuju!

Ke konci prázdnin se čas vždy (zrychluje) _____ a už jsou tu zase nové povinnosti.

Proč (neuklidíš) _____ po sobě věci?

Už mě nic (nenapadá) _____, co bych ti k tomu mohl ještě říct.

■ 6. Dejte do záporu:

(Přelož) – Nepřekládej ten text!

(Opři se) _____ o dveře!	(Vyhoď) _____ to do koše!
(Jdi) _____ pryč!	(Jeď) _____ nikam!
(Uteč) _____ před ním!	(Vyhni se) _____ mu!
(Otevři) _____ okno!	(Polož) _____ to sem!
(Zvedni) _____ ten telefon!	(Ozvi se) _____ mu!
(Utři) _____ to nádobí!	(Vypni) _____ rádio!
(Zhasni) _____ světlo!	(Odpusť) _____ mu všechno!
(Zamkni) _____ dveře!	(Přivři) _____ okno!
(Půjč) _____ mu peníze!	(Sedni) _____ si sem!
(Dotkni se) _____ mě!	(Zapni) _____ televizi!

■ 7. Dejte do záporu:

POZOR! Imperativ ← perfektivní sloveso	→ WARNING! – VAROVÁNÍ!

Pozor! Šlápneš – Nešlápni do louže! – Don't step in the puddle!

Spadneš _____ do vody!	Zapomeneš _____ klíče!
Zlomíš si _____ nohu!	Zblázníš se _____ z toho!
Shodíš _____ ten květináč!	Spolkneš _____ tu pecku!
Upustíš _____ ten podnos!	Rozbiješ _____ tu vázu!
Spleteš si _____ ty příklady!	Řízneš se _____ tím nožem!
Spálíš se _____ o ten sporák!	Připálíš _____ ten oběd!
Vypiješ _____ mi to pivo!	Vymkneš si _____ kotník!
Utečeš _____ mi!	Stoupneš _____ mi na nohu!

■ 8. Změňte vid:

Všechno proběhlo _____ podle plánu. Kdy přiletí _____ letadlo z Ženevy?

Odvede _____ naši pozornost jinam. Nesnesu _____ blbce!

To mě přivedlo _____ na jiné myšlenky. Každému vyjde _____ vstříc.

▲ **plést** – *to knit*: pletu svetr → **splést se** – *to be wrong* → **splést si něco s něčím** – *to mix up*
vyjít někomu vstříc – *to oblige / accommodate sb.*

CO SE DĚJE?

Honza: Nějak nám to spolu nejde.

Hana: Ty sis toho všiml teprve teď? Už pěkně dlouho mi lezeš na nervy!

Honza: Tak proč jsi nic neřekla? Já jsem se vždy tak snažil a to asi bylo zbytečné!

Hana: Ty ses možná snažil, ale vždy jsi myslel jen na sebe! Nikdy tě nezajímalo, co si myslím a co si přeju já!

Honza: To je nedorozumění! To si myslíš jen ty!

Hana: Teď mluvím já, tak kdo jiný si to má myslet? Já jsem si to **nevymyslela**. Jsi sobec! Záleží ti jen na sobě! Ostatní vůbec nebereš na vědomí!

Honza: Jsi nespravedlivá! Náročná! A náladová! Už dávno jsme se měli rozejít. Ty mě úplně **zničíš**!

Hana: Nech už toho! A nekřič tady! Kdo je na to zvědavý? Zblázním se z tebe!

Honza: Cha! Že to říkáš zrovna ty! Bylo to nad lidské síly **vydržet** to s tebou!

Hana: Co to meleš? Proč mě urážíš? Proč mi ubližuješ?

Honza: Prosím tě, já bych neublížil ani kuřeti! Ty ale nevíš, co chceš, jsi věčně nespokojená, tebe nikdo nemůže uspokojit...

Hana: Víš co? **Sejdeme se** ještě na Juanově a Hannině svatbě a bude to naposledy v životě!

Honza: Tak to se mýlíš! Jako svědkové se ještě někdy uvidíme.

Hana: To si piš, že ne.

Honza: Pak jsi to měla odmítnout, ze závažných důvodů... Jsme svědkové, a přitom spolu nemluvíme. To je síla! Je to trapné! Je to pod moji úroveň! Já se z tebe zblázním!

Hana: Víš co? Já už s tebou končím! Abych se nezbláznila! Rozcházím se! A trapný jsi ty!

Honza: Co, co..... Počkej! Hanooo! Ty mi ale dáváš zabrat!

Hana: Nech mě už být, prosím tě. Nemá to cenu!

▲ odmítnout něco = nepřijmout nabídku
uspokojit někoho = učinit někoho spokojeným
vydržet něco = snést
neublížil by ani kuřeti (ani mouše) – *he wouldn't hurt a fly*
dát někomu zabrat = trápit někoho, unavovat

UŽ TO MÁME ZA SEBOU

Na svatbu do Prahy se **s**jelo Juanovo příbuzenstvo z různých částí světa, **při**jelo taky několik Hanniných příbuzných a známých. Někteří si **za**mluvili pokoje v hotelu Hilton, kde se po obřadu konala svatební hostina, ti méně nároční si sehnali soukromé ubytování nebo o něco levnější hotely, kamarádi se spokojili s hostely a kolejemi. Všichni, kolem 50 svatebčanů, se **se**šli jen u obřadu na Staroměstské radnici, u stolů a na společné fotce. Mluvilo se několika jazyky: nejvíc byla slyšet španělština, jednak proto, že Španělů bylo nejvíc, ale také proto, že ze všech byli nejhlučnější, pak angličtina, francouzština, finština a, samozřejmě, čeština. Menu bylo rozmanité, nezapomnělo se ani na vegetariány, ani na Juanovy pratetičky, které už špatně tráví těžká a tučná jídla. Jelikož se brali v Čechách, rozhodli se především pro českou kuchyni. Hanina babička **na**pekla české svatební koláčky („domácí jsou domácí, co si budeme povídat"), všem moc chutnaly, jen se po nich zaprášilo.

Juan rozrušením nemohl usnout: **pro**bděl celou noc! Ráno pak měl kruhy pod očima a celý den **pro**zíval. Hanna vypadala báječně, i když si nakonec nedala ušít šaty na míru. Ani nemusela Juana moc **pře**mlouvat, že je praktičtější si šaty **vy**půjčit. Zvítězil nakonec čas, nic jiného by se už nestihlo.

Všichni byli unavení, ale usměvaví a tvářili se šťastně. Jen Honza a Hana vypadali otřesně: Haně se nakonec **po**dařilo alespoň nasadit rádoby milý výraz, i když jí bylo do pláče, Honza se nedokázal **pře**nést přes jejich hádku a Hanu napadlo, že vypadá, jako kdyby spolkl tisíc ježků (jednou to četla v jedné pohádce od Macourka a přišlo jí to trefné). Když se měl **po**depsat, ruka se mu tak **roz**klepala, že mu z ní **vy**padlo pero! **S**padlo na zem a někam se **od**kutálelo... Jeho vlastnoruční podpis vůbec nevypadal jako jeho autentický podpis, ale spíš jako podpis nějakého rozklepaného dědečka. Byli tam naštěstí svědci, kteří by v případě nutnosti správnost podpisu mohli **do**svědčit. Když se otočil, **za**kopl ještě o židli a málem při tom **u**padl na zem.

Ti, co nevěděli, že se svědkové na svatbě den před svatbou pohádali a **roze**šli, si nakonec ničeho nevšimli. Měli plno starostí s jinými věcmi. Ale na fotkách to pak bylo vidět a všichni se **vy**ptávali: proč se ti dva svědkové tak mračí? Nespletli si náhodou svatbu s pohřbem?

▲ Juanovi příbuzní = Juanovo příbuzenstvo
sjelo se, mluvilo se, nezapomnělo se *(pasivum)*
jen se po tom zaprášilo = jídlo se rychle snědlo
kruhy pod očima – *rings/shadows under one's eyes*; i když – *even though*
bylo jí do pláče – *she felt like crying*
přenést se přes hádku – *get over the quarrel*
přijde mi to trefné – *it seems apt, fitting to me*

■ 9. Odpovězte:

1. Odkud přijeli svatebčané?

_____

2. Kolik jich bylo?

_____

3. Kde se ubytovali?

_____

4. Kterými jazyky se na svatbě mluvilo?

_____

5. Jaká jídla se podávala?

_____

6. Jaké jídlo mělo velký úspěch?

_____

7. Proč Juan nemohl usnout?

_____

8. Jaké šaty měla na sobě Hanna?

_____

9. Jak vypadali svatebčané a novomanželé na společné fotce?

_____

10. Proč Honzovi vypadla z ruky tužka?

_____

11. Jaký problém má Honza?

_____

12. Dokáže se Honza přenést přes svůj problém?

_____

13. Co vyčítá Honza Haně?

_____

14. Co Hana vyčítá Honzovi?

_____

15. Myslíte si, že se Honza a Hana zase dají dohromady (že se usmíří)?

_____

Prefix		Význam	Příklady
DO	→	k něčemu nebo dovnitř	**do**jít pro rohlíky, ke dveřím; **do**běhnout do cíle
		dokončení děje	**do**psat dopis
NA	→	nahoru, na povrch	**na**lepit známku, **na**mazat chleba
	→	dovnitř	**na**lít vodu do konvice, **na**stoupit do metra
		velká míra	**na**dělat spoustu chyb
		malá míra – začátek děje	**na**kousnout jablko
NAD(e)	→	do výšky	**nad**epsat článek, **nad**zvednout víko krabice
O/OB(e)	→	dokola	**o**točit klíčem v zámku, **obe**jít dům
		poškodit, opotřebovat	**o**jet auto, **ob**nosit šaty
OD(e)	→	pryč	**od**ejít od kamaráda, **od**jet z Prahy
		zpátky k původnímu stavu	**od**lakovat si nehty **od**barvit si vlasy
		splnit úkol	**od**sedět si 20 let ve vězení
POD(e)	→	pod něčím, dole	**pod**jet most / pod mostem, **pod**epsat smlouvu, **pod**epsat se
		tajně	**pod**vést někoho
PO	→	malá míra	**po**otevřít dveře
		celý povrch	**po**psat stránku
PRO	→	naskrz	**pro**jít lesem, **pro**jít se po městě
		děj trvá dlouho	**pro**bdít celou noc
		nezdar, ztráta	**pro**hrát zápas
PŘE	→	přes něco	**pře**jít přes most
		změna	**pře**dělat práci
		chyba	**pře**řeknout se
		velká míra	**pře**solit polévku
PŘED(e)	→	před něco, dříve než	**před**jet auto, **před**povědět počasí
PŘI	→	k něčemu/někomu	**při**jít ke kamarádce na návštěvu, **při**jet do Prahy, **při**blížit se
		navíc, doplnit	**při**platit si za rychlík
		malá míra	**při**vřít dveře

ROZ(e)	→	*na různé strany*	**roz**ejít se s kamarádem
		začátek děje	**roz**epsat několik dopisů
S(e)	→	*dohromady*	**se**jít se s kamarádem
	→	*dolů*	**se**jít po schodech dolů, **s**mazat soubor
U	→	*pryč, stranou*	**u**letět, **u**skočit, **u**jet, **u**niknout
		poškodit se velkou mírou činností	**u**pít se k smrti **u**blížit kamarádovi
		malá míra	**u**klonit se, **u**smát se
V(e)	→	*dovnitř*	**ve**jít do místnosti
VY	→	*ven*	**vy**jít z auta, **vy**stoupit z metra, **vy**ndat z oka
	→	*do výšky*	**vy**stoupit do prvního patra
		získat něco činností	**vy**dělat si peníze
VZ(e)	→	*vzhůru*	**vz**budit se, **vz**niknout
Z(e)	→	*změna stavu*	**z**červenat
ZA	→	*vzadu, dozadu*	**za**jít za roh
		plně se soustředit	**za**poslouchat se do hudby; + „se"
		dělat něco s chutí	**za**kouřit si; + „si"
		zničení	**za**střelit zajíce, **za**niknout
		malá míra	**za**vrtět hlavou

→ prefixy pohybu (viz také lekci 16 a Basic Czech II, lekci 9)

» VY- × VZ-

VY-
vystoupit nahoru

vyjet do prvního poschodí (**výtah!**)
vylézt na horu / na strom

vyletět do povětří, **vybuchnout**
(bomba)
vyrůst

VZ-
vzbudit se = být **vzhůru**
(nespat)
vzplanout = začít hořet
vzejít = **vzniknout**
(začít existovat)
vzlétnout (letadlo)
vzkvétat = prosperovat

▲ vyletět do povětří – *to blow up*

VÝZNAMY SLOVESNÝCH PREFIXŮ – CVIČENÍ
THE MEANING OF VERBAL PREFIXES – EX.

17

>> PO-
popsat celý sešit – *write all over*
popsat děj filmu – *describe* → popis
počkat, poděkovat, pochválit

PO-
pootevřít okno = trochu otevřít × přivřít
pozavírat okna = jedno za druhým

>> PO-
(jedu: **po**jedu, vezu: **po**vezu, vedu: **po**vedu, nesu: **po**nesu, lezu: **po**lezu,
letím: **po**letím, běžím: **po**běžím, ženu: **po**ženu; voda teče: zítra ne**po**teče)

>> Prefixy ⇆ Prepozice
přejít přes ulici → **přechod**
nadepsat titul **nad** článek → **nad**pis; **pod**epsat se **pod** článek → **pod**pis
zajít za roh/kamarádem; **před**stoupit **před** publikum
odejít **od** rodiny; **s**ejít se **s** kamarádkou → schůzka
najet **na** (Auto najelo na chodník; Loď najela na skálu)
obejít dům = jít **kolem dokola**
vyjít z auta – **do**jít **k** budově – **vejít do** budovy
přijít k 🧍 / **do** kina / **na** film × **do**jít **k/pro**

■ **10. Dejte do minulého času:**

Poběžíme spolu k lesu.   _____

Já nepolezu na ten strom.   _____

Poletíte v létě někam k moři?   _____

Voda asi dvě hodiny nepoteče.   _____

Ten pejsek už asi neporoste.   _____

Pojedete v zimě na hory?   _____

Povede novou politickou stranu.   _____

Podívám se po slovníku.   _____

Popíše tu událost přesně?   _____

Pochválí ho za dobrou práci.   _____

Poobědváme dnes spolu.   _____

Požádám o přerušení studia.   _____

Koho pozvou na svatbu?   _____

Zase se s ní pohádá kvůli blbosti.   _____

Potrestají ho za šíření pomluvy.   _____

Pobavíme se tím dobře.   _____

■ **11. Vysvětlete rozdíl mezi následujícími slovesy a pro každou větu vyberte jedno sloveso:**

1. psát / napsat
1. dopsat, 2. opsat, 3. popsat, 4. přepsat, 5. podepsat (se), 6. předepsat /-isovat

Úkol napíšu do konce ___. Nevím, jak to vyjádřit slovy ___. Firmy uzavřely kontrakt (smlouvu) ___. Doktor určil lék, který musím užívat ___. Při testu jsem se tajně díval/a na práci kolegy a použil/a jsem jeho řešení ___. Tu práci jsem napsal/a špatně, budu ji muset opravit ___. Musíte to potvrdit svým podpisem ___. Kdo je autorem knihy Pýcha a předsudek ___?

2. platit /za-
1. doplatit, 2. oplatit, 3. podplatit / uplatit, 4. přeplatit, 5. předplatit (si), 6. splatit, 7. vyplatit se /-ácet

Tajně mu dali peníze, aby jednal v jejich prospěch ___. Zaplatil/a jsem za elektřinu víc, než jsem spotřeboval/a ___. Koupil/a jsem předem vstupenky na koncerty České filharmonie na celou sezónu ___. Ještě jsem nezaplatil/a celou částku, musím ještě zaplatit 1000 Kč ___. Už jsem zaplatil/a celou hypotéku ___. Bydlet spolu s kamarádkou je pro mě velmi výhodné ___. Děkujeme vám za tu službu, budeme se vám revanšovat ___. Uhradil účet za nás za všechny ___.

3. dělat /u-
1. dodělat, 2. předělat, 3. prodělat, 4. vydělat si, 5. vzdělat se /-ávat

Musím udělat práci do konce ___. Na té transakci přišel/a o hodně peněz ___. Za tu práci jsem získal/a dost peněz ___. Získal/a jsem nové vědomosti ___. Seminární práce obsahuje hodně chyb, musím ji udělat jinak a lépe ___. Způsobil mi velkou radost ___.

▲ uzavřít/podepsat smlouvu/dohodu – *to sign an agreement*
uzavřít manželství – *to get married*
uzavřít se do sebe – *retreat into oneself*

VÝZNAMY SLOVESNÝCH PREFIXŮ – CVIČENÍ
THE MEANING OF VERBAL PREFIXES – EX.

17

4. mluvit /pro-
1. domluvit, 2. domluvit se, 3. omluvit (se), 4. pomluvit, 5. přemluvit /-mlouvat (se)

Už řekl všechno, co chtěl ___. Už jsme si řekli, kdy a kde se sejdeme ___. Mluvila o ní ošklivě za jejími zády ___. Napřed jsem nechtěl jít na ten film, ona však o tom tak dlouho a tak krásně mluvila, že jsem nakonec šel ___. Promiňte, že jdu pozdě ___. Honza mě poprosil, abych vyřídila, že je mu líto, že dnes nemůže přijít ___. Popovídal si s kamarádem o jeho problémech ___.

5. rušit /z-
1. narušit, 2. porušit, 3. přerušit, 4. rozrušit, 5. vyrušit, 6. vzrušit /-ovat

Nenechal/a mě domluvit, pořád mi skákal/a do řeči ___. Zrovna jsem pracoval/a, když nečekaně přišla návštěva ___. Nedodržel/a (nerespektoval/a) předpisy a byl/a za to potrestán/a ___. Letadlo se dostalo do vzdušného prostoru cizího státu___. Ta scéna ve mně vyvolala silné emoce ___. Přípravy na svatbu ho znervózňovaly ___.

■ **12. Určete významové rozdíly mezi následujícími slovesy a pro každou větu vyberte jedno sloveso:**

1. držet
1. dodržet (slovo), 2. udržet, 3. zadržet, 4. zdržet se /-ovat, 5. vydržet, 6. podržet

Ten kufr je moc těžký, už ho nemůžu dál nést ___. Slíbil/a mi (dal/a mi čestné slovo), že přijde, ale nepřišel/a ___. *(přede dveřmi od bytu hledáte klíče a máte plné ruce):* Prosím tě, vezmi si na chvíli moji nákupní tašku ___. Polovina poslanců nebyla rozhod-nuta, jak má hlasovat pro ten zákon ___, a proto raději nehlasovala. Čekal/a jsem tě dřív, kde jsi byl/a tak dlouho ___? Ten zub mě moc bolí, už tu bolest nemůžu snést ___. Policie chytila zloděje ___. Jak dlouho můžeš zůstat pod vodou bez dýchání ___?

2. pustit
1. dopustit, 2. odpustit, 3. opustit, 4. rozpustit (se), 5. spustit, 6. upustit, 7. vypustit /-ouštět

Prominul/a mu všechno ___. Odešla od přítele ___. Honzovi vypadla tužka z ruky ___. Nedovolím, abyste se mnou tak jednal ___! Dali loď na vodu ___. Poslali do vesmíru družici ___. Šumivá tableta zmizí ve vodě ___. Parlament vyslovil nedůvěru vládě a vláda přestala fungovat ___.

▲ ! spustit motor, křik – *start, begin*

to abstain: Zdržel se hlasování.

zdržet se

to stay longer: Kde ses tak dlouho zdržel?

vyslovit nedůvěru vládě – *give the government a vote of no confidence*

---

3. hodit

1. **s**hodit (dolů), 2. **vy**hodit **z** (= ven) /-azovat, 3. **při**hodit se (= stát se), 4. **u**hodit se o něco (= bouchnout se)

Pracoval špatně a dostal výpověď ___. Držel dietu a váží o 5 kilo míň ___. Nechal židli uprostřed pokoje, nevšimla jsem si jí a bouchla jsem se do nohy ___. Co se tady stalo ___?

4. padat – spadnout

1. dopadnout, 2. napadnout, 3. odpadnout, 4. přepadnout (nečekaně zaútočit), 5. propadnout, 6. zapadnout /-adat, 7. vypadnout

Slunce už zašlo za obzor ___. Tužka spadla na zem a odkutálela se za skříň ___. Spadl, ale nezranil se ___ (dobře). Jak skončil zápas ___? Co sis zase vymyslel ___? Hana zaútočila na Honzu, že je sobec ___. Neudělal zkoušku ___. Kouří čím dál víc ___. Musím k zubaři, už nemám plombu ___. Na ulici na ni zaútočil mladý muž s nožem ___. Útočníka chytili ___. Dnešní hodina se nebude konat ___. Mám prošlý pas ___.

▲ vypadat: Vypadá skvěle!

to land (well): Spadla na zem, ale nezranila se, dopadla na obě nohy.

dopadnout = zadržet, chytit: Policie dopadla zloděje.

to come off/out, end: Všechno dopadlo podle plánu.

útočit – *to attack:* Napadli/zaútočili na sousední stát. → útok

napadnout *fall down:* Napadl metr sněhu.

to occur/cross sbd.'s mind: Co tě zase napadlo? → nápad

neuspět (nemít úspěch): Propadl u zkoušky.

propadnout *fall for:* Propadl alkoholu.

expire: Pas propadl = vypršel, není platný

VÝZNAMY SLOVESNÝCH PREFIXŮ – CVIČENÍ
THE MEANING OF VERBAL PREFIXES – EX.

17

5. -ložit – -kládat

1. doložit, 2. naložit, 3. položit, 4. přeložit, 5. složit, 6. rozložit, 7. uložit, 8. vložit, 9. vyložit, 10. založit /-kládat

Dosvědčil pravost dokumentu ___. Roztáhnul pohovku ___. Udělal zkoušku ___. Dal kufr na podlahu ___. Zapsal číslo do mobilu ___. Dal peníze na účet v bance ___. Vysvětlil mi ten problém ___. Zřídil novou stranu ___. Zopakoval vše, co řekl v jiném jazyce ___. Dala okurky do sklenice ___.

6. 1. **u**niknout (pryč), 2. **vy**niknout (nahoru), 3. **vz**niknout (= začít existovat), 4. **za**niknout (= přestat existovat) /-at

Byl nejlepší ve svém oboru ___. Odkdy existuje samostatné Československo ___? Každý den přestane existovat některý jazyk ___. Fatalisté říkají, že není možné vyhnout se osudu ___. Je cítit plyn, zdá se mi, že někde uchází plyn ___.

▲   překlad literárního díla, hudební skladba
vynikající = výborný
příhoda = historka
vznik × zánik; únik

■ 13. Přiřaďte k sobě:

a) 1. vytáhnout   a. šroub
   2. stáhnout   b. závěsy
   3. zatáhnout   c. roletu nahoru
   4. utáhnout   d. písničku z internetu
   5. natáhnout si   e. sval

b) 1. vytrhnout   a. nit
   2. strhnout   b. pytel
   3. roztrhnout   c. zub
   4. přetrhnout   d. náplast
   5. utrhnout   e. jablko ze stromu

■ **14. Určete významové rozdíly mezi následujícími slovesy a pro každou větu vyberte jedno sloveso:**

1. být
1. dobýt (získat území), 2. přibýt (zvýšit se), 3. ubýt (snížit se), 4. zbýt /-ývat

Nepřítel získal další území ___. Máme jen ještě pět minut ___. Je čím dál víc lidí v důchodovém věku, stoupá jejich počet ___. Je čím dál míň některých druhů rostlin a zvířat a různých jazyků, jejich počet klesá ___.

▲ **druh:** 1. partner; 2. typ

---

2. brát
1. přibrat (mít víc), 2. přebrat (převzít), 3. sebrat, 4. ubrat, 5. vybrat, 6. zabrat /-írat

Ztloustnul, je tlustší než před rokem ___. Začal chodit s přítelkyní svého kamaráda ___. Zase ho zvolili předsedou ___. Po nemoci váží míň, je hubenější, zhubla ___. Vzal tužky ze země ___. Okupovali cizí území ___.

▲ **!** sbírat – *to collect:* Sbírá staré mince. × sebrat – *to pick up; seize*
  to take effect: Lék zabírá = účinkuje /působí
zabírat <
  to take over, occupy + zabrat: Zabrali další území.
působit = pracovat: Působí na ministerstvu
účinkovat = hrát: Účinkuje ve filmu.

▲ **váha → váhat; vážit – vážit se; !** **vážit si** = respektovat
  – Kolik teď **vážíš**? – Nevím, musím **se zvážit**.
  – Tady je přesná váha. Zvaž se.
  – Ježíšmarjá! Ta váha váží špatně. Anebo jsem zase přibrala! Musím zhubnout! Nebudu **váhat** ani vteřinu! Jinak **si** sama sebe přestanu **vážit**!
  – Zase přeháníš, jako vždy!

---

3. hnát (ženu)
1. přehnat (zveličit), 2. sehnat, 3. rozehnat (na různé strany), 4. vyhnat (ven) /-ánět

Dlouho jsem hledala tu knížku, než jsem ji nakonec dostala ___. Nedělej zase z komára velblouda ___! Psa vyhodili ven ___. Policie rozprášila dav demonstrantů ___.

■ **15. Určete, jaký je významový rozdíl mezi dvojicí výrazů. Použijte je ve větách:**

napsat dopis _____ // dopsat dopis _____

udělat práci _____ // předělat práci _____

nastěhovat se do domu _____ // přestěhovat se do domu _____

vypít pivo _____ // napít se piva _____

zahrát na kytaru _____ // vyhrát kytaru _____

promluvit si s někým _____ // domluvit se s někým _____

zabalit kufry _____ // vybalit kufry _____

namalovat pokoj _____ // vymalovat pokoj _____

zabalit dárek _____ // rozbalit dárek _____

zaplatit účet _____ // přeplatit účet _____

sníst oběd _____ // dojíst oběd _____

osolit polévku _____ // přesolit polévku _____

pomluvit kolegu _____ // přemluvit kolegu _____

napsat úkol _____ // popsat úkol _____

dopadnout zloděje _____ // přepadnout zloděje _____

obout si boty _____ // zout si boty _____

najíst se _____ // přejíst se _____

nalít vodu _____ // vylít vodu _____

dolít trochu vody _____ // odlít trochu vody _____

přelít víno _____ // rozlít víno _____

spadnout dobře _____ // dopadnout dobře _____

odpustit všechno _____ // opustit všechno _____

udržet kufr _____ // podržet kufr _____

ztratit peníze _____ // utratit peníze _____

vydělat si peníze _____ // prodělat peníze _____

zrušit schůzi _____ // přerušit schůzi _____

vyrušit někoho _____ // vzrušit někoho _____

zařídit vše potřebné _____ // vyřídit vše potřebné _____

poradit příteli _____ // zradit přítele _____

smazat číslo _____ // rozmazat číslo _____

vychovat dítě _____ // schovat dítě _____

schválit zákon _____ // pochválit zákon _____

NE Z LÁSKY, ALE PRO LÁSKU

Juan: Včera jsem náhodou potkal nějakého Inda.

Hanna: No a?

Juan: A začali jsme si povídat, co kdo dělá, odkud jsme, jak dlouho jsme tady, jaké máme plány.

Hanna: Ty se taky s každým hned pustíš do řeči...

Juan: No počkej, neskákej mi do řeči! Zkrátka jsem tomu Indovi pověděl, že jsem se nedávno oženil...

Hanna: Mhm.

Juan: ... a on mi poblahopřál a představ si, že řekl, že se letos taky bude ženit.

Hanna: No, vida, to je ale náhoda.

Juan: On se na tebe sice neptal, ale mě zajímalo, koho si bere, jak dlouho jsou spolu, odkud je jeho holka, co dělá, jestli je taky v Praze...

Hanna: No a?

Juan: No a on mi řekl, že žádnou holku nemá!

Hanna: Počkej, rozuměl jsi mu dobře? Vždyť už je pomalu konec roku?! Jak mluvil česky?

Juan: Docela dobře, měl sice větší přízvuk než my dva dohromady...

Hanna: Hahaha, no vidíš!

Juan: Nebylo to ale žádné nedorozumění. Zkrátka, on je tady na nějaké stáži, a než se vrátí, rodiče mu seženou nevěstu.

Hanna: No, neblázni! To přece nemůže být pravda! Co když se mu nebude líbit, co když mu na ní bude něco vadit, co když si třeba nebude moct zvyknout, no co já vím, no třeba na její palec na noze.

Juan: No právě! Ne tak přímo, ale taky jsem se ho na to ptal. A on mi odpověděl: my se nebereme **proto, že** se milujeme, ale **proto, abychom** se milovali! Takže ne **z lásky**, ale **pro lásku**. Ne **protože** miluju, ale **kvůli tomu, že** chci milovat. Chápeš to? To je úžasné!

Hanna: Ale prosím tě, to přece nemůže fungovat, to je šílený, nechtěla bych být v jejich kůži.

Juan: Co ty víš, třeba to funguje, **jelikož** oni tomu věří. Lásce je také možné se naučit!

Hanna: Ale jdi ty, blázínku! Kdo tebe naučil milovat mě? A určitě bys mě nemiloval, kdyby ti někdo přikázal, že mě máš milovat. To je ale blbý! No, nechci vidět, jak to tam u nich vypadá za zavřenými dveřmi.

Juan: Chápej, to je jiná kultura. Ale vezmi si to, jak se na Západě všichni děsně milujou, a každé druhé manželství se potom rozvede.

Hanna: Miláčku, nech už toho mudrování. Doufám, že to naše bude to první a že nám to spolu dlouho vydrží!

Juan: To si piš, že jo!

▲ pustit se do řeči – *start talking*
skákat někomu do řeči – *interrupt sbd.*
vida = podívejme se
přece – Už je přece konec roku! *(všichni to přece víme, je to jasné)*
vždyť – Vždyť už je konec roku! = Přece!
pomalu = skoro
to je šílený *(coll.)* = to je bláznivé
to je blbý *(coll.)* = to je hloupé
Ale jdi ty!
blázen → blázínek *(dim.)*
vezmi si to = podívej

■ 16. Odpovězte:

Co zažil Juan?

_____

Co si myslí Hanna?

_____

Jak se na to dívá Juan?

_____

Co si myslíte o příběhu, který Juan vyprávěl Hanně?

_____

Myslíte si, že takové manželství má šanci na úspěch?

_____

Proč se dneska rozvádí tolik manželství?

_____

Čí je to vina? Kdo za to může?

_____

Co byste poradili manželům anebo partnerům v krizi?

_____

pád	*Prepozice + substantivum*		*Spojky + věta*	
PROČ? CO HO K TOMU VEDLO?				
Gen.	**z/ze**	nudy strachu vzteku zvědavosti	**protože** **jelikož** **poněvadž*** **neboť***	se nudí má strach je vzteklý je zvědavý
PROČ K NĚČEMU NE/DOŠLO?				
Gen.	**z důvodu*** **pro nedostatek*** *for want of*	nemoci informací	**protože** **jelikož**	je nemocný neměl informace
Dat.	**kvůli** **díky**	nemoci pomoci	**poněvadž** **díky tomu, že**	je nemocný mu pomohli
Ak.	**pro**	nemoc	**neboť**	je nemocný
	(Nudil se) (Měl strach) (Byl vzteklý) (Byl zvědavý)		**a proto** **a tedy** **takže / a tak** **a tudíž***	
PROČ SE TO STALO? PROČ NĚCO NASTALO?				
Gen.	**v důsledku*** *as a consequence of* **pod vlivem*** *under the influence of* **následkem*** *as a consequence of* **vinou*** *due to / owing to*	oteplování alkoholu nemoci řidiče	**protože** **jelikož** **poněvadž** **neboť**	se otepluje pil byl nemocný to zavinil řidič
Dat.	**vzhledem k*** *in view of*	nemoci	**vzhledem k tomu, že**	je nemocný
PROČ NĚKDO NĚCO DĚLÁ?				
Ak.	**pro**	potěšení radost	**proto, aby**	se potěšil měl radost
JAKÁ JE PŘÍČINA?				
Instr.	umírá, trpí **hladem/hlady; strachem/strachy, zimou, žízní…**			

>> *Compound prepositions* z důvodu, pro nedostatek, v důsledku, pod vlivem, vzhledem k *(as well as),* následkem (na následky) *and* vinou *are more typical for written language. The conjuctions* neboť *and* tudíž *have the same function.* Poněvadž *is perceived as slightly old-fashioned. (In the spoken language you can hear the condensed form* páč *from older speakers.)*

■ **17. Doplňte do vět předložky a dejte slova v závorce do správných tvarů:**

z, kvůli, pro, díky

Nejeli jsme na výlet _____ (špatné počasí). Obchod byl zavřený
_____ (nemoc). Juan a Hanna se brali _____ (láska). Tu práci jsem
udělal jen _____ (peníze). Podívám se ještě jednou _____
(jistota), jestli jsem vypnula troubu. Nemyslel to vážně, jen se rozzlobil a řekl jí to
_____ (vztek). Neměl jsem nic na práci a díval jsem se na ten film jen tak
_____ (dlouhá chvíle, nuda). Dokázal jsem to jen _____
(vy). Pohádali se _____ (taková maličkost). Pan prezident odstoupil
_____ (závažné důvody). Udělal to _____ (zoufalství). (pravda)
_____ se lidé nejvíc zlobí. Udělal chybu _____ (vlastní hloupost).
Proč se o to zajímáš, _____ (zvědavost), nebo jen tak _____
(zajímavost)?
Řekl to jen tak _____ (legrace), _____ (pobavení). Nechám ti na
něj kontakt _____ (případ), že budeš od něho něco potřebovat.
Nedělej si ze mě legraci, ja tady nejsem králíkům _____ (sranda)!

■ **18. Doplňte do vět předložky a dejte slova v závorce do správných tvarů:**

z důvodu, pro nedostatek

Spletl se _____ (zkušenosti). _____ (rekonstrukce
objektu) se ruší všechna představení. Přišel o práci _____ (časté pozdní
příchody). Stanice metra uzavřena _____ (výpadek proudu). Neobvinili ho
_____ (důkaz). Let byl zrušen _____ (špatné povětrnostní
podmínky).

v důsledku, pod vlivem, následkem / na následky, vinou, vzhledem k

Zavinil dopravní nehodu _____ alkoholu. Zemřel _____ (zranění).
_____ (globální oteplování) tajou ledovce. _____ (špatné pracovní
výsledky) pana ředitele nakonec odvolali. Mnozí lidé ztratili domov _____
(válečný konflikt). K dopravní nehodě došlo _____ (špatný
technický stav vozidla). Zemřel _____ (vážná nemoc). _____
(transformace podniku) mnozí lidé zůstali bez práce. České děti mají moc zubních kazů
_____ (rodiče).

■ **19. Modifikujte věty za použití jiné spojky:**

Protože / jelikož jsem byl nemocný, nejel jsem na výlet.
Byl jsem nemocný, a proto / a tak jsem nejel na výlet.

Neudělal jsem to, protože jsem tomu nerozuměl.

_____

Rozešli se, protože se pohádali.

_____

Vzali se, jelikož se měli rádi.

_____

Jelikož to není nic neobvyklého, nemusíš se kvůli tomu tak zlobit.

_____

Měla jsem špatnou náladu, protože mi nezavolal.

_____

Protože nám už nezbývá čas, uděláme to příště.

_____

■ **20. Modifikujte věty za použití jiné spojky:**

Nemohla jsem to udělat, protože / neboť jsem o tom nevěděla.
Nevěděla jsem o tom, a proto / a tudíž jsem to nemohla udělat.

Situace ve světě je špatná, neboť mimo jiné chybí výrazné politické osobnosti.

_____

Nechápal jsem závažnost problému, neboť jsem neměl potřebné informace.

_____

Dokázal to, neboť se nebál.

_____

Zvítězil, neboť byl nejlepší.

_____   _____

Umí to, neboť tomu věnoval hodně času.

_____

■ **21. Doplňte do vět předložky _k, na, pro, za_:**

----

k – _k čemu slouží_: povolení k pobytu = _k tomu, abych mohl někde pobývat/bydlet_
na – _na co je určeno_: peníze na nákup, nájem = _na co jsou peníze určeny (obecně)_
pro – _pro co/koho, v čí prospěch něco je_: dárek pro kamaráda
za – _za něco, co jsem udělal_: pokuta za parkování; _za co vydám peníze (konkrétně)_:
        peníze za nájem; boj za svobodu ← bojovat za něco

Kdy zaplatíš účet _____ plyn a elektřinu?

Ten dům je ____ prodej, není ____ pronájmu.

Bere léky ____ vysoký krevní tlak.

Stavíme domy ____ klíč. Nechám si ušít šaty ____ míru.

Týden je mimo republiku, nebude ____ dispozici.

Je to film ____ pokračování.

Nemáš něco zajímavého ____ čtení?

Zaplatil pokutu ____ jízdu načerno.

Opravujete tady boty ____ počkání?

Nůž není ____ hraní!

Četli jste pozorně návod ____ použití?

To přece byly peníze _____ jídlo a ty jsi je utratila ____ letenky!

Máte lístky ____ stání nebo ____ sezení?

Tento soubor si můžete stáhnout, je volně ____ stažení.

Tento měsíc nemám peníze ____ zaplacení bytu, chybí mi peníze ____ nájem.

Je tam přibalený létak ____ pacienty s návodem ____ použití toho léku ____ zácpu.

____ který film Jiří Menzel dostal Oskara?

Všichni hlasovali ____ tento zákon.

____ vraždu dostal doživotí.

PŮJČOVNA

Hanna si v půjčovně vypůjčila svatební šaty. Napřed si je zarezervovala, zaplatila zálohu 2000 korun.

ČISTÍRNA

V čistírně si nechala vyčistit kabátek. Spěchala, a proto si připlatila za expresní službu.

PRÁDELNA

Honza v bytě nemá pračku, odnesl si prádlo do prádelny.

KADEŘNICTVÍ A HOLIČSTVÍ

Před svatbou se Hanna a Hana objednaly u kadeřnice.
Hanna: Mohla byste mi obarvit vlasy, trochu je zkrátit, přistřihnout ofinu, vyfoukat a učesat.
Hana: Já potřebuju jen zkrátit o dva tři centimetry.
Juan se v holičství nechal ostříhat. (Odmítl se oholit, vousatí muži se Hanně líbí.)

KOSMETIKA

V kosmetickém salonu si Hanna nechala vyčistit pleť, nalíčili ji a nechala si upravit nehty: prodloužit a nalakovat.

OPRAVNA OBUVI

V opravně obuvi si Hana nechala udělat novou podrážku a podpatky.

▲   upravit = naaranžovat, udělat změny k lepšímu
opravit = odstranit nedostatek, závadu, učinit zase funkčním
upravený člověk (hezky vypadá) × opravené boty (už nemají závadu)
malovat (obraz + pokoj); líčit = popisovat (vylíčit, popsat nějaký děj);
namalovat se = nalíčit se

■ **22. Podívejte se na následující běžné situace ze života a řekněte, co uděláte:**

Co se může stát doma? Na co potřebujete opraváře, co zvládnete sami?

1. Doma nesvítí světlo. Čím by to mohlo být způsobeno?
   a) praskla žárovka
   b) došlo ke zkratu (máme vyhozené pojistky)
   c) je výpadek elektrického proudu

2. Nemohu odemknout zámek. Co se mohlo stát?
   a) mám špatný klíč
   b) klíč se zasekl v zámku
   c) někdo vyměnil zámek

3. Přístroje / domácí spotřebiče nefungujou:
   pračka nepere, myčka nemyje, žehlička nežehlí, mixér nemixuje, fén nesuší, televizor
   nemá obraz nebo zvuk, rádio nehraje, mobil se vypíná

4. Mám problémy s vodou:
   a) voda neteče
   b) kape kohoutek
   c) umyvadlo neodtéká / je ucpané
   d) záchod nesplachuje

Co uděláte?
1. vyměním žárovku, 2. pozvu elektrikáře, 3. zjistím závadu a přístroj opravím
sám/sama, 4. odnesu přístroj do opravny/servisu, 5. pozvu zámečníka, 6. pozvu
instalatéra, 7. nahodím pojistky, 8. počkám, 9. vyměním baterii, 10. vyčistím odpad,
11. vyhodím přístroj, 12 zavolám souseda, 13. rozpláču se, 14. nabiju baterii,
15. asi se zbláním, 16. nejspíš ztratím nervy a zpanikařím

▲   stroj – přístroj – nástroj
    přístroj nefunguje: má závadu / poruchu; je vadný / porouchaný/ rozbitý
    potřebovat – spotřebovat (zkonzumovat) – opotřebovat (používáním učinit
       nefunkčním)
    spotřebitel (konzument) – spotřebič (přístroj)

》   s-: končit/skončit
    !!! spotřebovat, spatřit = vidět; svědět – *to itch* !!!

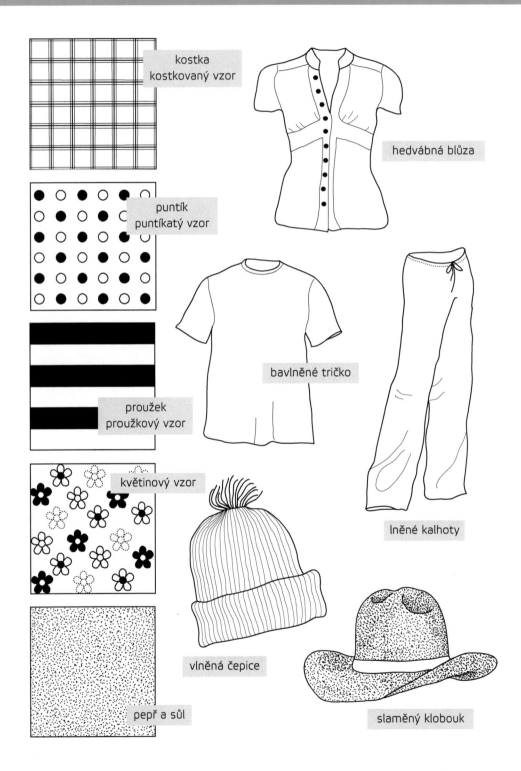

kostka
kostkovaný vzor

hedvábná blůza

puntík
puntíkatý vzor

proužek
proužkový vzor

bavlněné tričko

květinový vzor

lněné kalhoty

vlněná čepice

pepř a sůl

slaměný klobouk

bačkora (f)	slipper	kutálet se (2) (i.)	to roll, wheel
bdít (i.) (2)	be awakes	kůže (f)	skin; leather
blázen (m)	madman, silly per-	květináč (m)	flowerpot
	son	lakovat, na- (3) + A	to varnish
blbec (m)	nitwit, blockhead	ledovec (m)	glacier
blbý, -á, -é	stupid, daft	lepit / za- (2) + A	to glue, stick to-
dav (m)	crowd, mob		gether
děj (m)	action, plot	leták (m)	leaflet
děsně	gruesomely, too	líbánky (f pl.)	honeymoon
	much	líčit / vy- (2) + A	to depict, portray
dít se (i.) (4): děje se	to happen, go on	líčit / na- (se) (2)	to make up
dotknout se (4) +	to touch; offend	lidský, -á, -é	human
G + I		lít (4) (i.): leju + A	to pour
dosáhnout (p.) (4)	to reach	louže (f)	puddle, pool
drobnost (f)	trifle	mačkat / z- (2) + A	to crumple; to
druh (m), družka (f)	partner	(se)	press
družice (f)	artificial satellite	malovat (se) / na-;	to paint, (make up);
hádka (f)	quarrel	vy- (3) + A	decorate
hlasovat / od- (3) + A	to vote for	mazat / na- (4) +	to spread; oil
hnát: ženu (4) (se) (i.)	to drive, force	A + I	
hnát se (i.) (4) za + I	to rush, go after sth.	mazat / s- / vy- + A	to delate
hnout (se) (p.) (4)	to move, stir	minout (p.) (4) + A	to pass, pass by;
holičství (n)	barber's		miss
hostina (f)	feast	míra (f)	measure, degree
hypotéka (f)	mortgage	motýlek (m)	bow tie
chytit (p.) (2) + A	to grasp, catch	mudrování (n)	clever words
invaze (f)	invasion	nahradit (p.) (2) +	to replace, make up
jednak... (jednak)	partly, for one thing	A + I	
jednat (i.) (1) o + L	to negotiate	náladový, -á, -é	moody
s + I		napětí (n)	stress, tension
ježek (m)	hedgehog	náplast (f)	plaster
jistota (f)	certainty, security	nasadit (p.) (2) + A	to turn, put on
kabátek (m)	jacket	návod (m)	instructions, direc-
kadeřnictví (n)	hairdresser's		tion
kaz (m)	caries; defect	nedorozumění (n)	misunderstanding
klapat (4)	to click; work fine	(ne)důvěra (f)	(mis)trust
klesat / klesnout	to fall, descend	nehet, nehty (m)	nail
(1)/(4)		nejspíš	most likely, prob-
klopa (f)	lapel		ably
knoflík (m)	button	ne/spravedlivý, -á, -é	un/ fair, unjust
kohoutek (m)	water tap; cock	nevěsta (f)	bride
komár (m)	mosquito	nit, -i (f)	thread
konat se (i.) (1)	to take place	nutit / do- (2) + A k	to force, pressure
kousat (i.) (4) + A	to bite	+ D/ do + G	
králík (m)	rabbit	nutnost (f)	necessity
krize (f)	crisis	objevit se (p.) (2)	to appear, show up

obout se (p.) (4)	to put on shoes	poslanec (m)	MP
obřad (m)	ceremony	poškodit (p.) (2) + A	to damage, hurt
obřadní síň (f)	ceremonial hall	potvrdit (p) (2) + A	to confirm
obsah (m)	content(s)	povrch (m)	surface
obsáhnout (p.) (4) + A	to include, contain	pozvánka (f)	invitation card
		prádelna (f)	laundry
obvinit (p.) (2) + A z + G	to accuse	prach (m)	dust
		prasknout (p.) (4)	to crack, burst, blow
obzor (m)	horizon		
odemknout (p.) (4) + A	to unlock	probíhat (i.) (1)	be in progress, run up
odložit (p.) (2) + A	to put away; to postpone	prodělat (p.) (1) + A na + L	to lose money
odpad (m)	waste, waste pipe	prostor (m)	space
ofina (f)	fringe	propadnout (p.) (4)	fall through; fail
ochladit se (p.) (2)	to become colder	prospěch (m)	benefit, profit; grades
oplatit (p.) (2) + D-A	to repay		
opotřebovat (p.) (3) + A	to wear out / thin	proud (m)	stream, flow, current
		prožívat (i.) (1) + A	to live / go through
ostuda (f)	shame, infamy	průhledný, -á, -é	transparent
opustit (p.) (2) + A	to leave, abandon	předsudek (m)	prejudice
otočit (p.) (2) + I	to turn	přehnat (p.) (4) + A	to exaggerate
otřesně	appallingly	překonat (p.) (1) + A	to overcome
ovlivnit (p.) (2) + A + I	to influence	přemluvit (p.) (2) + A k + D	to persuade, coax
oznámení (n)	announcement		
padat (i.) (1)	to fall down	přeskočit (p.) (2) + (přes) A	to jump across
pecka (f)	stone (of a fruit)		
pevný, -á, é	firm, hard, solid	přesvědčit (p.) (2) + A o + L	to convince, persuade
pláč (m)	crying, weeping		
plomba (f)	filling	přežitek (m)	anachronism
plout / vy- (4): pluju	to float, sail; pull out	příběh (m)	story, tale
pobavení (n)	amusementt	příčina (f)	cause
podepsat se (p.) (4)	to put a signature	přijímač (m)	receiver
podlaha (f)	floor	přijmout (p.) (4) + A	to accept, admit (s.o.)
podnos (m)	tray	přiložit (p.) (2) + A	to attach, apply
podpis (m)	signature	přikázat (p.) (4) + D-A	to order, command
podpora (f)	support, grant		
podpořit (p.) (2) + A	to support	přiznat se (p.) (1) k + D	to plead guilty
podrážka (f)	sole		
podřídit se (p.) (2) + D	to subordinate oneself	přízvuk (m)	accent, stress
		půjčovna (f)	hire, rental
podstatný, -á, -é	essential, important	původně	originally
podvést (p.) (4) + A	to deceive, betray	pýcha (f)	pride
pohřeb (m)	funeral	rádoby	would-be
polovina (f)	half	revanšovat se (i.) (3) + D	to repay
porucha (f)	breakdown, failure		

rozbitý, -á, -é	broken, haywire
rozklepat se (p.) (1) + I	to start to shiver, tremble
rozpor (m)	contradiction
rozrušení (n)	upset, stress
roztáhnout (p.) (4) + A	to draw out, open up
rozvětvený, -á, -é	branched
řeč (f)	speech, talk
řešení (n)	solution, solving
řetízek (m)	chain
říznout se (p.) (4) + I	to cut oneself
sebrat (p.) (4) + A	to pick up; seize
shodit (p.) (2) + A	to throw down, drop
schválně	intentionally
schvalovat (3) / schválit (2) + A	to approve, confirm
skála (f)	rock
skutečný, -á, -é	real, true
služba (f)	service, favour
snášet / snést (2)/(4) + A	take down; tolerate, endure
snubní prstýnek (m)	wedding ring
soubor (m)	file; set, chorus
splachovat / spláchnout (3)/(4) + A	to flush
spolknout (p.) (4) + A	to swallow
spotřebitel (m)	consumer
spotřebovat (p.) (3) + A	to use up, consume
spravedlivý, -á, -é	fair-minded, equitable
stáhnout (p.) (4) + A	to draw away/ off
stáž (f)	work/study placement
stoupat / stoupnout (1)/(4)	to rise (up)
strkat (1) / strčit (2) + do G	to push, hustle
střecha (f)	roof
stříhat / o- (2) + A	to cut (hair, nails)
sval (m)	muscle
svědčit / do- (i.) (2)	to testify
svědek, svědkyně	witness, testifier
šílený, -á, -é	crazy

šlápnout (p.) (4) na + A	to step
šroub (m)	screw
šumivý, -á, -é	sparkling
tajně	secretly
tát / roz- (4): taje	to melt
téct (i.) (4): teče	to flow, run, stream
tisknout / vy- (4) + A	to print
tlak (m)	pressure
tlumit / z- (2) + A	to turn down
trapný, -á, -é	embarrassing
trefný, -á, -é	fitting, apt
trpět (i.) (2) + I	suffer, be grieving over
tušit (i.) (2) + A	to suspect, have an idea
ubližovat (3) / ublížit (2) + D + I	to harm, hurt, injure
ucpaný, -á, -é	to bunged up
uhradit (p.) (2) + A	to cover the expenses
uklonit se (p.) (2) + D	to bow
úkryt (m)	shelter
umožnit (p.) (2) + D–A	enable, allow, permit
umyvadlo (n)	washbasin
uniknout (p.) (4) + D	to escape, get away
urazit (se) (p.) (2)	to offend, (refl.); take offence at sbd.
určit (p.) (2) + A	to determinate
uschnout (p.) (4)	to dry off / out
uskutečnit (p.) (2) + A	to realize, accomplish
usměvavý, -á, -é	smiling
uspokojit (p.) (2) + A	to satisfy, fulfill
útočit, za- (2) na + A	to attack
utřít (p.) (4) + A	to clean, mop, dry
uvědomit si (p.) (2) + A	to realize
uvolnit se (p.) (2)	to loosen up
uzavřít (p.) (4) + A	to close, conclude, contract
území (n)	area, territory
váha (f)	weight, scale
váhat (i.) (1)	to hesitate

vázat / za- + A	to bind, tie up	zamknout (p.) (4) + A	to lock
vážit / z- (se) (2)	to weigh (oneself)	zamluvit si (p.) (2) + A	to book
věčně	eternally, all the time	zanikat (1) / zaniknout (4)	to go down, perish
vědomí (n)	mind, consciousness	zapadnout (p.) (4)	to fall behind/ down sth.
velbloud (m)	camel		
vesmír (m)	universe, cosmos	zápas (m)	match; fight
vězení (n)	jail	zapnout (p.) (4) + A	to turn on; do up, fasten
víko (n)	cover, lid		
vražda (f)	murder, killing	zařídit (p.) (2) + A	to organize, arrange
vraždit / za- (2) + A	to murder		
vstřícně	helpfully	zaseknout se (p.) (4)	to jam
vyčítat (p.) (1) + D–A	to blame sbd. for sth.	zácpa (f)	constipation
		zastřelit (p.) (2) + A	to shoot
výdělek (m)	earnings	závada (f)	defect
vydržet (2) (p. only) + A	to stand, endure	závažný, -á, -é	weighty, important
		závěs (m)	curtain, drapery
vyfoukat (p.) (1) + A	to dry with a hairdryer	zavinit (p.) (2) + A	to cause
		závoj (m)	veil
vyhodit (p.) (2) + A	to throw up / away	zavrtět (p.) (2) + I	to shake
vycházet (i.) (2) s + I	to get on	zažít (p.) (4) + A	to experience sth.
vyjadřovat / vyjádřit (3)/(2) + A	to express	zesilovat / zesílit (3)/(2) + A	to turn up, increase
výkonný, -á, -é	high-performance	zívat (i.) (1)	to yawn
vymknout si (p.) (4) + A	to dislocate, wrick	zjistit (p.) (2) + A	to find out
		zkrat (m)	short circuit (elect.)
vyplatit se (p.) (2) + D	to pay off	zloděj (m)	thief
		zlomit (si) (p.) (2) + A	to break, fracture
vyplynout (p.) (4) z + G	to follow, arise from	zmatek (m)	confusion, mess
		zmoknout (p.) (4)	get soaked/ drenched
vyrazit (p.) (2)	smash down, set out		
vytrhnout (p.) (4) + A	to pull out/ off	znemožnit (se) (2) (p.) + D–A	to make impossible, forbid, (discredite)
vyvinout (p.) (4) + A	to develop, make		
vzdálený, -á, -é	distant, faraway	zničení (n)	destroying
vznikat (1) / vzniknout (4)	to arise, emerge	zranit se (p.) (2) + I	to wound, injure
		zobrazit (p.) + A (se)	to depict, portray
vzpamatovat se (p.) (3) z + G	to recover, pull o.s. together	zoufalství (n)	desperation
		zout se (p.) (4)	to take off shoes
vztek (m)	anger, rage	způsobit (p.) (2) + D–A	to cause, induce
vždyť	surely, after all, do		
zabrat (p.) (4)	to occupy; take effect	zradit (p.) (2) + A	to betray
		zvědavost (f)	curiosity
zákon, -a (m)	law	zvednout (p.) (4) + A	to pick up, raise
zakopnout (p.) (4) o + A	to stumble	zvuk (m)	sound
		žárovka (f)	light bulb
záloha (f)	cash advance	ženich (m)	bridegroom

FRÁZE	PHRASES		
být králíkům pro srandu	to be just for fun	mimo jiné	apart from other things
brát něco na vědomí	to take into account	pro jistotu	just in case
dát někomu zabrat	to give sbd. a hard time	trest doživotí	lafe imprisonment
		šaty ušité na míru	tailored to fit
dělat z komára velblouda	to make a mountain out of a molehill	v poslední době / poslední dobou	lately/recently
		ve prospěch někoho	in favour of sbd.
držet spolu	to hang, stick together	výpadek proudu	power railure, blackout
lézt někomu na nervy	to get on sbd.'s nerves	z legrace	for a laugh
jezdit načerno	to battle the rattler (travel without paying)	Co to meleš?	What are you talking about?
		Je mu do pláče.	He feels like crying.
mít dlouhou chvíli	to be bored	Je mi to proti mysli.	I object to the idea.
přijít k sobě	to come to one's senses	Neklape nám to spolu.	Things aren't going well between us.
pustit se do řeči	to start talking	Nemá to cenu!	There is no point in it.
vyhodit pojistky / vyhozené pojistky	to blow a fuse (elect.)	Nepřijde mu to.	He doesn't realise it.
vyjít někomu vstříc	to oblige/ accommodate	Neublížil by ani kuřeti.	He wouldn't hurt a fly.
vyvést někoho z míry	disconcert, psych out sb.	Pro pravdu se lidi nejvíc zlobí.	There's nothing like the truth to get people angry.
		Tobě se to povídá!	Easy for you to say!
lístek k stání	standing-room ticket	To je síla!	That's something!
		To si piš, že jo!	Yes for sure.

JAK JE TO VLASTNĚ SPRÁVNĚ?

Hanna: Juane, mám otázku: proč se vlastně říká třeba **Mánesova ulice**, a ne Mánesová?

Juan: Protože to je posesivní adjektivum. Vyjadřuje, že něco někomu patří nebo **je pojmenováno** jako pocta někomu: nějaká instituce, škola, ale i ulice, náměstí, letiště, most, nádraží...

Hanna: A jaký je pak teda rozdíl mezi posesivním adjektivem a posesivním genitivem? Třeba když řeknu **studentův sešit** – je to správně?

Juan: Jo.

Hanna: A sešit studenta?

Juan: Když použiješ posesivní adjektivum – studentův sešit – máš na mysli jednoho konkrétního člověka, posesivní adjektivum tedy individualizuje. A genitiv generalizuje, myslíš to obecně, třeba sešit jakéhokoliv studenta.

Hanna: Jak mi ale potom vysvětlíš, že se říká **Karlovo náměstí**, ale proti tomu Václavské? No, teď se ukaž!

Juan: To je přece úplně jasné! Taky jsem to hned nevěděl a schválně jsem se pak na to zeptal jednoho historika a ten mi vysvětlil, že když se název skládá ze dvou slov, jako je například svatý Václav, nelze pak utvořit přivlastňovací, posesivní formu. Původně to tedy bylo Svatováclavské náměstí, pak se to zkrátilo na Václavské náměstí.

Hanna: No, no, ty seš ňákej chytrej. A už se přestaň vytahovat! Jak to všechno víš? A přestaň se mi smát! Už zase mě zlobíš!!

Juan: *(smích)* Já se ale nevytahuju! Nepřišel jsem na to sám! Taky je to jen domněnka... No a teď by ses správně, když už jsem si tě vzal, měla jmenovat Hanna Diazová! Stejně jako se říká paní Nováková, Součková a tak dál. To všechno byla původně posesivní adjektiva. Vyjadřovala, že dotyčná žena je majetek pana Nováka, Součka... Dobrý, ne? Co ty na to?

Hanna: Juaňáku protivnej, ty drzoune, to by se ti líbilo, co? Já jsem tvoje koťátko a pusinka a brouček, ale nebudu žádná -ová. A basta! A nebudu a nebudu! Ty taky nejsi Valtonenin Juan.

Juan: To by ještě scházelo! Tak už se nečerti. Nechám to na tobě, jo? Hlavní je, že už chápeš, proč se říká **Mánesova ulice** a že se máme rádi, ty **Juanův** mazlíčku...

Hanna: A co budeme dělat o víkendu?

Juan: Mám pro tebe překvapení! Víš, že se teď koná hudební festival Pražské jaro a já jsem sehnal lístky na tvoje oblíbené skladatele...

Hanna: Fakt?

Juan: Ano! Zítra večer v Rudolfinu v **Dvořákově síni** hrajou **Dvořákovu** symfonii Z mé vlasti a Sibelia.

Hanna: Jsi opravdu úžasný, pozorný, já, já... moc tě miluju, pojď sem, zasloužíš si pusu! *(Cmm)*

▲ pojmenovat = dát jméno – je pojmenováno *(pas.)*
   Mám na mysli = myslím
   Ukaž se! – *Turn out! / Show yourself!*
   přijít na něco – *to find out*
   seš ňákej chytrej *(coll.)* – jsi nějaký chytrý
   protivn**ej** *(coll.)* – protivný
   A basta! = A konec! / A dost!
   Tak se už nečertl! – Tak se už nezlob!
   kotě – koťátko, pusa – pusinka, brouk – brouček *(dim.)*
   mazlit se – *to caress, pet* → mazlík – mazlíček *(dim.)*
   dobrý *(coll.)* = v pořádku
   To by ještě scházelo! – *That's all we needed!*

■ 1. Odpovězte:

Čemu Hanna nerozumí?

_____

Uspokojuje ji Juanova odpověď?

_____

Jaký je rozdíl mezi posesivním adjektivem a posesivním genitivem?

_____

Proč neříkáme Václavovo náměstí?

_____

Jeden Juanův návrh se Hanně nelíbí. Který?

_____

Co si myslíte o příponě -ová? Odráží se v českých ženských příjmeních
skutečné vztahy v životě?

_____

Jaké má Juan pro Hannu překvapení?

_____

Už jste byli v pražském Rudolfinu?

_____

Jak jste vy spokojeni s Juanovým vysvětlením?

_____

KAREL		-ŮV		-OVO		-OVA	
sg.	to je	Karl**ův**	most / bratr	Karl**ovo**	náměstí	Karl**ova**	univerzit**a**
Gen.	vedle / od	Karl**ova**	most**u** / bratr**a**	Karl**ova**	náměstí	Karl**ovy**	univerzit**y**
Dat.	ke	Karl**ovu**	most**u** / bratr**ovi**	Karl**ovu**	náměstí	Karl**ově**	univerzit**ě**
Ak.	znám	Karl**ův** / Karl**ova**	most / bratr**a**	Karl**ovo**	náměstí	Karl**ovu**	univerzit**u**
Lok.	na / o	Karl**ově/u**	most**ě** / bratr**ovi**	Karl**ově/u**	náměstí	Karl**ově**	univerzit**ě**
Instr.	před / s	Karl**ovým**	most**em** / bratr**em**	Karl**ovým**	náměst**ím**	Karl**ovou**	univerzit**ou**

pl.	to jsou	**Mi. + F**	Karl**ovy**	Var**y**, vil**y**
		Ma.	Karl**ovi**	bratř**i**
		N	Karl**ova**	aut**a**
Gen.	z / od		krás**ných** Karl**ových**	Var**ů**/Var, vil / bratr**ů** / aut
Dat.	ke		krás**ným** Karl**ovým**	Var**ům**, vil**ám** / bratr**ům** / aut**ům**
Ak.	znám	**Mi. + F + Ma.**	Karl**ovy**	Var**y**, vil**y** / bratr**y**
		N	Karl**ova**	aut**a**
Lok.	v / o		krás**ných** Karl**ových**	Var**ech**, vil**ách** / bratr**ech** / aut**ech**
Instr.	před / s		krás**ými** Karl**ovými**	Var**y**, vil**ami** / bratr**y** / aut**y**

>> Karel →‖← → Karl**ův**, Karl**ova**, Karl**ovo**

BABIČKA		-IN		-INO		-INA	
sg.	to je	babiččin	dort	babiččino	údolí	babiččina	vnučka
			vnuk				
Gen.	bez	babiččina	dortu	babiččina	údolí	babiččiny	vnučky
			vnuka				
Dat.	k	babiččinu	dortu	babiččinu	údolí	babiččině	vnučce
			vnukovi				
Ak.	znám	babiččin	dort	babiččino	údolí	babiččinu	vnučku
		babiččina	vnuka				
Lok.	o	babiččině/u	dortu	babiččině/u	údolí	babiččině	vnučce
			vnukovi				
Instr.	s	babiččiným	dortem	babiččiným	údolím	babiččinou	vnučkou
			vnukem				

pl.	to jsou	**Mi. + F**	babiččiny	dorty, vily
		Ma.	babiččini	vnuci
		N	babiččina	auta
Gen.	z od		krásných babiččiných	dortů, vil vnuků aut
Dat.	ke		krásným babiččiným	dortům, vilám vnukům autům
Ak.	znám	**Mi. + F + Ma.**	babiččiny	dorty, vily vnuky
		N	babiččina	auta
Lok.	v o		krásných babiččiných	dortech, vilách vnucích autech
Instr.	před s		krásnými babiččinými	dorty, vilami vnuky auty

>> babička, Anička   -K- > -Č-   →   babiččin, Aniččin

sestra, Barbora   -R- > -Ř-   →   sestřin, Barbořin

Olga, Helga   -G-/-H- > -Ž-   →   Olžin, Helžin

macecha   -CH- > -Š-   →   macešin

>> *Possessive adjectives are not formed:*
1. from nouns of **neuter gender:** *hračka dítěte;* **2.** *from* **inanimate** *nouns:* konec lesa; **3.** *from* **feminine** *nouns ending in* **-ice, -yně:** *práce sestřenice,* kolegyně; **4.** *from* **animate nouns in plural:** *sešity studentů;* **5.** *from the* **name and surname together:** *Hrabalův román × román Bohumila Hrabala;* **6.** *from* **collective nouns** *such as lid, národ, rodina;* **7.** *from* **nouns with the** **shape of adjectives:** *vedoucí, cestující, vrátný;* **8.** *from* **names** *with* **adjective** *endings: Dobrovský, Nový – klíče Dobrovského, Nového, or from* **foreign** *names with endings that look like Czech adjectives:* René („*dobré*"), Matti („*třetí*"): pokoj Reného, Mattiho.

>> Jana Nováková a Jan Novák → rodina Nováková = Novákovi
Jana Malá a Jan Malý → rodina Malých
Jana Krejčí a Jan Krejčí → rodina Krejčích

■ 2. Utvořte posesivní adjektiva:

kamarád – byt _____	kamarádka – kluk _____
Petr – syn _____	Petra – slovník _____
Martin – bunda _____	Martina – šála _____
Honzík – cesta _____	Ivanka – knížka _____
John – auto _____	Helga – pero _____
Pavel – kamarádi _____	Pavla – přátelé _____
Mirek – děti _____	Mirka – děti _____
Tomáš – kalhoty _____	Janička – šaty _____
Slávek – předsevzetí _____	Barbora – přání _____

■ **3. Dejte jména *Karel, Jana, babička* do správných tvarů:**

Karel:

Mám ten dopis od _____ bratra. Sejdeme se vedle _____ mostu.

Půjdeš ke _____ bratrovi? Jdeme ke _____ mostu.

Mám rád _____ bratra. Mám rád _____ most.

Co si myslíš o _____ bratrovi? Socha se nachází na _____ mostě.

Rád mluvím s _____ bratrem. Mostecká ulice je za_____ mostem.

Mám zprávu od _____ dítěte. Je to blízko _____ náměstí.

Dárek dám _____ dítěti. Ulice vede ke _____ náměstí.

Těšíš se na _____ dítě? Díváš se na _____ náměstí?

Stýská se ti po _____ dítěti? Chodíš rád po _____ náměstí?

Jsem spokojený s _____ dítětem. Je to mezi _____ náměstím a Teskem.

Mám ten dopis od _____ sestry. Půjdeme do _____ ulice.

Půjdu ke _____ sestře. Je to směrem ke_____ ulici.

Zajímáš se o _____ sestru? Znáš _____ ulici?

Záleží ti na _____ sestře? Obchod je v _____ ulici.

Máme se rádi s _____ sestrou. Procházíme se _____ ulicí.

Jsme studenti _____ univerzity. Těšíme se na _____ univerzitu. Co si myslíte o _____ univerzitě? Jste spokojení s _____ univerzitou?

Pojedeme do krásných _____ Varů. Blížíme se k proslulým _____ Varům.

Máte rádi _____ Vary? Byli jste v starých _____ Varech? Teplá protéká starými _____ Vary.

Jana, babička:

Šli jsme tam bez _____ _____souhlasu. Ptali jsme se _____ _____ kamarádů.

Udělali jsme to k _____ _____úžasu. Půjdeme k _____ _____ příbuzným.

Těším se na _____ _____dort, _____ _____ kávu a _____ _____ palačinky.

Co si myslíš o _____ _____ novém účesu a _____ _____ nových šatech?

Nesouhlasím s _____ _____ názorem a nejsem spokojený s _____ _____ nápady.

■ **4. Z následujících osobních jmen utvořte posesivní adjektiva a přiřaďte je k názvům míst (jedná se o názvy pražských ulic, českých měst, institucí apod.):**

František, Karel, Hus, Neruda, Smetana, Čech, Mánes, Rašín, Rieger, Havlíček, Jirásek, Jindřich, Masaryk, Wilson, Dvořák

_____ ulice

_____ most

_____ pomník

_____ univerzita

_____ náměstí

_____ nábřeží

_____ sady

_____ lázně

_____ Vary

_____ Hradec

_____ Brod

_____ divadlo

_____ nádraží

_____ síň

■ **5. Dejte výrazy v závorkách do náležitého tvaru:**

Na Hrad můžete jít (Nerudova ulice) _____.

Šla se projít do (Riegrovy sady) _____.

Čeká ho na (Wilsonovo nádraží) _____.

Blíží se ke (Kennedyho letiště) _____.

Můžete vystoupit na (Rašínovo nábřeží) _____.

Je to prý kousek za (Karlův most) _____.

To patří k (prezidentova práva) _____.

Moc nerozuměl (profesorův výklad) _____.

Bez (kamarádova pomoc) _____ bych to asi neudělal.

Divila se (Lukášovo chování) _____.

Mluvili o (Janin referát) _____.

Sháněl (Kunderovy romány) _____.

Byla nadšena (Smetanovy opery i Dvořákova hudba) _____.

Velmi se jim líbilo v (Čapkovo muzeum) _____ na Strži.

Nerozumím (Mozartova hudba) _____. Není to moje krevní skupina.

■ **6. Řekněte, proč se v následujících větách nedá použít posesivní adjektivum:**

Návrh vedoucího se jim moc nelíbil.
Práce té tlumočnice byla velmi dobrá.
Román Jaroslava Haška je přeložen do řady jazyků.
Svíčková naší maminky je nejlepší.
Rušila ho přítomnost kolegyně.
To jsou věci zahraničních studentů.
Přišli až na konec mostu.
Studuje v Ústí nad Labem na Univerzitě J. E. Purkyně, nebo na Univerzitě Jana Ámose Komenského?

■ **7. Řekněte, jaký je rozdíl mezi vyjádřeními, a užijte je ve větách:**

hercova role × role herce

_____

_____

učitelův plat × plat učitele

_____

_____

rada otce × otcova rada

_____

_____

dres hráče × hráčův dres

_____

_____

■ **8. Uveďte název rodiny:**

pan Smetana a paní Smetanová _____
pan Svoboda a paní Svobodová _____
pan Malich a paní Malichová _____
pan Starý a paní Stará _____
pan Novotný a paní Novotná _____
pan Havel a paní Havlová _____
pan Kočí a paní Kočí _____
pan Šerých a paní Šerých _____

■ **9. Z následujících jmen utvořte přivlastňovací adjektiva a spojte je se slovy v ustálená spojení:**

Achilles _____	Pyrrhos _____	Archimédes _____
Pythagoras _____	Pandora _____	Kristus _____
Noe _____	Libuše _____	Sysifos _____
Pythie _____	Rubik _____	Parkinson _____
Damokles _____	Tantalos _____	Beneš _____

archa, dekrety, kostka, léta, meč, muka, nemoc, pata, práce, proroctví (věštba), skřínka, věta, vítězství, zákon

■ **10. Vysvětlete význam výše uvedených spojení a doplňte některá z nich do vět:**

Znám jeho slabé místo, vím, kde je jeho _____.

Situace je moc nebezpečná, nad námi visí _____.

Moc se trápí, zažívá pravá _____.

To bylo špatné politické rozhodnutí, tím se otevřela _____ a země je teď na pokraji občanské války.

Je to moc těžká mravenčí práce. Je to těžká, každodenní _____.

Skládání _____ je dobrý trénink na mozek.

Už mu bylo 33 let, už je v _____.

Pamatuješ si ještě ze školy _____ a _____? Když mluvíme o založení Prahy, mluvíme taky o tom, že se splnilo _____.

Na konci druhé světové války dokumentem _____ bylo schváleno vyvlastnění a odsun Němců z území tehdejšího Československa.

Onemocněl _____.

▲ Když se moc něčemu divíme a vůbec tomu nerozumíme, říkáme: Jsem jako v Jiříkově vidění.

Pověst o Libuši

Již dlouho **se traduje**, že ve starých dobách v českých zemích panovala mýtická kněžna Libuše, která si za manžela vzala Přemysla Oráče, zakladatele české dynastie Přemyslovců. Příběh Libuše a Přemysla **je popsán** v Kosmově kronice z počátku 12. století.

Libuše uměla předpovídat budoucnost. Na svém hradě Libušíně (dle pozdějších legend Vyšehradě) měla jednoho dne <u>vidění</u>:

„Tak daleko, kam **se dojde** za jeden den, je v lese místo, které **je rozděleno** roklí. Na jižní straně je vysoká hora a ta **se snižuje** k veliké řece. Tam když přijdete, najdete muže, jak vyrábí ze dřeva práh. Podle tohoto prahu pojmenujte toto místo Praha. I knížata a lidé silní jako lvi se sklánějí ve dveřích, aby do nich nenarazili hlavou, stejně mocný bude i hrad, který **se tam postaví**. I jemu se budou klanět králové. Tento hrad bude první a největší v naší zemi a všechny ostatní hrady k němu budou vzhlížet, protože tam bude sídlo králů. I město, jež vznikne okolo tohoto hradu, bude pýchou našeho národa. Vidím město veliké, jehož sláva se bude dotýkat hvězd."

Libušino proroctví o <u>založení</u> Prahy **se splnilo**.

■ **11. Odpovězte:**

Kdo je podle staré české pověsti Libuše?
_____

Koho si Libuše vzala za muže?
_____

Která česká kronika popisuje tento příběh?
_____

Jakou vlastnost měla Libuše?
_____

Jaké měla Libuše vidění?
_____

Z čeho je odvozen název města Praha?
_____

Splnilo se Libušino proroctví?
_____

▲   jehož – *whose*

>> existuje tradice → **traduje se**
dojít → dá se dojít → **dojde se**
nízký → snižovat → **snižuje se**
postavit hrad → **hrad se postaví**
splnit proroctví → **proroctví se splní**
popsat příběh → <u>**příběh je popsán**</u>
rozdělit místo → <u>**místo je rozděleno**</u>

---

1. REXLEXIVNÍ/ZVRATNÉ PASIVUM (THE REFLEXIVE PASSIVE VOICE)

Present tense + se

mluvit – mluví se, mluvilo se, bude se mluvit, mluvilo by se

>> *expresses a process (imperfective verbs are used most frequently)*
>> *can not be formed from verbs that exist only in reflexive form, e.g. bát se, dívat se etc.*
>> *if the context is not sufficient, it can be difficult to interpret the sentence: Děti se v táboře myjí každý den. – (jsou myty, nebo se myjí samy?)*
>> *the agent can not be expressed: Ten text se přeložil docela rychle. (nevíme, kdo to udělal)*

2. OPISNÉ PASIVUM (THE COMPOUND PASSIVE VOICE)

„být" + passive partciple

psát – (zpráva) je / bude / byla / byla by psána; (zprávy) jsou / budou / byly / byly by psány

>> *expresses a result (perfective verbs are used most frequently)*
>> *the agent can be expressed:*

KDO – Nom.	*active*	*CO – Ak.*
Dobrý překladatel	přeloží	tu knihu.
CO – Nom.	*passive*	*KÝM – Instr.*
Ta kniha	bude přeložena	dobrým překladatelem.

inf. min. č. -~~AT~~ : -~~AL~~	Co? (patiens) sg.	opisné pasivum sg. být + -án/-ána/-áno		Co? pl.	opisné pasivum pl. být + -áni/-ány/-ána		Kým? (agens)
PSÁT	úkol		psán	úkoly		psány	studentem
	zpráva	je / bude / byl/a/o	psána	zprávy	jsou / budou / byly/a	psány	novinářem
	dílo		psáno	díla		psána	autorem
OPEROVAT	já	jsem / budu / jsem byl/a	operován/a	my	jsme / budeme / jsme byli/y	operováni/y	operatérem
	ty	jsi / budeš / jsi byl/a	operován/a	vy	jste / budete / jste byli/y	operováni/y	chiruržkou
	chlapec	byl	operován	chlapci	byli	operováni	chirurgem
	dívka	byla	operována	dívky	byly	operovány	lékařem
	štěně	bylo	operováno	štěňata	byla	operována	veterinářem

181

inf.	part. min.	part. pas.	Příklady	
-et/-ět	-el/-ěl	-en/-ěn	slyšet – slyšel – slyšen, vidět – viděl – viděn	
-it/-ít	-il	-en/-ěn	přeložit – přeložil – přeložen, pokřtít – pokřtil – pokřtěn	
-it				**ALE!**
	ď → z		probudit: probuzen narodit: narozen chladit: chlazen	dědit: děděn ladit: laděn
	zd → žď		zpozdit se: zpožděn	brzdit: brzděn
	ť → c		nutit: nucen ztratit: ztracen hodnotit: hodnocen	uctít: uctěn
	s → š		pověsit: pověšen	spasit: spasen
	z → ž		zkazit: zkažen	odcizit: odcizen
	st → šť		pojistit: pojištěn	přemístit: přemístěn
-K*-nout	-K-l (-K-nul)	-K-en		
	k → č ch → š h → ž sk → šť		obléknout: oblečen, zatknout: zatčen nadchnout: nadšen stáhnout: stažen, navrhnout: navržen tisknout: tištěn (kniha)	
-K-nout + -V*-nout	-K-nul -K-l	-K-nut -K-nut	tisknout: tisknut (ruka) obléknout: obléknut	
	-ou → -u-		rozhodnout: rozhodnut prominout: prominut	
-K-t	-K-l	-K-en	nést: nesen	
	c → č -í- → -e-		péct: pečen říct: řečen, sníst: snězen	
-ít/-ýt	-il/-yl	-it/yt	*bít – bit, krýt – kryt, mýt – myt*	
-ít	-al	-at	*začít – začat, vzít – vzat*	
-nout	-ul	-ut	*prominout – prominut*	
-jmout	-jal	-jat	*přijmout – přijat, dojmout – dojat, (pro)najmout – (pro)najat*	

* K = konsonant (-knout, -chnout, -hnout...; -ct); V = vokál

›

aktivum	reflexivní pasivum	opisné pasivum
Petr napsal **knihu**.		**Kniha** byla napsána Petrem.
Petr mluvil **o literatuře**.	**O literatuře** se mluvilo.	**O literatuře bylo mluveno**.
Petr zapomněl dopis, knihu a pero.		Dopis byl zapomenut. Kniha byla zapomenuta. Pero bylo zapomenuto. (Petrem)
Petr zapomněl **na dopis**, **na knihu** a **na pero**.	**Na dopis**, **na knihu** a **na pero** se zapomnělo.	**Na dopis bylo zapomenuto**, **na knihu bylo zapomenuto** a **na pero bylo zapomenuto**. (Petrem)

› *The compound passive voice is used in high literary style. In spoken language it is replaced by the verbal adjective:*

Dopis by**l** naps**án** → by**l** napsa**ný** čitelně.
Kníž**ka** by**la napsána** → by**la** napsa**ná** srozumitelně.
Cvičení by**lo** naps**áno** → by**lo** napsa**né** celé.

Studen**ti** by**li** naps**áni** → by**li** napsa**ní** abecedně.
Student**ky** **byly** naps**ány** → by**ly** napsa**né** podle kurzů.
Písme**na** by**la** naps**ána** → by**la** napsa**ná** nečitelně.

▲ Změna programu vyhrazena / Všechna práva vyhrazena – *All rights reserved*
Obsazeno.
Pro nemoc zavřeno.
Vyrobeno / Zhotoveno v ČR.
Kouření zakázáno!
Hotovo.
Vjezd povolen.
narozen(a)
Co je psáno, to je dáno. – *The written word/letter remains/endures.*

Svatá Ludmila († 921)
„Babička svatého Václava"

Svatá Ludmila, babička svatého Václava, je osobností spjatou s první fází šíření křesťanství v českých zemích. Sňatkem Ludmily s knížetem českého kmene Bořivojem je pak zahájen proces sjednocování jednotlivých kmenů na českém území v jeden celek. Ludmila a Bořivoj byli pokřtěni arcibiskupem Metodějem, někdy mezi lety 882–884. České země v době Ludmilině však ještě zůstávají pohanské.

Historická úloha svaté Ludmily nastává, když 13. února roku 921 umírá ve věku 33 let její mladší syn Vratislav I. Knížetem se pak stává syn Vratislava I. a Drahomíry, svatý Václav, v té době asi patnáctiletý. Pro svůj nízký věk musí Václav až do své dospělosti přenechat vládu své matce a regentce v jedné osobě, Drahomíře.

Ludmila svého vnuka vychovává v duchu křesťanské tradice. Je možné, že se její snaše Drahomíře právě toto nelíbí, anebo jednoduše sama touží po moci. Nařídí svým sluhům, aby Ludmilu zavraždili: 16. září Ludmila byla zardoušena závojem. Když se (snad) roku 924 Václav ujímá vlády, nechává Ludmilino tělo přenést do chrámu svatého Jiří na Pražském hradě, který byl založen jeho otcem Vratislavem. K pietnímu uložení Ludmiliných ostatků dochází 10. listopadu 926 a od této chvíle je Ludmila považována za světici.

▲   široký → šířit → šíření
zahájit = začít – proces je zahájen
jeden → sjednocovat → sjednocování
křest → pokřtít – byli pokřtěni
zardousit – *to strangle* – byla zardoušena
ujímá se vlády = začíná vládnout
založit – byl založen
uložit = dát někam → uložení (umístění)

Svatý Václav (? 907 – 28. 9. 929/935)
„Světec a patron českých zemí"

Svatý Václav, jeden z patronů českých zemí, přemyslovský kníže, byl v dětství vychováván svojí babičkou, Ludmilou na hradě Tetín.

Václavova vláda již od počátku byla charakterizována jeho podporou křesťanské církve a dalším upevňováním moci Přemyslovců nad českými zeměmi.

V roce 929 byl kníže Václav poražen římským králem, Jindřichem I. a byl nucen se mu poddat.

Nedlouho poté **kníže Václav** založil na Pražském hradě kostel svatého Víta – část ostatků tohoto světce Václav získal právě od Jindřicha.

Jeho mladšímu bratrovi Boleslavovi, který toužil po moci, se nelíbil Václavův politicko--náboženský směr a jeho orientace na Sasko. Boleslav totiž preferoval Bavorsko.

Tak vznikl bratrský konflikt, který byl ve všech pozdějších pramenech vylíčen jako konflikt velmi osobní. Vyvrcholí pozváním Václava na svěcení kostela do města Boleslav, kde pak byl tento český kníže ráno 28. září 935 (starší literatura uvádí rok 929) zavražděn.

Hned na to Boleslav obsadil se svou družinou Pražský hrad a stal se knížetem – záhy dal převézt Václavovy ostatky do nového chrámu svatého Víta na Pražském hradě, kde jsou ve Svatováclavské kapli uloženy dodnes.

Od 10. století je kníže Václav uctíván jako světec, nejprve v Čechách, později i v sousedních zemích. Jeho život a mučednická smrt jsou zpracovány v mnoha legendách. Od druhé poloviny 11. století je svatý Václav chápán jako nebeský vládce a ochránce českého státu, čeští panovníci jsou jen jeho dočasní zástupci.

Od dob Karla IV. se symbolem českého státu stává svatováclavská koruna, jíž jsou podřízeny jednotlivé země koruny české.

Ve středověku se píseň *„Svatý Václave, vévodo české země"* stává hymnou českých zemí.

I v dnešní době se o svatém Václavovi mluví s úctou a vděkem.

▲   pevný → upevňovat → upevňování
    poté *(lit.)* = potom
    světit kostel → svěcení
    záhy *(lit.)* = brzy na to
    jíž *(lit.)*= které *(viz víc v lekci 19)*

■ **12. Vyberte správné odpovědi (někdy je jich víc):**

1. Křesťanství se v českých zemích začalo šířit
  a) v 8. století   b) v 9. století   c) v 10. století

2. Ludmilin mladší syn se jmenoval
  a) Vratislav   b) Drahomír   c) Bořivoj

3. Václav se stal knížetem
  a) v 13 letech   b) v 15 letech   c) po dosažení plnoletosti

4. Drahomíra byla Ludmilina
  a) vnučka   b) tchýně   c) snacha

5. Vztahy mezi Ludmilou a Drahomírou byly
  a) uspokojivé   b) dobré   c) napjaté

6. Ludmila byla zavražděna
  a) Drahomírou   b) sluhy   c) neznámými útočníky

7. Ludmila byla kanonizována
  a) hned po své smrti   b) v 10. století   c) ve středověku

8. Kníže Václav je vychováván svou babičkou, protože
  a) byl sirotek   b) neměl otce   c) matka na něj neměla čas

9. Kníže Václav v bitvě s římským králem Jindřichem
  a) vyhrál   b) prohrál   c) byl zraněn

10. Kostel sv. Víta na Pražském hradě byl založen
  a) Vratislavem I.   b) sv.Václavem   c) knížetem Bořivojem

11. Konflikt mezi Boleslavem a Václavem vznikl
  a) ze závisti   b) z touhy po moci   c) z politických důvodů

12. Jejich konflikt vyvrcholil
  a) vraždou   b) prudkou hádkou   c) rvačkou

13. Kníže Václav byl zavražděn
  a) Boleslavem   b) v Boleslavi   c) na cestách

14. Václavovy ostatky jsou uloženy
  a) v bazilice sv. Jiří   b) v chrámu sv. Víta   c) v kostele v Boleslavi

15. Svatý Václav je
  a) ochránce státu   b) zástupce králů   c) nebeský vládce

16. „Svatý Václave, nedej zahynouti nám ni budoucím" jsou slova
  a) básně   b) písně   c) modlitby

■ 13. Dejte do opisného trpného rodu:

Příběh Libuše popsali staří čeští kronikáři.

_____

Ludmilu pokřtil arcibiskup Metoděj.

_____

Svatou Ludmilu zardousili na příkaz její snachy Drahomíry.

_____

Její ostatky uložili do chrámu svatého Jiří.

_____

Bořivoj zahájil proces sjednocování českých kmenů.

_____

Václavův otec Vratislav založil kostel svatého Jiří na Pražském hradě.

_____

Od 10. století považujeme Ludmilu za světici.

_____

Svatého Václava vychovávala jeho babička Ludmila.

_____

Římský král Jindřich I. porazil knížete Václava.

_____

Donutil knížete Václava poddat se mu.

_____

Historici v historických pramenech vylíčili konflikt mezi dvěma bratry.

_____

Knížete Václava zavraždili v Boleslavi.

_____

Jeho ostatky uložili do Svatováclavské kaple.

_____

Knížete Václava uctíváme jako světce.

_____

V mnoha legendách kronikáři zpracovali jeho život a mučednickou smrt.

_____

Od 11. století chápeme svatého Václava jako ochránce českého státu.

_____

České panovníky chápeme jako jeho dočasné zástupce.

_____

■ **14. Dejte do reflexivního pasiva:**

Mluvili o starých českých legendách. _____

Stavěli nové domy. _____

Často jezdili na chaty. _____

Dlouho diskutovali o politice. _____

Kdysi tady vařili výborně. _____

V této továrně už nic nevyrábějí. _____

Zavřou staré doly. _____

Úrokové sazby snižují. _____

Ceny trochu zvýšili. _____

Přednášejí taky v angličtině. _____

■ **15. Nahraďte reflexivní pasivum aktivem:**

Jak **se žije** v České republice? – Jak **(lidé) žijí** v České republice?

V Česku se žije dobře. _____

Hodně se pije pivo. _____

Jí se hodně masa. _____

Hodně se jedí tučná jídla. _____

Hodně se sportuje a cestuje. _____

Hodně se poslouchá klasická hudba. _____

Často se chodí na koncerty. _____

Hodně se jezdí na chaty a chalupy. _____

Příliš se pracuje. _____

Hodně se nakupuje a utrácí. _____

Málo se šetří. _____

Na dálnicích se jezdí moc rychle. _____

Příliš se pospíchá. _____

Rodí se míň dětí než dřív. Ženy _____

Málo se chodí do kostela. _____

Míň se čte než dřív. _____

Hodně se nadává na starý režim. _____

Vypráví se míň vtipů než dřív. _____

Míň se odpočívá než dřív. _____

Víc se jedí saláty a čerstvá zelenina. _____

Víc se cestuje do exotických krajů. _____

Staví se luxusní byty a vily. _____

Obecně se žije líp a déle než dřív. _____

■ **16. Nahraďte zvýrazněná slova zvratným pasivem:**

Jak lidé žili v Čechách za socialismu? – Jak se žilo v Čechách za socialismu?

ne/jde, ne/šlo (koupit) → ne/dá se, ne/dalo se; je/není/nebylo možno (koupit)
lidé nežili → nežilo se; lidé **stavěli** <u>domy</u> → domy se stavěly

V Čechách za totality __ _____ **lidé nežili** lehce. **Lidi** málo __ _____ **cestovali**, do západní Evropy __ _____ **nešlo** cestovat bez zvláštního povolení, a proto ___ **lidi** hodně _____ a _____ **stavěli a kupovali** <u>chaty</u> a <u>chalupy</u>, _____ __ **jezdili** tam každý víkend, hodně __ tam _____ **sportovali**, _____ __ **vařili** tam <u>oblíbená jídla</u>, _____ __ **opékali** <u>klobásy</u>, ____ __ **pili** <u>pivo</u> a _____ __ **zpívali**.
Na veřejnosti ___ _____ **nemluvili** svobodně, a proto __ hodně _____ **vyprávěli** <u>vtipy</u> o politicích a o režimu. **Lidi žili** _____ _____ <u>dva životy</u>: jeden veřejný a druhý soukromý.
Lidi v té době ___ hodně _____ **četli**, přestože __ některé <u>knížky</u> _____ **nešlo** sehnat. <u>Knížky</u> zakázaných autorů __ _____ **vydávali** doma, v tzv. samizdatu, tyto <u>knížky</u> __ _____ **přepisovali** na psacím stroji a <u>kopie</u> __ pak _____ **půjčovali** kamarádům. <u>Knížky</u> vydané v exilových nakladatelstvích __ tajně _____ **převáželi** přes hranice, takže obecně __ v té době _____ **lidi četli** mnohem víc než dnes.
Některé potraviny __ _____ **nešlo** koupit denně, protože __ _____ <u>je</u> **prodávali** jen v omezeném počtu, anebo jen před svátky, a proto __ **lidi** někdy _____ **stáli** na tyto potraviny i několikahodinové <u>fronty</u>. Hodně času **lidi trávili** __ _____ s kamarády, ____ __ **rodili** hodně dětí, **všichni** tenkrát __ _____ **museli** povinně chodit do práce, ale v práci ___ často málo _____ **pracovali**, během pracovní doby __ **lidi** totiž _____ **chodili** po nákupech, protože by __ po pracovní době některé <u>potraviny</u> už _____ **nesehnali**.
Taková běžná rekonstrukce koupelny, dejme tomu, to byl tehdy téměř nadlidský výkon. **Lidi** dlouhé týdny __ _____ **chodili** po obchodech, _____ __ **sháněli** základní <u>materiál</u> a nakonec __ většinou _____ **nesehnali** to, co __ původně _____ **chtěli**, ale jen to, co ___ v obchodě _____ **nabízeli**.
Náš současný filozof Václav Bělohradský jednou řekl, že ___ za totality mnoho věcí _____ **nešlo** říct otevřeně, ale **lidi** všechno __ _____ **poslouchali** s otevřenou myslí. Dnes ___ všechno **jde** ____ říct otevřeně, ale málo z toho __ **lidi** opravdu _____ **poslouchají** a ještě míň ___ opravdu _____ **slyší**.

■ **17. Dejte do plurálu:**

Starý dům byl zbourán a byl postaven nový. _____

Knížka byla napsána v angličtině. _____

Byl přijat na vysokou školu. _____

Jméno přijatého studenta bude vyvěšeno. _____

Pokuta za rychlou jízdu byla zaplacena. _____

Byl pozván na recepci. _____

Ten autor nám byl doporučen. _____

Kuře bylo málo upečeno. _____

Účet bude uhrazen včas. _____

Byl nadšen touto nabídkou. _____

Jsem překvapena tím, co říkáte. _____

Byl jsi včas upozorněn na to nebezpečí. _____

Teorie byla ověřena v praxi. _____

Tento soubor byl stažen z internetu. _____

■ **18. Dejte do opisného pasiva:**

Nehoda
Po nehodě zraněnému hned **poskytli** první pomoc, **přivolali** sanitku, zraněného rychle **převezli** do nemocnice, tam ho **operoval** nejlepší chirurg a to mu zřejmě **zachránilo** život.

Krádež
Policie **dopadla** zloděje na místě činu, hned ho **zatkla** a **vzala** do vyšetřovací vazby. Brzy **zahájí** trestní řízení, zřejmě ho **obviní** z krádeže a nejspíš mu **uloží** trest odnětí svobody ve výši pěti let.

Bankovní loupež
Neznámý lupič z banky **odcizil** 5 milionů korun. Policie již **zahájila** rozsáhlé pátrání po pachateli tohoto závažného trestného činu.

inf.	part. min.	part. pas.	verb. subst.	verb. adj.	Příklady
-at	-al	-án	-ání	-aný	vydal / vydán / vydání / vydaný
-át	-ál	-án	-ání		přál / přán / přání / –
-át	-ál	-án	-aní	-aný	hrál / hrán / hraní (zahrání) / hraný
-át	-al	-án	-aní	-aný	psal / psán / psaní (napsání) / psaný
-et /	-el /	-en /	-ení/	-ený /	bydlel / za/bydlen / bydlení / za/bydlený
-ět	-ěl	-ěn	-ění	-ěný	viděl / viděn / vidění / viděný
-it /	-il	-en /	-ení /	-ený /	přeložil / přeložen / přeložení / přeložený
-ít		-ěn	-ění	-ěný	pokřtil / pokřtěn / pokřtění / pokřtěný
-ít /	-il /	-it /	-ití /	-itý /	bil / bit / bití / bitý
-ýt	-yl	-yt	-ytí	-ytý	kryl / kryt / krytí / krytý
	-el	-et	-etí	-etý	mlel / mlet / mletí / mletý
-ít	-al	-at	-etí	-atý	začal / začat / začetí / začatý
-jmout	-jal	-jat	-etí	-atý	přijal / přijat / přijetí / přijatý
			-jmutí		(pro)najal / pronajat / pronajmutí / pronajatý

>> Vydali knížku. Knížka **je vydána**. Je to první **vydání**. **Vydaná** knížka je k dostání v knihkupectví.
Pronajal jsem si byt. Byt **byl pronajat**. Byt nabízeli **k pronajmutí**. Jsem spokojený s **pronajatým** bytem.

▲ být k dostání = je možné něco koupit

inf.		verb. subst.	verb. adj.	ALE!
-it	Ď → Z	probuzení	probuzený	
		narození	narozený	děděn – děděný
		chlazení	chlazený	laděn – laděný
	ZD → ŽĎ	zpoždění	zpožděný	brzděn – brzděný
	Ť → C	nucení	nucený	ucttěn – ucttěný
		ztracení	ztracený	
	S → Š	pověšení	pověšený	spasení – spasený
	Z → Ž	zkažení	zkažený	odcizení – odcizený
		ohrožení	ohrožený	
	ST → ŠŤ	pojištění	pojištěný	přemístění – přemístěný
-K-nout	K → Č	oblečení, zatčení	oblečený, zatčený	
	CH → Š	nadšení	nadšený	
	H → Ž	stažení	stažený	
	SK → ŠŤ	tištění (kniha)	tištěný	
+		tisknutí (ruka)	tisknutý	
	-ou- → -u-	rozhodnutí	rozhodnutý	
-K-t		vedení	vedený	
	C → Č	pečení	pečený	

Imp. verbum → proces		Perf. verbum → výsledek	
přesvědčovat	dlouhé přesvědčování	přesvědčit	pevné přesvědčení
rozhodovat	složité rozhodování	rozhodnout	konečné rozhodnutí
vysvětlovat	zdlouhavé vysvětlování	vysvětlit	jednoduché vysvětlení
vyšetřovat	vyšetřování vraždy	vyšetřit	vyšetření u doktora
vzdělávat	celoživotní vzdělávání	vzdělat	mít vysokoškolské vzdělání

■ **19. Utvořte ze sloves v závorce verbální substantiva a doplňte je do vět:**

Máte doma ústřední (topit) _____? Dáte si něco k (pít) _____? Půjdeme na to (představit) _____? Lístky jsou drahé, koupíme si lístky k (stát) _____. Doufám, že lístky ještě budou k (dostat) _____. Koncert poslouchali s (nadchnout) _____. Bylo to příjemné (překvapit) _____. Je ve městě něco zajímavého k (vidět) _____? Dostali (pozvat) _____ na svatbu. Hana zažila velké (zklamat) _____. Rozejít se s Honzou bylo pro ni těžké (rozhodnout) _____ Honza už taky neměl (pochopit) _____ pro její změny nálad. Juan si myslí, že jde jen o (nedorozumět) _____. Ten příklad uvádím jen pro (srovnat) _____. Máš něco zajímavého ke _____ (číst)?

Globální (oteplovat se) _____ bohužel pokračuje, přestože to někteří politici odmítají připustit. Může za to naše (chovat se) _____, velké (znečistit) _____ a (zamořit) _____ ovzduší. (Tát) _____ ledovců je prvním (varovat)_____, že musíme něco udělat.

Je to věřící člověk, anebo je bez (vyznat) _____? Jak dopadlo včerejší (utkat se) _____ mezi Spartou a Slavií? Umíš si představit (vytrhnout) _____ zubu bez místního (umrtvit) _____? Potřebuju rychle opravit boty, nevíš, kde to dělají na (počkat) _____?

Kvůli hrozícím teroristickým útokům došlo k dalšímu (posílit) _____ bezpečnostních (opatřit) _____ na mezinárodních letištích.

Po (zadržet a zatknout) _____ pachatele policie vznesla (obvinit) _____ kvůli důvodnému (podezírat) _____, že došlo k vážnému (porušit) _____ zákona. (Vyšetřovat) _____ této události bylo hned zahájeno. Jsem si jista, že pravda vyjde najevo, je to moje hluboké (přesvědčit) _____.

»   dostat → k dostání: Je k dostání = dá se koupit
     mít → k mání: Je k mání = dá se sehnat
     sedět → k sezení: lístek k sezení
     stát → k stání: lístek k stání
     číst → ke/na čtení
     vidět → k vidění: Je tady něco zajímavého k vidění? = dá se tady vidět...
     počkat → na počkání: udělat něco na počkání = hned

▲   připustit si něco = přijmout, akceptovat

■ **20. Utvořte ze sloves v závorce verbální adjektiva:**

Dal si k obědu (smažit) _____ sýr, (péct) _____ kuře, (opékat) _____ klobásu, (vařit) _____ vejce, (dusit)_____ zeleninu, (mrazit) _____ pizzu, (mlít) _____ maso, (udit) _____ maso, (strouhat) _____ sýr, (plnit) _____ papriku, (kysat) _____ zelí, (nakládat) _____ okurku.

▲   Byl u nás každý den od rána do večera. = Byl tady pečený vařený!

■ **21. Utvořte z vedlejších vět verbální adjektivum a věty upravte (pozor na slovesnou valenci a pády):**

To je ta knížka, **kterou jsem si vypůjčil**. – To je ta **vypůjčená knížka**.
Tady je hodně knih, **které jsem si vypůjčil**. – Tady je hodně **vypůjčených knih**.

Dej mi tu složenku, **kterou jsi nezaplatil**, jdu teď na poštu.
_____

Termín schůzky, **který stanovili**, nikomu nevyhovoval.
_____

Bolí mě dokonce i **zub, který mi vytrhli**. *(Nebolí tě zub, bolí tě rána, ty chytrej!)*
_____

Zub, **který se** mi **ulomil**, mi nakonec vytrhli.
_____

Nedotýkej se dveří, **které jsme** čerstvě **nalakovali**.
_____

Jez jen ovoce, **které jsi** pořádně **umyl**.
_____

Nádobí, **které jste zašpinili**, dejte do myčky.
_____

Káva, **kterou** čerstvě **umeleš**, chutná nejlíp.
_____

Nejez to maso, **které se připálilo**, není to zdravé!
_____

Promiň, ale nebudu jíst polévku, **kterou jste přesolili**.
_____

Tady je seznam knih, **které** komunistický režim **zakázal**.

_____

To je fotka toho chlapečka, **který se ztratil**.

_____

To je ta knížka, **na kterou jsme zapomněli**.

_____

Pan děkan diskutoval se studenty, **které přijali** na vysokou školu.

_____

Studenti, **které** v tomto roce **odmítli**, půjdou k přijímačkám za rok.

_____

Zloděj, **kterého zadržela** policie, byl vzat do vyšetřovací vazby.

_____

Zboží, **které jsme si zakoupili**, budeme muset reklamovat.

_____

Zeleninu, **která se zkazila**, vyhoďte.

_____

Jídlo, **které jste rozmrazili**, musíte hned zkonzumovat.

_____

Zmizela za okolností, **které** nikdy nebyly **vyjasněny**.

_____

Prádlo, **které jste vyprali a vyžehlili**, uložte zpátky do skříně.

_____

Je čím dál víc druhů rostlin a zvířat, **které jsou ohroženy**.

_____

Tady jsou ty šaty, **které se** tak hrozně **zmačkaly**.

_____

Zákon, **který navrhli**, byl schválen.

_____

» Operovaný pacient se cítí dobře.
Pacient operovaný dnes v noci / zkušeným chirurgem... se cítí dobře.

non-personal Gen./Ak.	passive / verb. adj. + Instr.	adv.	subst.
Co se stalo?	Jsem (cítím se):	Cítím se:	1. Cítím: 2. Zažil jsem:
dotkl se mě	dotčen / dotčený + čím	dotčeně	1 dotčení
frustroval mě	frustrován / frustrovaný + čím	frustrovaně	1+2 frustraci
nadchl mě	nadšen / nadšený + čím	nadšeně	1+2 nadšení
naštval mě	naštván / naštvaný + čím	naštvaně	1 naštvání
inspiroval mě	inspirován / inspirovaný + čím	inspirovaně	1+2 inspiraci
podvedl mě	podveden / podvedený + kým	podvedeně	2 podvod
překvapil mě	překvapen / překvapený + čím	překvapeně	2 překvapení
rozčaroval mě	rozčarován / rozčarovaný + čím	rozčarovaně	1+2 rozčarování
okradl mě	okraden / okradený + kým		2 okradení
ošidil mě	ošizen / ošizený někým + kým	ošizeně	2 ošizení
šokoval mě	šokován / šokovaný + čím		2 šok
urazil mě	uražen / uražený + čím	uraženě	2 urážku
zaskočil mě	zaskočen / zaskočený + čím	zaskočeně	
zklamal mě	zklamán / zklamaný + čím	zklamaně	1+2 zklamání
zradil mě	zrazen / zrazený + kým	zrazeně	2 zradu

▲ dotkl se mě = urazil mě
podvedl mě = okradl mě / ošidil mě
nadchl mě × rozčaroval mě = zklamal mě
překvapil mě = zaskočil mě
naštval mě *(expr.)* = rozzlobil mě

■ **22. Pozměňte věty podle následujícího modelu:**

Honza se dotkl svým chováním Hanny. –   Hanna byla dotčena/á jeho chováním.
Hanna se cítila dotčeně.
Cítí dotčení.

Jeho chování ji frustrovalo.   _____

_____

_____

Ten film mě nadchl.

_____
_____
_____

Jeho práce mě inspirovala.

_____
_____
_____

To rozhodnutí mě překvapilo.

_____
_____
_____

Ta zpráva mě šokovala.

_____
_____
_____

Jeho názory mě zklamaly.

_____
_____
_____

Tvůj postoj mě rozčaroval.

_____
_____
_____

Naši kamarádi nás urazili.

_____
_____
_____

Zaskočilo mě to.

_____
_____
_____

Honza říká, že ho Hana podvedla.

_____
_____
_____

■ 23. Řekněte:

● Co vás v poslední době nadchlo, nebo naopak rozčarovalo / zklamalo?
● Co vás příjemně a co nepříjemně překvapilo?
● Čím jste v Praze byli zaskočeni?
● Byl/a jsi někdy při placení ošizen/a? O kolik? Jak jsi reagoval/a?
● Kdo tě v poslední době naštval? Čím?
● Co tě rozzlobilo?
● Zklamal tě někdy někdo? Jak?
● Urazil tě někdy někdo? Čím?

To je	můj	náš	pokoj.	Já	mám rád/a	My	máme rádi	svůj pokoj.
	tvůj	váš		Ty	máš rád/a	Vy	máte rádi	
	jeho její	jejich		On ona	má rád/a	Oni	mají rádi	

Nom.	To je	můj/tvůj/jeho/její/náš/váš/jejich	pokoj/přítel (Mi. Ma. sg.)
		moje/tvoje/jeho/její/naše/vaše/jejich	chata/auto (F, N sg.)
	To jsou	moje/tvoje/jeho/její/naše/vaše/jejich	pokoje/chaty/auta (Mi. F, N pl.)
		moji/tvoji/jeho/její/naši/vaši/jejich	přátelé (Ma. pl.)

Gen.	Jdu	Jdeme	Z/OD	svého	pokoje, auta přítele	svých	pokojů, chat aut, přátel
	Jdeš	Jdete		svojí/ své	chaty		
	Jde	Jdou					

Dat.	Jdu	Jdeme	K	svému	pokoji, autu přiteli	svým	pokojům...
	Jdeš	Jdete		svojí/ své	chatě		
	Jde	Jdou					

Ak.	Myslím	Myslíme	NA	svůj svoje/ své	pokoj auto	svoje/ své	pokoje...
	Myslíš	Myslíte		svého svoji/ svou	přítele chatu		
	Myslí	Myslí					

Lok.	Mluvím	Mluvíme	O	svém	pokoji, autu přiteli	svých	pokojích...
	Mluvíš	Mluvíte		svojí/ své	chatě		
	Mluví	Mluví					

Instr.	Stojím	Stojíme	PŘED	svým	pokojem, autem přítelem	svými	pokoji...
	Stojíš	Stojíte		svojí/ svou	chatou		
	Stojí	Stojí					

>> *The forms* **svá** *(F),* **své** *(N) as well as* **má, mé, tvá, tvé** *are a little bit more formal. In spoken language the pronoun* **svůj** *is used less and less. It is replaced by* **můj** *etc. So, instead of* Mám/máš rád; máme/mají rádi svůj pokoj *etc., you can hear* Mám rád můj pokoj. / Máš ráda tvůj pokoj? *It is not considered correct, but no misunderstanding can appear here: we know whose room it is.*

The only context in which **svůj** *can not be replaced by the possessive pronoun* **můj**, **tvůj**, *is the 3ʳᵈ person singular and plural:*

Honza má rád jeho pokoj.
Hana má ráda její pokoj.
Hanna a Juan mají rádi jejich pokoj.

Čí pokoj mají rádi?
Má Honza rád svůj pokoj, nebo pokoj někoho jiného? Juanův pokoj například.
Má Hana ráda svůj pokoj, nebo Hannin pokoj?
Mají Hanna a Juan rádi svůj pokoj, nebo Hanin a Honzův pokoj?

■ **24. Doplňte zájmeno svůj podle kontextu:**

Neznám **tvého** bratra. – Neznáš **mého** bratra? Já taky moc neznám _____ bratra.
Můžu to říct **tvojí** kamarádce? – Proč ty chceš něco říct **mojí** kamarádce? – _____ kamarádce to řeknu sama.
Můžu pozvat na oslavu taky **tvoje** přátele? – Chceš pozvat **moje** přátele? – _____ přátele pozvu sám.
Bavila jsem se s **tvými** rodiči o **tvém** problému. – S **mými** rodiči o **mém** problému? Jak tě to mohlo napadnout? Se _____ rodiči o _____ problému nechci mluvit.
Ukážeš mi **tvoje** nové fotky? – Chceš vidět **moje** nové fotky? Napřed se chci podívat sám na _____ nové fotky.
Půjčíš mi **tvoje** auto? – Ty si chceš půjčit **moje** auto? Nezlob se, ale _____ auto nechci nikomu půjčovat.
Nerozumím **tvým** známým. – **Mým** známým nerozumíš? Já taky někdy _____ známým přestávám rozumět.

■ **25. Doplňte do tabulky další vlastní příklady vět:**

1. Jen reflexivní verba: verbum + se (výběr)

bát se + čeho	Bojím se zkoušky.	ptát se + koho + na co
blížit se k + čemu		radovat se z + čeho
dařit se + jak		smát se + čemu
dít se		snažit se o + co
dívat se na + co		spokojit se s + čím
divit se + čemu		spoléhat se na + koho
domnívat se* + že		starat se o + co
chechtat se* + čemu		stmívat se
chlubit se + čím		stydět se za + co
chvět se* + čím		stýskat se po + kom
leknout se* + čeho		těšit se na + co
lesknout se*		tvářit se + jak
(+ čím) / jak		týkat se* + čeho
líbit se + komu		třpytit se*
loučit se s + kým		(+ čím) / jak
mýlit se*		vzdálit se* + kam
obávat se* + čeho		zmínit se o + Lok.

verbum + si (výběr)

libovat si v + čem		všímat si + Gen.
stěžovat si na + co		zvyknout si na + co

2. Objekt v Ak. = „se"; objekt v Dat. = „si"

mýt <u>nádobí</u> / mýt <u>se</u> + mýt <u>si</u> ruce	koupit dárek <u>mamince</u> / koupit <u>si</u> dárek
česat <u>zákaznici</u> / česat <u>se</u> + česat <u>si</u> vlasy	dát <u>dítěti</u> jíst + dát <u>si</u> něco k jídlu
obléct <u>dítě</u> / obléct <u>se</u> + obléct <u>si</u> svetr	vzít <u>někomu</u> něco + vzít <u>si</u> něco

---

*▲ domnívat se = myslet si
     chechtat se = smát se „che che"
     chvět se = klepat se, třást se
     leknout se = mít náhlý strach
     lesknout se = třpytit se = svítit
     mýlit se = chybovat
     obávat se = mít strach (obavu)
     týkat se něčeho = vztahovat se k něčemu = souviset s něčím
     vzdálit se = odejít

■ 26. Modifikujte věty při použití jen reflexivních sloves:

Chybí mi domov – Stýská se mi po domově.

Jak se máte? _____ Myslím si, že nemáte pravdu. _____
O co tady jde? _____ Proč má takový divný výraz? _____
Zase udělal chybu. _____ Z čeho máte velký strach? _____
Pečuje o rodinu. _____ V čem je tady problém? _____
Pozoroval ji pozorně. _____ Mám radost z tvého úspěchu. _____
Usiluje o ty nejlepší výsledky. _____
Rád o sobě mluví v superlativech. _____
Proč se tak třeseš? Není ti zima? _____
K čemu se vztahuje tvoje poznámka? _____
Odešel, ani neřekl na shledanou (nedal nám sbohem). _____
Nemluvil o tom podrobně, řekl jen pár slov. _____
Tvůj problém není moje starost. _____
Nemusíš si s tím dělat žádné starosti. _____
Myslím si, že je to pravda. _____
Už je šero. _____
Ucítila náhlý strach, když spatřila toho brouka. _____

■ 27. Všímejte si významových rozdílů a doplňte do tabulky vlastní příklady:

3. Anomálie!		
dát + D. + A.	dát se **do** + G.	Dal mi dárek. Dal se do práce.
dostat + A.	dostat se **do, z** + G. / **na** + A.	
hádat + A.	hádat se **o** + A.; **s** + I.	
hodit + A./I.	hodit se + D.; **k** + D.	
chovat + A.	chovat se + jak	
jednat + o L. s I.	jedná se **o** + A.	
mít + A.	mít se + jak	
objevit + A.	objevit se + kde	
plést + A.	plést se + **do** + G.	
prát + A.	prát se **s** + I.	
postavit + A.	postavit se **do** + G. / **proti** + D.	
pustit + A.	pustit se **do** + G.	
řídit + A.	řídit se + I.	
scházet	scházet se **s** + I.	
stát	stát se + I.	
učit + A.	učit se + A./inf.	
vzít + A.	vzít se + kde	

4. Prefix + sloveso + se (výběr)

BRÁT

odebrat / odebírat se do + Gen.: Odebral se do postele. *(odejít)*
probrat / probírat se (z + Gen.): Probral se ze spánku. *(vzbudit se)*
sebrat se: Po nemoci se sebral. *(uzdravit se)*
zabrat se do + Gen.: Zabral se do práce. *(soustředit se)*

DÁT

oddat / oddávat se + Dat.: Oddal se své vášni. *(plně se věnovat)*
poddat se + Dat.: Úplně se jí poddal. *(podřídit se)*
udát se: Kdy se to událo? *(stát se)*
vydat / vydávat se na + Ak./Instr.: Vydal se na cestu. *(odjet)* / Kterým směrem se vydáme? *(vyrazit)*
vzdát se + Gen./Dat.: Vzdal se naděje. *(zříct se)* / Vzdali se přesile. *(podrobit se)*

JÍT

najít / nacházet se + Lok.: Nacházím se v špatné situaci; Kde se nachází FF? *(být)*
obejít se bez + Gen.: Bez vaší pomoci se neobejdu. *(moct bez něčeho fungovat)*
vejít se do + Gen.: Sem se to nevejde. *(není tady na to dost místa)*
projít / procházet se po + Lok.: Ráda se procházím po Praze. *(chodit na procházky)*
sejít / scházet se s + Instr.: Scházíme se s přáteli jednou týdně. *(vídat se)*
rozejít / rozcházet se s + Instr.: Rozešla se s přítelem. *(jít od sebe pryč)*
ucházet se o + Ak.: Uchází se o studium. *(hlásit se ke studiu)*

NÉST

snést / snášet se s + Instr.: Nesnese se se sousedkou. *(nemít rád někoho)*
usnést se na + Lok.: Usnesli se na pravidlech. *(dohodnout se)*
povznést / povznášet se nad + Ak.: Povznesl se nad kritiku. *(nevšímat si)*
vznést se do + Gen. / k + Dat.: Letadlo se vzneslo do výše / k nebi. *(dostat se nahoru)*
vznášet se v + Lok.: Vznáší se ve vzduchu. *(pohybovat se ve výši)*

VÉST

povést se: To se povedlo. *(dopadnout dobře)*
rozvést / rozvádět se s + Instr.: Rozvedla se s manželem. *(ukončit manželství)*

RAZIT

odrazit / odrážet se od + Gen. / v + Lok.: Kámen se odrazil od země. *(po pádu dostat jiný směr)* / Světlo se odráží ve vodě. *(zrcadlit se)*
srazit / srážet se (s + Instr.): Svetr se srazil. *(zmenšit se)*; Srazil se s jiným chodcem. *(prudce narazit)*
urazit / urážet se: Urazil se a už nepřišel. *(být dotčen)*
zarazit / zarážet se: Když to slyšel, zarazil se. *(být nepříjemně překvapený)*

Některá další slovesa

dočkat **se**
najíst **se**
odehrát **se**
odvážit **se**
ozvat **se**
uzdravit **se**
vyspat **se**
zamilovat **se**
zbláznit **se**

5. Prefix + sloveso + si (výběr)

odpočinout **si**	= *relaxovat:* O víkendu si odpočinu.
pochutnat **si na** něčem	= *mít požitek z jídla:* Pochutnal jsem si na svíčkové.
potrpět **si na** něco	= *mít v zálibě:* Potrpí si na značkové věci.
rozmyslet **si** něco	= *změnit rozhodnutí:* Rozmyslel jsem si to, nepůjdu tam.
užít **si** něco	= *mít se dobře:* Užij si prázdniny!
vydechnout **si**	= *přestat mít starosti:* Vydechneš si, až uděláš zkoušku.
zakouřit **si**	= *mít požitek z kouření:* Zakouřím si na chodbě.

■ **28. Modifikujte věty při použití zvratných sloves v závorce:**

To je překvapení! Nečekal jsem tě tady! (brát se/vzít se) _____?

S chutí začal pracovat (dát se / pustit se do) _____.

Kam jsi dal oči! Ty dvě barvy neladí (hodit se k) _____.

Nech je, ať si ty věci vyřeší sami! (plést se do) _____.

Nacházel se v složité situaci (dostat se do) _____.

Už se z toho šoku vzpamatovala (dostat se z) _____.

Co se tady děje? (jedná se o) _____?

Musíme respektovat pravidla (řídit se) _____.

Nikdo ho nečekal, přišel znenadání (objevit se) _____.

Musíte si stoupnout do fronty (postavit se do) _____!

■ **29. Vyjádřete pomocí zvratných sloves (použijte slovesa z tabulky č. 4):**

Ráda chodí na procházky do parku. – Ráda se prochází v parku.

Bez kvalitního slovníku tu práci neudělá. _____

Konečně o sobě dal po dlouhé době vědět. _____

To jsi udělal opravdu skvěle! _____

V jaké lokalitě leží ten zámek? _____

Naprosto spolu nevycházejí. _____

Po té dlouhé nemoci je už zase fit. _____

Naštvala se a odešla, už ho nechce vidět. _____

Auta do sebe najela v plné rychlosti. _____

Jak často jste v kontaktu? _____

Odešel na tu pěší túru brzo ráno. _____

Kdy se to stalo? _____

Soustředil se na práci. _____

Na to tady není dost místa! _____

Honza už nemá naději, že se s Hanou usmíří. _____

☹
**Okolnosti byly nepříznivé,
ale bohudík PŘESTO**

☺
TO VYŠLO!!!

pád	*prepozice + subst.*		*spojky + věta*		
Dat.	**Navzdory** **Proti**	nemoci našemu očekávání	**Navzdory tomu, že** **I když** **Přestože** **Ačkoli(v) / Ač** **Třebaže**	byl nemocný, to nikdo z nás nečekal,	práci dodělal. on to udělal.
Ak.	**Přes**	rány osudu		měl těžký život,	byl optimista.

ANEBO NAOPAK

☺
**Okolnosti byly příznivé,
ale bohužel PŘESTO**

☹
TO NEVYŠLO!

pád	*prepozice + subst.*		*spojky + věta*		
Dat.	**Navzdory**	snaze	**Navzdory tomu, že** **I když**	se snažil,	nedopadlo to dobře.
Ak.	**Přes**	četné pokusy	**Přestože** **Ačkoli(v)** **Třebaže**	se o to často pokoušel,	nevyšlo mu to.

anebo je tu prostě nějaký nepoměr, rozpor (kontradikce):

Přestože se denně přejídá, je štíhlý jako proutek!

■ **30. Utvořte věty podle následujícího modelu:**

(on – snažit se – neuspět)
Přestože / I když se snažil, neuspěl. × Přestože se nesnažil, uspěl.

(ona – přijít pozdě na nádraží – stihnout vlak)

_____

(já – nerozumět cvičením – udělat test obstojně)

_____

(oni – poskytnout pacientovi veškerou péči – on-podlehnout svému zranění)

_____

(my – nečekat dobrý výsledek – všechno dopadnout dobře)

_____

(on – být tlustý – běhat rychle)

(ona – hodně jíst – být kost a kůže)

(on – pracovat od rána do večera – sotva uživit rodinu)

(byl špatný student – udělat závratnou kariéru)

(všichni – považovat ho za podprůměrného – stát se velkým zvířetem)

(ona – není věřící – často chodí do kostela)

■ **31. Nahraďte věty prepozicemi *navzdory* a *přes*. Použijte přitom nabídnutá syntagmata:**

usilovné pokusy o, veškerá snaha o, přísný zákaz, přátelské varování, obětavá pomoc, špatná předpověď, dlouhé úsilí, nedostatečná příprava, kladení překážek, smrtelné zranění

Přestože se usilovně pokoušel dostat se na vysokou školu, nepodařilo se mu to.

Ačkoli se všemožně snažil vyhnout se placení výživného, nakonec vše zaplatil.

Přestože kouření bylo přísně zakázáno, tvářil se, že se ho to netýká.

I když je přátelsky varovali, aby tam nechodili, neuposlechli jejich rady.

Navzdory tomu, že jim obětavě pomáhali, nikdy jim za to nepoděkovali.

I když předpověděli špatné počasí, pojedeme na výlet.

Přestože dlouho usiloval o zlatou medaili, nakonec ji nezískal.

Přestože se na zkoušku nepřipravoval dostatečně, nakonec ji složil na výbornou.

Ačkoli mu kladli překážky, všechno zvládl.

Přestože byl smrtelně zraněn, včasná pomoc mu zachránila život.

Literatura

odborná (článek, stať, studie)
krásná = beletrie
próza a poezie
literární žánry: povídka, novela, román (kapitoly, díl), sága, pověst
báseň, verše, rým
soubor/sbírka povídek, básní
sebrané spisy autora
spisovatel, básník píšou

1. vydání: knížka vyšla, byla vydána, není k dostání = byla rozebrána

Výtvarné umění

Malířství

figurální: krajina, zátiší, podobizna (portrét), autoportrét
abstraktní
grafika (dřevoryt, linoryt), obraz (malba), kresba
techniky: olejomalba, kvaš, pastel, akvarel
mozaika

malíř, -ka, grafik, grafička, výtvarník, výtvarnice malují, kreslí

Sochařství

socha, plastika
materiál: dřevo, kámen, sádra, bronz, mosaz
sochař, -ka modelují, tvarují

výstava, vernisáž

Film

dokumentární, hraný, animovaný (kreslený), loutkový
scénář – scénárista
režie – režisér
produkce – producent
střih – střihač
kamera – kameraman
herecké obsazení: hlavní × vedlejší role, kaskadér
filmový záběr

Divadlo

divadelník, kulisák, herec, herečka, komik, mim
pantomima
divadelní hra, představení, dějství
tragédie, komedie (veselohra)
scéna, jeviště, kulisy, hlediště, divák

potlesk, ovace, přídavek, děkovačka
vypískat představení

Hudba

vážná/klasická, opera, džezová, pop, rock
hudebník, skladatel, zpěvák, zpěvačka
skladba (symfonie, sonáta: věta)
Hráč hraje na nástroj: smyčcový – housle, klávesový – klavír, dechový – flétna, saxofon, bicí – buben.
Koncert se koná, účinkují: symfonický × komorní orchestr, sólista, smyčcové kvarteto...

MEZINÁRODNÍ FILMOVÝ FESTIVAL V KARLOVÝCH VARECH

MFF Karlovy Vary, jeden z nejstarších filmových festivalů vůbec (1. ročník se uskutečnil v roce 1946), je dnes nejvýznamnější mezinárodní filmový festival ve střední a východní Evropě. Od roku 1994 se organizace festivalu ujal nový tým v čele se známým českým hercem Jiřím Bartoškou a významnou filmovou publicistkou Evou Zaoralovou, kteří se svou novou programovou i organizační koncepcí dokázali během několika málo let udělat z filmové přehlídky prestižní festival, o který jeví zájem široká odborná i laická veřejnost.

Festival má statut „nespecializovaný festival se soutěží celovečerních hraných filmů" jako jsou mezinárodní filmové festivaly v Cannes, Berlíně, Benátkách či Tokiu. Každoročně představí poprvé v České republice více než 200 nových filmů z celého světa. Řada filmů se díky uvedení na MFF Karlovy Vary dostane do české nebo zahraniční distribuce, na televizní obrazovky či do programu jiných festivalů. Největší pozornost je věnována Mezinárodní soutěži celovečerních hraných filmů a soutěžní sekci Na východ od Západu. Hosté mají díky MFF Karlovy Vary jedinečnou příležitost zhlédnout nejlepší nové filmy, objevit nové talenty a poznat celou řadu zajímavých osobností z uměleckého, ekonomického a politického života.

arcibiskup (m)	archbishop	loupež (f)	robbery
archa (f)	ark	lupič (m)	robber
bourat / z- + A	to destroy,	majetek (m)	property,
	demolish		possession
celek (m)	whole, unit	mazlíček (m)	pet child
církev (f)	church (institution)	meč (m)	sword
čert (m)	devil	mletý, -á, -é	milled, minced
čertit se (i.) (2) (expr.)	to rage	mlít, u- (4): melu + A	to mill, mince
čin (m)	act, deed	moc (f)	power
čitelně	readably	mocný, -á, -é	powerful
dědit, z- (2) + A	to inherit	modlitba (f)	prayer
po + L		mozek (m)	brain
dekret (m)	decree	mučedník (m)	martyr
dle (lit.) + G	in accordance with	muka (f)	torture, torment
dočasný, -á, -é	temporary	mýtický, -á, -é	fabulous, mythical
domněnka	guess, speculation	na konci + G	at the end of
domnívat se (i.) (1)	to suppose, assume	na pokraji + G	on the verge of
dopadnout (p.) (4)	to catch; work out	nábřeží (n)	riverbank; shore
dotyčný, -á, -é	said, in question	náboženství (n)	religion
družina (f)	company	nadávat (i.) (1) na	to swear, cuss
drzoun (m)	jackanapes	+ A	
dřevo (n)	wood	nadchnout (se) (p.)	to enchant,
duch (m)	spirit, ghost	(4) + I / pro + A	captivate
důl (m)	mind	nadlidský, -á, -é	superhuman
fáze (f)	phase	nadšený, -á, -é	enthusiastic
hádat (i.) (1) + A	to guess	náhlý, -á, -é	sudden
hodnotit, vy- (2) + A	to assess, judge	nařídit (p.) (2) + D–A	to order
hrozit, po- (2) + D	to threaten	nastat (p.) (4)	to arise, dawn
chalupa (f)	cottage, farmhouse	název (m)	name, designation
chata (f)	cottage, summer hs.	obávat se (i.) (1) + G	to be afraid of
chechtat se (i.) (+ 1)	to guffaw	obecně	generally
+ D		obětavý -á, -é	self-sacrificing
chování (n)	behaviour	obsadit (p.) (2) + A	to occupy
chrám (m)	temple	odcizit (p.) (2) + D–A	to steal
chvět se, roze- (4) + I	to tremble, quake	odrazit se (p.) (2)	to reflect, bring
jednoduše	simply	v + L	back
jednotlivý, -á, -é	individual, single	odsun (m)	resettlement
již (lit.)	already, yet	odvodit (p.) (2) + A	to derive, deduce
kaple (f)	chapel	z / od + G	
klást (i.) (4): kladu + A	to lay (down), put	ohrožovat / ohrozit	to endanger,
kmen (m)	tribe, trunk	(3)/(2) + A + I	threaten
kněžna (f)	princess; duchess	ochránce (m)	protector, patron
kostka (f)	cube; dice	okolnost (f)	circumstance
krádež (f)	stealing	onemocnět (p.) (2)	to become ill
kronikář (m)	chronicler	+ I	
krýt / s- (4): kryju + A	to cover	osobní	personal
křesťanství (n)	Christianity	osobnost (f)	personality
kysané zelí	sauerkraut	opékat (i.) (1) + A	to roast, grill
lázeň, lázně (f)	bath; health resort	ostatky (m pl.)	remains
lehce	lightly, gently	ověřit (p.) (2) + A	to verify

pachatel (m)	culprit
panovat (i.) (1)	to rule, reign
panovník (m)	ruler
pátrání (n)	hunt, investigation
pátrat (i.) (1) po + L	to hunt for; search
plněný, -á paprika, -é	stuffed, filled
pocta (f)	honor, homage
počátek (m)	beginning, outset
poddat se (p.) (1) + D	to surrender
podezírat (i.) (1) + A z + G	to suspect
podléhat (1) / podlehnout (4) + D	to succumb
podpora (f)	support
podprůměrný, -á, -é	below-average
pohanský, -á, -é	pagan
pojmenovat (p.) (3) + A	to name
pokřtít (p.) (2) + A	to christen, baptize
porušit (p.) (2) + A	to break, infringe
posílit (p.) (2) + A	to strengthen
poskytnout (p.) (4) + D–A	to provide, lend
potrpět si (i.) (2) na + A	to have a liking for
pověst (f)	legend; reputation
pozorný, -á, -é	attentive
pozorovat (i.) (3) + A	to watch. observe
práh (m)	threshold
pramen (m)	source; stream
právo (n)	right
preferovat (i.) (3) + A před + I	to prefer
proroctví (n)	prophecy
proslulý, -á, -é	famous, renowned
protékat (i.) (1) + I	to flow
prudký, -á, -é	sharp, violent
předsevzetí (n)	resolution
překážka (f)	obstacle
přemístit (p.) (2) + A	to move, relocate
přestože	even though, despite
příprava (f)	preparation
přítomnost (f)	present time; attendance
příznivý, -á, -é	kind, favourable
poznámka (f)	note, comment
rána (f)	wound; blow, shock
rdousit / za- (2) + A	to strangle
rokle (f)	ravine, gorge
rostlina (f)	plant
rozdělit (p.) (2) + A	divide, separate
rozhodnutí (n)	decision
rozpor (m)	contradiction, contrast
rozsáhlý, -á, -é	vast, wide
rvačka (f)	fistfight, brawl
sad (m)	orchard, garden
sazba (f)	rate, charge
sbohem	goodbye, farewell
sídlo (n)	seat
sirotek (m)	orphan
sjednocování (n)	unifying
skládání (n)	contexture
skládat se (i.) (1) z + G	composing, consist of
sklánět se (i.) (1)	bow down, bend
složitý, -á, -é	complicated
sluha (m)	servant
smrt (f)	death
smrtelný, -á, -é	fatal, mortal
snášet se (i.) (2) s + I	get on with sbd.
sňatek (m)	marriage
sláva (f)	glory
smích (m)	laughter
snaha (f)	effort
souhlas (m)	approval
souviset (i.) s + I	to be connected with
spasit (p.) (2) + A	to save, redeem
spatřit (p.) (2) + A	to catch sight of
spjatý, -á, -é s + I	connected with
srozumitelně	comprehensibly
stanovit (p.) (2) + A	to determine, name
strouhaný sýr, -á, -é	grated
svěcení (n)	sanctification
světec, -ice	saint
šířit (i.) (2) + A	to spread
tehdejší (adj.)	at that time
téměř (lit.)	almost, nearly
tlumočník, -ice	interpreter
trénink (m)	training
týkat se (i.) (1) + G	to concern sth.
uctívat (1) / uctít (2) + A	to revere, worship
udit (i.) (2) + A	to smoke
údolí (n)	valley
ujímat se (1) / ujmout se (4) + G	take charge; adopt
uložit (p.) (2) + A	to lay to rest, save

umrtvení (n)	anaesthesia
upevňování (n)	consolidation
upozornit (p.) (2) + A na + A	warn of sth.
úsilí (n)	effort
usilovný, -á, -é	strenuous
usmířit se (p.) (2) s + I	succeed, get ahead
uspět (p.) (4) v + L	to reconcile with sb.
utkání (n)	match, fight
utkat se (p.) (1) s + I	to clash, compete
uvádět (2) / uvést (4) + A	introduce; tell, say
úžas (m)	surprise, wonder
v duchu + G	by the spirit of
varování (n)	warning
veřejnost (f)	public
věřící (m, f)	the faithful,religious
veškerý, -á, -é	entire, entire, all
věštba (f)	prediction
vidění (n)	sight; vision
vítězství (n)	victory, triumph
vládce (m)	ruler
výkon (m)	performance, capacity
vyrábět (1) / vyrobit (2) + A	to produce
vyšetření (n)	exemination,
vyšetřování (n)	investigation
vyvlastnění (n)	expropriation
význam (m)	meaning; significance
vyznání (n)	creed, confession
vzduch (m)	air
vzhlížet k (i.) (2) k + D	look up at sth.
vznést (p.) (4) + A	to raise, pose
zadržet (p.) (2) + A	to catch; arrest
zahájit (p.) (2) + A	to open, start; launch
záhy (lit.)	soon
zahynout (p.) (4)	to die, perish
zachránit (p.) (2) + A	to save
zakázaný, -á, -é	forbidden
zakladatel (m), -ka (f)	founder
založení (n)	foundation; disposition
zasloužit si (p.) (2) + A	to earn, deserve
zástupce (m)	deputy

zatímco	while, whereas
zatknout (p.) (4) + A	to arrest
zamoření (n)	contamination
závažný, -á, -é	weighty, serious
zdlouhavý, -á, -é	lengthy, tedious
zklamání (n)	disappointment
zklamat (p.) (4) + A + I	to disappoint
znečištění (n)	pollution
zpracovat (p.) (3) + A	to put together
zrada (f)	betrayal
zranění (n)	injury, wound
živit / u- + A	to support, provide for

FRÁZE	PHRASES
být kost a kůže (hubený)	be a bag of bones
být ve vazbě	to be in custody
být jako v Jiříkově vidění	be like Alice in Wonderland
být k dostání	to be available
přijit na něco	to find out
vyjít najevo	to come out/ to light
vznést obvinění proti	to bring a charge
bezpečnostní opatření	safety precaution
krevní skupina	blood type
místo činu	scene of the crime
mravenčí práce	painstaking work
občanská válka	civic war
psací stroj	typewriter
štíhlý jako proutek	as thin as a stick
trest odnětí svobody	imprisonment / prison sentence
trestní řízení	criminal trial
trestný čin	offence, crime
velké zvíře	big boy, big chief
vyšetřovací vazba	remand centre
závratná kariéra	astonishing career
A basta!	That's that!
dejme tomu	let's say, supposing
Nechám to na tobě!	I leave it up to you!
To by ještě scházelo!	That's all we needed.

NOVÝ SMYSL ŽIVOTA

Juan: Představ si, včera jsem na Karláku viděl Honzu, jak se snažil doběhnout posledního cestujícího nastupujícího do tramvaje. Zakřičel jsem na něj, a jak mě spatřil, nechal tramvaj tramvají a rozběhl se za mnou. Přestože byl celý zpocený, vypadal báječně: hezky upravený, čerstvě oholený, navoněný, no, hodil se do parády...

Hanna: Neblázni! Není už zase zamilovanej?

Juan: To nevím, vyloučit se to ale nedá. Každopádně, přestože byl samý spěch, zahrnul mě – aniž jsem se ho na cokoli stačil zeptat – spoustou informací.

Hanna: To je celý on! V jednom kuse mele.

Juan: No, to jo. Představ si, on se dal na politiku.

Hanna: Nekecej! To mě podrž!

Juan: To koukáš, co? Vstoupil do Strany zelených a je posedlý politikou. Už dělal **interview** s americkým **atašé**, kterého potkal ve **foyer** klubu jejich strany, stýká se se samými významnými lidmi...

Hanna: Asi mu to dělá dobře. Mě politika nikdy nezajímala. Je to špinavá, hnusná hra.

Juan: Nebagatelizuj to! Dozvěděl jsem se od něj spoustu zajímavých věcí.

Hanna: A sice?

Juan: Informoval mě třeba o svých politických preferencích, pak mluvil obecně o aktuálních tématech, o dopadech hospodářské krize nebo třeba o tom, jaké je procento nezaměstnaných v České republice, jaký je evropský průměr, kolik má průměrná rodina dětí, o kolik víc lidí umírá, než se rodí, pak mluvil o ekologii, o globalizaci, o krizi bankovnictví, o úrocích...

Hanna: No, to snad není pravda! Ten se snad po rozchodu s Hanou úplně pomátl!

Juan: Víš co? Jeho to přece jen hodně vzalo, měl výčitky svědomí, i když to nechtěl moc dávat najevo. Musel se nějak dát dohromady, a tak se zaktivoval v mnoha směrech...

Hanna: To jo, furt lepší, než aby naříkal nad osudem, anebo aby, nedej Bože, propadl depresi. A pamatuješ si z jeho kázání něco konkrétního?

Juan: No, neručím za přesná čísla, informoval mě ale například, že tady na jednu ženu připadá 1,45 % dětí, že je míra nezaměstnanosti v ČR 7,8 % a...

Hanna: Všechno se vším souvisí! A dál?

Juan: ... a dál už si fakt nepamatuju. Víš, že mám děravou hlavu. Ale zůstaneme s Honzou ve styku a on mi to připomene.

▲ cestující nastupující = cestující, který nastupuje
   nechal tramvaj tramvají = přestal se o tramvaj zajímat; nechat něco být
   každopádně = v každém případě
   je samý spěch = jen spěchá
   se samými významnými = jen s významnými
   To je celý on! – *That's him all over!*
   v jednom kuse = pořád, nepřetržitě
   mele (mlít) (4) – *to Jabber*
   Neblázni! / Nekecej! – *You must be kidding!*
   To mě podrž! = Jsem v šoku!
   To koukáš! = Asi se hodně divíš!
   vzalo ho to = byl kvůli něčemu smutný
   dát se dohromady – *to pull oneself together*
   dát najevo = ukázat
   zůstat ve styku = být v kontaktu

▲ Karlák *(coll.)* = Karlovo náměstí
   zamilovanej *(coll.)* = zamilovaný

   koukat (se) *(coll.)* = dívat se

   kecat *(coll.)* < mluvit moc
                     říkat nesmysly, blbosti

▲ aniž *(lit.)* = bez
   řekl mi to, aniž jsem se ptal – neptal jsem se, a on mi to řekl

≫ interview, foyer, ataše – nesklonná substantiva

■ 1. Odpovězte:

Překvapilo vás Honzovo rozhodnutí vstoupit do politiky?
Bavilo by vás zabývat se politikou?
Proč ano? Proč ne?
Uvažovali jste někdy o tom?
Umíš si představit sebe nebo někoho ze svého okolí zastávat nějakou významnou funkci, např. prezidenta republiky, předsedy vlády apod.

Více než třetina (33,7 %) obyvatel České republiky nosí jedno ze 17 nejčastějších křestních jmen. Takže, nejmenujete se náhodou Anna, Eva, František, Hana, Jan, Jana, Jaroslav, Jiří, Karel, Marie, Martin, Miroslav, Pavel, Petr, Tomáš, Václav nebo Zdeněk?

Český statistický úřad tradičně v lednu zjišťuje jména narozených dětí a jejich rodičů. Podívejte se na výsledky této oblíbené statistiky za leden 2009, kdy se narodilo 4568 děvčat a 4772 chlapců.

Nejčastější jména děvčat a jejich matek

Tereza je již jedenáctý rok první. Oproti roku 2008 si na předních místech polepšily Eliška, Karolína a ke konci desítky Kristýna. O jednu příčku níž klesly Adéla, Anna a Lucie. Jména matek narozených dětí zachovávají téměř stejné pořadí jako v roce 2008: suverénně nejčastější je Jana, následují Petra, Lenka a Lucie. Zajímavé je mezigenerační srovnání: pouze Kateřina a Lucie se objevují jak mezi nejčastějšími jmény matek, tak mezi nejčastějšími jmény narozených holčiček.

Pořadí 2009	Jméno	Počet	Pořadí 2008	Posun	Pořadí jména mezi matkami 2009
1.	Tereza	231	1.	–	36.
2.	Natálie	185	2.	–	93.–94.
3.	Eliška	179	5.	↑	54.
4.	Karolína	177	6.	↑	66.
5.	Adéla	168	4.	↓	59.
6.	Anna	167	3.	↓	40.
7.	Kateřina	146	7.	–	5.
8.	Barbora	122	8.	–	31.
9.	Kristýna	119	10.	↑	47.
10.	Lucie	115	9.	↓	4.

Pořadí 2009	Jméno	Počet	Pořadí 2008	Posun	Pořadí jména mezi děvčaty 2009
1.	Jana	593	1.	–	25.
2.	Petra	516	2.	–	45.–46.
3.	Lenka	416	3.	–	47.–52.
4.	Lucie	400	5.	↑	10.
5.	Kateřina	395	4.	↓	7.
6.	Martina	340	6.	–	47.–52.
7.	Eva	269	8.	↑	56.–58.
8.	Hana	240	7.	↓	30.
9.	Monika	221	9.	–	47.–52.
10.	Michaela	218	13.	↑	14.–15.

Nejčastější jména chlapců a jejich otců

Stejně jako v roce 2008 Jakub vítězí nad Janem, vzadu za nimi zůstává Tomáš. Značně si polepšili Filip a David (oba poskočili o pět pozic). Naopak Vojtěch z 6. místa klesl na 10., také Ondřej ztratil dvě příčky a o jednu níže se posunuli Matěj a Adam. Pořadí jmen otců se oproti předchozímu roku stejně jako u matek příliš nezměnilo. V porovnání s loňským rokem přibylo tatínků se jménem Martin, Miroslav a Josef. O něco méně bylo letos mezi lednovými otci Jiřích a Jaroslavů. Pravděpodobně nejvíce předávaným jménem z otce na syna je Jan a Tomáš.

Pořadí 2009	Jméno	Počet	Pořadí 2008	Posun	Pořadí jména mezi otci 2009
1.	Jakub	285	1.	–	30.
2.	Jan	264	2.	–	3.
3.	Tomáš	229	3.	–	6.
4.	Lukáš	193	4.	–	17.
5.	Filip	172	10.	↑	30.–40.
6.	David	170	11.	↑	11.
7.	Ondřej	165	5.	↓	24.
8.	Matěj	157	7.	↓	100.–114.
9.	Adam	154	8.	↓	55.
10.	Vojtěch	154	6.	↓	52.–53.

Pořadí 2009	Jméno	Počet	Pořadí 2008	Posun	Pořadí jména mezi chlapci 2009
1.	Petr	704	1.	–	15.
2.	Martin	543	4.	↑	11.
3.	Jan	514	3.	–	2.
4.	Jiří	511	2.	↓	18.
5.	Pavel	448	5.		23.–24.
6.	Tomáš	432	6.	–	3.
7.	Michal	319	7.	–	17.
8.	Miroslav	255	13.	↑	30.–32.
9.	Josef	240	10.	↑	21.
10.	Jaroslav	237	8.	↓	35.–36.

Dětská jména v krajích ČR

Pohledem na kartogramy zjistíme, že jména z první celorepublikové desítky se většinou opakují na předních příčkách všech krajů.

Krajské vítězky – děvčata

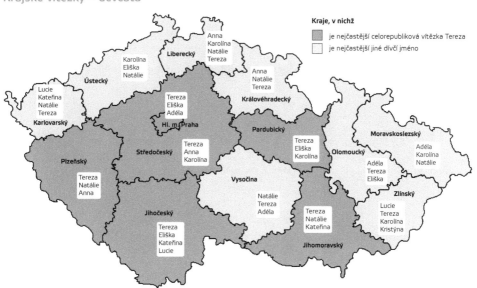

Kraje, v nichž
- je nejčastější celorepubliková vítězka Tereza
- je nejčastější jiné dívčí jméno

Liberecký — Anna, Karolína, Natálie, Tereza

Ústecký — Karolína, Eliška, Natálie

Královéhradecký — Anna, Natálie, Tereza

Karlovarský — Lucie, Kateřina, Natálie, Tereza

Hl. m. Praha — Tereza, Eliška, Adéla

Pardubický

Moravskoslezský — Adéla, Karolína, Natálie

Plzeňský — Tereza, Natálie, Anna

Středočeský — Tereza, Anna, Karolína

Olomoucký — Tereza, Eliška, Karolína / Adéla, Tereza, Eliška

Vysočina — Natálie, Tereza, Adéla

Zlínský — Lucie, Tereza, Karolína, Kristýna

Jihočeský — Tereza, Eliška, Kateřina, Lucie

Jihomoravský — Tereza, Natálie, Kateřina

zdroj: http://krestni-jmena.cz/vyznam

1/2	**polovina**	1/7	sedm**ina**
1/3	**třetina**	1/8	osm**ina**
1/4	**čtvrtina**	1/9	**devítina**
1/5	pět**ina**	1/10	deset**ina**
1/6	šest**ina**	1/100	set**ina**

0,1	nula (žádná) celá jedna desetina
1,2	**jedna celá** dvě desetiny

2,3	**dvě celé** tři desetiny
3,4	**tři celé** čtyři desetiny
4,5	**čtyři celé** pět desetin
4,56	**čtyři celé** šestapadesát setin / padesát šest setin

5,74	**pět celých** čtyřiasedmdesát setin / sedmdesát čtyři setiny
6,23	**šest celých** třiadvacet setin /dvacet tři setiny
9,45	**devět celých** pětačtyřicet setin / čtyřicet pět setin

:	**děleno +** Instr.	8 : 2 = 4	osm **děleno dvěma** jsou / rovná se čtyři
×	**násobeno +** Instr. / **krát**	3 × 2 = 6	tři **násobeno dvěma** / tři **krát dva**...
+	plus / a	5 + 3 = 8	pět **plus tři / a tři** je osm
–	minus / bez	8 – 5 = 3	osm **minus pět / bez pěti** jsou tři
$\frac{6}{2}$	šest **lomeno +** Instr.	$\frac{6}{2}$	šest **lomeno dvěma** jsou tři
3^2	tři **na +** Instr.	3^2	tři **na druhou** je devět
1:2	jedna **ku +** Dat.	1:2	jedna **ku dvěma** (poměr hlasů)

: dělení	**×** násobení	**+** sčítání	**–** odečítání	**=** rovná se / je

m² metr čtvereční	**m³** metr krychlový

0–9 jednociferné číslo	**10–99** dvouciferné číslo	**100–999** trojciferné číslo

číslovka v Gen.	*adjektivum ← substantivum*	*sufix*
jedno- dvou- tří- čtyř- pěti- devíti- několika- (mnoha-/mnoho-)	**+** fázový, patrový, lůžkový, pokojový, svazkový, minutový, hodinový	-ový
	barevný, dílný, vrstevný, členný	-ný
	roční, měsíční, procentní	-ní
	-letý, stý	-ý

	dvoje, oboje, troje = „moderní"		čtvery, patery = „který"	
N.	dvoje, troje moderní dveře		čtvery, patery dobré kalhoty	
G.	dvoj**ích** modern**ích** dveří	**-ích**	čtver**ých** dobr**ých** kalhot	**-ých**
D.	dvoj**ím** modern**ím** dveřím	**-ím**	čtver**ým** dobr**ým** kalhotám	**-ým**
A.	dvoje moderní dveře	= **N.**	čtvery dobré kalhoty	= **N.**
L.	dvoj**ích** modern**ích** dveřích	**-ích**	čtver**ých** dobr**ých** kalhotách	**-ých**
I.	dvoj**ími** modern**ími** dveřmi	**-ími**	čtver**ými** dobr**ými** kalhotami	**-ými**

>> *These numerals are used:*
1. with nouns having only a plural: **dvoje dveře**
2. with nouns occurring in pairs: **troje boty, čtvery rukavice**
3. when talking about packages: **patery špagety, šestery zápalky, sedmery cigarety**

>> **dvojí + obojí + trojí** *means two or three **various/different** things:* dvojí
dveře – two different doors. This form is also used with abstract nouns in the
singular: **dvojí způsob, trojí způsob řešení**

■ 2. Ze slov v závorce utvořte adjektiva:

(dva díly) _____ plavky, (tři svazky) _____ slovník, (pět pater) _____ činžák,
(čtyři pokoje) _____ byt, (dvě kola) _____ volby, (tři lůžka) _____ pokoj,
(dvě barvy) _____ tisk, (mnoho let) _____ zkušenost, (mnoho vrstev)
_____ román, (pět členů _____ rodina, (osm hodin) _____ pra-
covní doba, (dvě komory) _____ parlament, (několik hodin) _____
zpoždění, (pět dílů) _____ televizní seriál, (čtyři léta) _____ chlapec

■ 3. Přečtěte:

na 100 obyvatel připadá v % v roce	1997	2002	2007
Počet mobilních telefonů	5,1	84,4	124,6
Podíl připojení na internet (domácnosti)	0	13,5	32
Vybavenost domácnosti:			
chladnička s mrazničkou	35,2	58,1	75,1
automatická pračka	78,1	88,7	93,4
CD přehrávač	7,1	23,4	57
jízdní kolo	152,4	155,3	150,8
osobní automobil	59,2	65,9	72,6
rekreační objekt	13,8	12,8	12,1
osobní počítač	11,5	28,4	55,6

■ **4. Přečtěte:**

	rok 2007
1. Počet obyvatel	**10 322 632**
2. Naděje dožití při narození (v letech)	Muži **73,7**
	Ženy **79,9**
3. Sňatky (na 1000 obyvatel)	**5,5**
4. Rozvody (na 1000 obyvatel)	**3,0**
5. Živě narození (na 1000 obyvatel)	**11,1**
6. Potraty (na 1000 obyvatel)	**4,0**
7. Zemřelí (na 1000 obyvatel)	**10,1**
8. Přirozený přírůstek (na 1000 obyvatel)	**1,0**
9. Celkový přírůstek	**0,91 %**
10. Kojenecká úmrtnost (na 1000 živě narozených dětí)	**3,1**
11. Úhrnná plodnost (počet živě narozených dětí připadajících na 1 ženu)	**1,438**
12. Hustota zalidnění	**132 obyv./km²**

■ **5. Přečtěte:**

Z celkové plochy státního území (78 867 km² – 113. na světě) leží 52 817 km² (**66,97 %**) v nadmořské výšce do 500 m, 25 222 km² (**31,98 %**) ve výšce 500 až 1000 m a pouze 827 km² (**1,05 %**) ve výšce nad 1000 m. Střední nadmořská výška České republiky je 430 m.

Lesy, převážně jehličnaté, zaujímají 33 % celkové rozlohy ČR.

Státní hranice s Polskem je dlouhá **761,8 km**, s Německem **810,3 km**, s Rakouskem **466,3 km** a se Slovenskem **251,8 km**. Územím ČR prochází hlavní rozvodí oddělující povodí Severního, Baltského a Černého moře. Hlavní říční osy jsou v Čechách Labe (370 km) s Vltavou (433 km), na Moravě řeka Morava (246 km) s Dyjí (306 km) a ve Slezsku Odra (135 km) s Opavou (131 km).

Podle posledního sčítání lidu z roku 2001 je většina populace (59 %) bez vyznání. Nejpočetnější církev je římskokatolická (**26,8 %**), následují Českobratrská církev evangelická (**1,15 %**) a Církev československá husitská (**0,97 %**). Počet vyznavačů pravoslaví, judaismu a islámu je nepatrný.

Ukazatel	Období	Meziroční růst / pokles v %	Datum zveřejnění
Hrubý domácí produkt	4. čtvrtletí 2008	+0,7	11. 03. 2009
Index spotřebitelských cen	duben 2009	+1,8	12. 05. 2009
Míra inflace	duben 2009	+4,6	12. 05. 2009
Průmyslová výroba	březen 2009	–17,0	12. 05. 2009
Stavební výroba	březen 2009	–9,4	12. 05. 2009
Průměrná mzda: nominální reálná	4. čtvrtletí 2008	+8,3 +3,4	09. 03. 2009
Indexy cen výrobců: zemědělských průmyslových stavebních prací tržních služeb	duben 2009	–29,2 –2,5 +1,9 +1,7	15. 05. 2009
Zahraniční obchod: dovoz vývoz	březen 2009	–13,5 –6,3	07. 05. 2009
Míra nezaměstnanosti	k 30. 04. 2009	7,9	12. 05. 2009

ROZPOČTOVÝ KOLÁČ

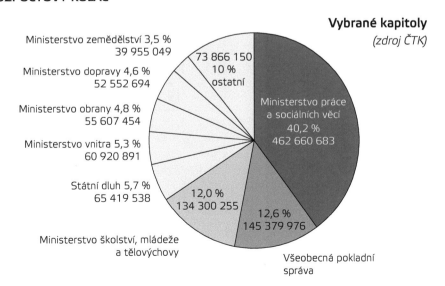

Vybrané kapitoly
(zdroj ČTK)

Ministerstvo zemědělství 3,5 %
39 955 049

Ministerstvo dopravy 4,6 %
52 552 694

Ministerstvo obrany 4,8 %
55 607 454

Ministerstvo vnitra 5,3 %
60 920 891

Státní dluh 5,7 %
65 419 538

Ministerstvo školství, mládeže
a tělovýchovy

73 866 150
10 %
ostatní

Ministerstvo práce
a sociálních věcí
40,2 %
462 660 683

12,0 %
134 300 255

12,6 %
145 379 976

Všeobecná pokladní
správa

zdroj: http://www.czso.cz/csu/csu.nsf/aktualniinformace#120

Česká republika je demokratická parlamentní republika.

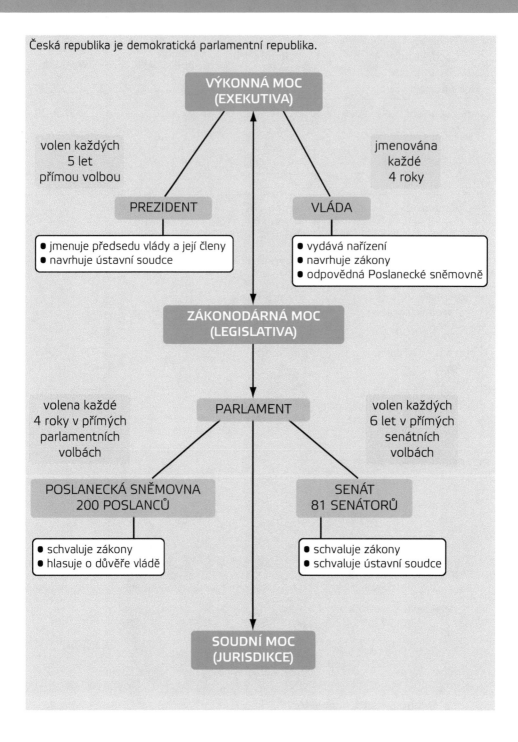

VÝKONNÁ MOC (EXEKUTIVA)

volen každých 5 let přímou volbou

jmenována každé 4 roky

PREZIDENT
- jmenuje předsedu vlády a její členy
- navrhuje ústavní soudce

VLÁDA
- vydává nařízení
- navrhuje zákony
- odpovědná Poslanecké sněmovně

ZÁKONODÁRNÁ MOC (LEGISLATIVA)

volena každé 4 roky v přímých parlamentních volbách

volen každých 6 let v přímých senátních volbách

PARLAMENT

POSLANECKÁ SNĚMOVNA 200 POSLANCŮ
- schvaluje zákony
- hlasuje o důvěře vládě

SENÁT 81 SENÁTORŮ
- schvaluje zákony
- schvaluje ústavní soudce

SOUDNÍ MOC (JURISDIKCE)

	M	**jenž**	**N**	**jež**	**F**	**jež**	**Ma.**	**již**	**Mi. + F + N**	**jež**
	colspan content									

jenž, jež, jež = který, -á, -é

„on, ona, ono" + ž

	M	**jenž**	**N**	**jež**	**F**	**jež**	**Ma.**	**již**	**Mi. + F + N**	**jež**
Gen.	**jeho**ž / bez něho**ž**				**jíž** / od ní**ž**		jich**ž** / bez nich**ž**			
Dat.	**jemu**ž / k němu**ž**				**jíž** / k ní**ž**		**jim**ž / k nim**ž**			
Ak.	**Ma.**	**jeho**ž / na něho**ž**			**jíž** / na ni**ž**		**je**ž / na ně**ž**			
	Mi.	**jej**ž / na něj**ž**								
	N	**je**ž / na ně**ž**								
Lok.	o **něm**ž				o **níž**		o **nich**ž			
Instr.	**jím**ž / s ním**ž**				**jíž** / s ní**ž**		**jimi**ž / s nimi**ž**			

» *The pronouns* **jenž, jež, jež** *is used mostly in a written literary language.*

■ 6. Nahraďte zájmeno *který* zájmenem *jenž*:

Vyskytl se problém, kterého _____ jsem si předtím nebyl vědom.
Dospěl k závěru, kterému _____ jsem nerozuměl.
Ten pán, se kterým _____ dělali interview, je Honzův dobrý známý.
Bavíme se o řešení, které _____ v praxi ještě nebylo vyzkoušeno.
Letadlo, kterým _____ přiletěli, mělo problémy při přistávání.
Je to otázka, kterou _____ jsem nepochopil.
Záležitosti, o kterých _____ jednají, jsou pro obě strany důležité.
Studenti, kterých _____ se týká nové opatření, na to byli upozorněni včas.
Jsou to situace, kterými _____ prochází většina z nás.
Uplatněte nároky, na které _____ máte právo.
Uvedl námitky, vůči kterým _____ se předem ohrazujeme.
Nemluvte o lidech, kteří _____ nejsou přítomní.
Věci, o kterých _____ nepochybuji, říkám přímo a otevřeně.
Výsledky, na které _____ netrpělivě čekáme, budou zveřejněny do půlnoci.
Je to událost, na kterou _____ nikdy nezapomenu!
Vyberte si kurzy, kterých _____ se chcete zúčastnit.

▲ vyskytnout se = objevit se
nárok na něco = právo na něco
námitka = konstruktivní kritika

» nebyl jsem si **vědom / jist** (*momentální stav*)
sebe**vědomý** člověk, sebe**jistý** člověk (*permanentní vlastnost*)

jehož, jejichž		„jeho", „jejich"+ ž
Člověk, Lidé / dívky,	jehož jejichž	názoru/názorů se bojím.
Člověk, k Lidé / dívky, k	jehož jejichž	názoru/názorům přihlížím.
Člověk, na Lidé / dívky, na	jehož jejichž	názor/názory dbám.
Člověk, o Lidé / dívky, o	jehož jejichž	názoru/názorech přemýšlím.
Člověk, s Lidé / dívky, s	jehož jejichž	názorem/názory souhlasím.

jejíž		„její" + ž
Dívka,	jejíhož (jejíž) jejíchž	aktivního postoje (maminky) se bojím. aktivních postojů si vážím.
Dívka, k	jejímuž (jejíž) jejímž	pasivnímu postoji (mamince) mám výhrady. aktuálním názorům přihlížím.
Dívka, na	jejíž (jejíž) jejíž	aktivní postoj (maminku) jsem hrdý. inteligentní názory dbám.
Dívka, o	jejímž (jejíž) jejíchž	kompetentním názoru (mamince) nepochybuji. kompetentních názorech přemýšlím.
Dívka, s	jejímž (jejíž) jejímiž	pasivním postojem (maminkou) nesouhlasím. aktuálními názory souhlasím.

>> *The possessive relative pronouns* **jehož** *and* **jejichž** *are indeclinable, while* **jejíž** *takes the same declension as* **její**, *e.g. the soft adjective declension like* **moderní**.

■ **7. Doplňte vhodně zájmeno** *jehož, jejíž, jejichž*:

Osobnost, _____ postojů si váží široká veřejnost. Věta, _____ smyslu jsem neporozuměl. Děti, _____ rodiče jsou rozvedeni. Herec, _____ výkony obdivuje celý národ. Cestující, o _____ místě pobytu není nic známo. Modelka, _____ kráse se nic nevyrovná. Památné místo, s _____ osudem je úzce spjata historie kraje. Záležitosti, do _____ řešení se nám nechce. Je to krize, _____ dopad budeme ještě nějakou dobu pociťovat, o _____ dopadu se ekonomové ještě budou bavit. Situace, k _____ řešení potřebujeme čas a trpělivost.

(ten)týž, (ta)táž, (to)též = stejný, -á, -é

týž = „dobrý", „dobré" + ž, **táž** = „dobrá" + ž(e) / + N, A, I **ten**

sg. Nom.	M	tentýž (týž)	N	totéž	F	tatáž (táž)	pl. Ma.	titíž (tíž)	Mi. + F	tytéž	N	tatáž (táž)
Gen.	téhož				téže				týchž			
Dat.	témuž				téže				týmž			
Ak. Mi.		tentýž			touž / tutéž			Ma. + Mi. + F			tytéž		
Ak. Ma.		téhož											
Ak. N		totéž						N			táž / tatáž		
Lok.	o témž(e) / tomtéž				o téže				o týchž			
Instr.	týmž / tímtéž				touž / toutéž				s týmiž			

» *The pronouns* **týž, tatáž, totéž** *are used in a written literary language.*

▲ též *(lit.)*= také
téhož roku = ve stejném roce
totožný = stejný
totožnost = identita
dvě stránky téže mince = dva pohledy na stejný problém, dva projevy
stejné věci
jedno a totéž = není mezi tím žádný rozdíl

----

ten samý, ta samá, to samé = stejný, -á, -é

sg. Nom.	M	ten samý	N	to samé	F	ta samá	pl. Ma.	ti samí	Mi. + F	ty samé	N	ta samá
Gen.	toho samého				té samé				těch samých			
Dat.	tomu samému				té samé				těm samým			
Ak. Mi.		ten samý			tu samou			Ma. + Mi. + F			ty samé		
Ak. Ma.		toho samého											
Ak. N		to samé						N			ta samá		
Lok.	o tom samém				o té samé				o těch samých			
Instr.	tím samým				tou samou				těmi samými			

▲ sám, -a, -o / samý, -á, -é *(alone)*; samý + jen; ten samý = stejný *(spoken language)*

■ **8. Nahraďte** *stejný* **zájmenem** *týž*:

Zabývali jsme se stejnou _____ problematikou.

Máme na mysli stejnou _____ otázku.

Nevstoupíš dvakrát do stejné _____ řeky.

To přece není jedno a _____!

Dospěli jsme k stejným _____ výsledkům.

Obávali se stejných _____ následků.

Jsou to stále stejní _____ lidé!

Divili se stejnému _____ postupu.

Setkali se se stejnými _____ potížemi.

Hovořili o stejném _____ problému.

Chystali se navštívit stejná _____ města.

Máme stejné _____ informace.

Usiluji o stejnou _____ věc.

Vyslovili stejná _____ obvinění.

Bavíme se o stejných _____ věcech.

Příběh popsali stejnými _____ slovy.

Byli jsme tam ve stejné _____ době.

Věnujeme se stejnému _____ oboru.

Knížky vyšly ve stejném _____ roce.

■ **9. Nahraďte** *stejný* **výrazem** *ten samý*:

Má přece stejný _____ problém!

Mají přijít ve stejnou _____ hodinu.

Nevěřili by stejným _____ věcem.

Uviděl jsem stejného _____ člověka.

Bydleli ve stejném _____ domě.

Dělají to pořád stejní _____ vandalové.

Ocitli se zase na stejném _____ místě.

Je to pořád stejné _____.

Fandili stejnému _____ mužstvu.

Probírali stejné _____ otázky.

Chybovali ve stejných _____ cvičeních.

Napsali stejnou _____ chybu.

Adjektiva -í ← imperf. v. = process; declension as „moderní"

3. p. pl. present	present participle	adjektivum	
píší	píší + **c**	píšíc + **í**: **píšící** člověk	= člověk, který píše
čtou	čtou + **c**	čtouc + **í**: **čtoucí** dítě	= dítě, které čte
kupují	kupují + **c**	kupujíc + **í**: **kupující** pán	= pán, který kupuje

▲ cestující; vzrušující příběh, rozhodující okamžik, vynikající odborník

■ 10. Utvořte adjektivum a použijte jej ve větách:

Je to vynikaj**ící** odborník, který se zabývá literaturou. – zabývající se literaturou.

Mluvil jsem s vynikaj**ícím** odborníkem, který se zabývá literaturou.

_____

Setkal jsem se s vynikaj**ícími** odborníky, kteří se zabývají touto problematikou.

_____

Je to aktuál**ní** text, který se týká zmíněného problému.

_____

Je to úryvek z aktuál**ního** textu, který se týká zmíněného problému.

_____

Vraťme se k tomu aktuál**nímu** textu, který se týká diskutovaného problému.

_____

Mluvíme o tom aktuál**ním** textu, který pojednává o zmíněném problému.

_____

Zabýváme se tím aktuál**ním** textem, který rozebírá zmíněný problém.

_____

Je několik aktuál**ních** textů, které se věnují stejným problémům.

_____

Adjektiva -cí = purpose; declension as „moderní"

infinitiv	+ cí	adjektivum	
psát: ⟋	psa + **cí**	psací: **psací** potřeby	= slouží k psaní
čistit: ⟋	čisti + **cí**	čisticí: **čisticí** prostředky	= slouží k čištění, tj. úklidu

■ 11. Utvořte účelová adjektiva:

foukat _____ harmonika	spát _____ pytel	bít _____ nástroje
hlídat _____ pes	plnit _____ pero	prát _____ prášek
sedat _____ souprava	oddat _____ síň	mýt _____ houba

VE ZDRAVÉM TĚLE ZDRAVÝ DUCH

Pierre de Coubertin založil novodobé olympijské hry, které se poprvé konaly v Athénách roku 1896. Tam poprvé zaznělo heslo *Citius, altius, fortius* (Rychleji, výše, silněji), které od té doby vyjadřuje cíl olympijského hnutí, jímž je úsilí o neustálý pokrok, o zdolávání čím dál větších překážek.

Snaha o dosažení stále rychlejšího tempa a čím dál kratších časů má ovšem své biologické hranice. Při prvních novodobých olympijských hrách v roce 1896 proběhl Američan T. E. Burke 100metrovou trať ve vítězném čase 12 s. Dnes činí světový rekord Maurice Greena 9,79 s (u žen 10,49 s). Robert Schutz z University of British Columbia spočetl přirozenou hranici lidských možností a tvrdí, že do roku 2050 je ještě možné zlepšení na 9,51 s. Potom sportovci již narazí na nepřekonatelnou přirozenou bariéru. Ta je dána jednak množstvím energie, které je lidské tělo schopno v daném čase vydat, jednak fyzickými možnostmi svalů, kostí, a kloubů. Špičkoví sprinteři již této hranice prakticky dosáhli.

Biologické hranice rychlosti se netýkají jen sportu. Špičkovým výkonem v hraní na klavír je 650 úderů za minutu. Docílil jich Švýcar Silvan Zingg při hře boogiewoogie. Ještě vyšší frekvence je možná u bicích. Tady je světový rekord 1123 úderů za minutu. Rychlostní rekordy lze lámat i ve zcela jiných oborech. Brit Steve Woodmore dokázal vyslovit 637 slov za minutu (normální tempo řeči je asi 60 slov). Rekordní výkon při pojídání jednotlivých zrnek rýže hůlkami dělá 64 zrn za tři minuty. Za stejnou dobu zhltl Brit Mat Hand podle Guinnessovy knihy rekordů 133 hroznů. Každá země má své závody v běhu do vrchu, zdolávání schodů a podobné kratochvíle. Jednou z takových akcí byl i běh do 1336 schodů 73patrového singapurského hotelu Westin-Stamford. Nejlepší čas činil 6 min 55 s. Poněkud jiný rekord zaznamenal Nepálec Babu Chiri Sherpa, který vystoupal na 8848 metrů vysoký vrcholek Mount Everestu v zatím nejrychlejším čase 16 hodin a 56 minut.

(hodnoty rekordů převzaty z časopisu 100+1).

Diskuse:

- Název sport se odvozuje od latinského „disportare", což znamená bavit se, příjemně trávit volný čas. Co dnes zbylo z tohoto ušlechtilého cíle?
- Během příprav a konání her v starověkém Řecku platil zákaz válek („Ruce pryč od zbraní"), tj. vyhlášení všeobecného míru. Co dnes zbylo z této ušlechtilé myšlenky?
- Jak vnímáte původní heslo olympijských her: „Není důležité vyhrát, ale zúčastnit se!" V co se změnila přirozená lidská hravost a soutěživost?
- Co si myslíte o astronomických částkách investovaných do reklamy a o závratně vysokých sumách peněz vyplácených sportovcům za jejich výkon?

Ženy v politice – politika rovných příležitostí po Česku

Statistické údaje mluví jasnou řečí. Ženy jsou u nás v Poslanecké sněmovně zastoupeny 17 procenty. V Senátu je 11 procent žen, v krajích je z celkového počtu 129 radních 12 žen, to činí asi 10 procent, a hejtmani, to jsou výhradně muži, takže nula procent. Ženy totiž nebývají na kandidátních listinách umístěny na volitelných místech. Proč ne?

V Evropské unii, v Evropském parlamentu, v radě a v komisi je žen skoro 40 procent. Uvnitř Evropské unie je poměrné zastoupení žen v národních vládách a parlamentech přibližně 25 procent. Na prvním místě žebříčku je Švédsko (47 procent), na druhé příčce poté Finsko, kde je v parlamentu 42 procent žen. V Nizozemsku jich je o něco méně – 39 procent. Nejméně poslankyň je pak v Itálii (11,5 procenta) a v Řecku (8,7 procenta).
Ještě více žen – 49 procent – je například v rwandském parlamentu. A to zejména proto, že v zemi byla zavedena určitá opatření a kvóty ke zvýšení zastoupení žen v politice.
Za rovný přístup považují odborníci stav, kdy žádné z pohlaví není zastoupeno méně než 40 procenty v jakémkoliv rozhodovacím orgánu politického a veřejného života. Za kritickou hranici označují 30 procent.

Poslanci kouření v restauracích nezakázali, nechali to na provozovatelích

Poslanci ve středu schválili zákon, který má omezit kouření v restauracích. Ze tří navržených podob vybrali tu nejmírnější, která nechává na provozovateli zařízení, zda jeho podnik bude kuřácký, nekuřácký či bude nabízet obě eventuality. Zákon by měl začít platit od července 2010.
Podle statistických údajů kouří čtvrtina Čechů. Podle údajů Světové zdravotnické organizace (WHO) zemře každý rok na následky kouření více než pět milionů lidí.

Anketa – Průzkum veřejného mínění

Souhlasíte s rozhodnutím poslanců, aby si restaurace samy určily, zda budou nekuřácké?

Ano	35,4 %
Ne, ať je kouření všude povoleno	2,7 %
Ne, ať je kouření všude zakázáno	62 %

Celkem hlasovalo 16 042 čtenářů.

H_2O za všechny peníze

Bývalý londýnský starosta Ken Livingstone zahájil kampaň za vodu z vodovodu slovy: „Nepijte vodu balenou, ale tu z kohoutku, ušetříte a zachráníte planetu." Přehání? Půllitr luxusní minerální vody Evian, která se z francouzských Alp vyváží do celého světa, stojí v obchodě 27,90 Kč. Litr vody z vodovodu vyjde na cca 5 haléřů. V předloňském roce se na celé planetě prodalo asi 200 miliard litrů balené vody. Na obaly se ročně spotřebuje 50 milionů barelů ropy. Podle studie amerických vědců si tak můžeme každou láhev představit ze čtvrtiny plnou ropy. Němečtí ekologové z frankfurtské univerzity zase přišli na to, že PET lahve kontaminují vodu molekulami s účinky hormonů, o nichž soudí, že mohou způsobovat mužskou neplodnost a jsou karcinogenní. Mimochodem, když britský vinařský časopis Decanter testoval naslepo chuť různých vod, Evian obsadil 15. místo. Voda z kohoutku třetí.

Šance, že potkáme druhou polovičku, s věkem prudce klesá

Všeobecně je známo, že je na světě víc žen než mužů. Čím to je? Muži raději riskují a jsou náchylnější k nemocem, ženy jsou odolnější a opatrnější. Ve věku do 25 let si 108 žen vybírá ze 100 mužů, ve věku od 26–28 let si 100 žen vybírá z 80 mužů, kdežto ve věku od 38–42 let si 100 žen vybírá již pouze z 62 mužů. Tento poměr dále prudce klesá (pro klidný spánek dam i mužů je lepší jej nezveřejňovat).

■ 12. Zaujměte stanovisko k výše uvedeným zprávám:

- Měly by se podle vás ženy víc zapojit do politiky?
- Jaké jsou dobré a špatné stránky větší angažovanosti žen v politice?
- Čím je asi způsobeno nízké procento žen v české politice?
- Jaká je situace ve vaší zemi?

- Jaký je váš názor na kouření?
- Je pravda, že jsou kuřáci netolerantní a bezohlední, tj. na nikoho neberou ohledy?
- Jste připraveni snášet rizika pasivního kouření?
- Co si myslíte o kouření na pracovišti?
- Je oprávněná obava některých provozovatelů hospod, že by v nekuřáckém prostředí klesly jejich tržby?
- Jaké by bylo podle vás optimální řešení tohoto problému?

- Pijete vodu z vodovodu, anebo dáváte přednost balené vodě? Proč?
- Měl by vám číšník na požádání přinést vodu z kohoutku? Mělo by se za ni platit?

Izraelka vyhodila matraci s dvaceti miliony korun (ČTK)

Že je v dnešní době nebezpečné mít životní úspory v bance? Žena z Izraele před několika dny dokázala, že schovávat peníze tzv. pod polštářem, je ještě daleko nebezpečnější. Omylem totiž vyhodila matraci, ve které byly uschovány celé rodinné úspory (v přepočtu skoro 20 milionů korun).

Příběh ovšem zatím nemá ani trochu šťastný konec. Matraci totiž stačili popeláři odvézt a nyní ji na skládkách hledají stovky lidí. Nešťastná žena řekla rádiu Army, že v pondělí koupila své staré matce novou matraci, aby ji potěšila, a tu starou vyhodila. Když na to však její matka přišla, tak málem dostala infarkt: ve své staré matraci totiž měla schovány celoživotní úspory.

Přestože žena okamžitě navštívila tři nejbližší smetiště, kam mohli popeláři matraci odvézt, tu svou, plnou peněz, zatím nenašla a pravděpodobně už ani nenajde.

▲   tzv. – takzvaně – *so called*

Diskuse k článku (www.novinky.cz):

K. H., Dětmarovice
Čtvrtek, 11. června 2009, 11:04:25 | Souhlasím | Nesouhlasím | +2
Šetření je fajn, ale pak nechápu, že lidi si ty peníze neužijou. Podívejte se na naše důchodce... celej život makali, šetřili... a teď syslí statisíce po šuplíkách a skříních, až jim je ukradnou podvodníci. Lidi, žijeme jen jednou, tak si ty prachy užijte a vyprdněte se na synky a dcery... ty ať si našetří vlastní!

L. Dá*, Frýdek-Místek
Čtvrtek, 11. června 2009, 11:05:07 | Souhlasím | Nesouhlasím | 0
Kdy letí nejbližší letadlo?

H. Pá*, Ostrava
Čtvrtek, 11. června 2009, 11:06:33 | Souhlasím | Nesouhlasím | 0
kdo šetří má za tři!

J. Ř., Náchod
Čtvrtek, 11. června 2009, 11:07:26 | Souhlasím | Nesouhlasím | +3
AKTIVNÍ BLB JE HORŠÍ NEŽ TŘÍDNÍ NEPŘÍTEL!!!

J. H., Žamberk
Čtvrtek, 11.června 2009, 11:08:34 | Souhlasím | Nesouhlasím | +12
Mně to fakt příde jako dobrej fór. Jako u nás s tím fiktivním nákupním centrem někde v Letňanech**. Akorát u nás bylo pár důchodců naštvaných, že je někdo doběh a přitom se pěkně prošli na téměř čerstvým vzduchu. Zato v Izraeli stovky lidí prohrabávají vodpadky, shnilý potraviny v příšerným smradu atd. A kdo si to vymyslel, ten se doma tlemí. To musí bejt zábava.

K. H., Dětmarovice
Čtvrtek, 11. června 2009, 11:11:36 | Souhlasím | Nesouhlasím | +2
kdo šetří má za tři... roky úplný h...o!!!

L. Já*, Brněnec

Čtvrtek, 11. června 2009, 11:13:58 | Souhlasím | Nesouhlasím | +2

Ještě mezi bezdomovci vypukne bitva vo matrace, budou si je kuchat navzájem...
Lidi, neberte všechno tak smrtelně vážně, když nejde o život, jde o... Kdyby si tak
popeláři chtěli odvízt taky i to šeredný počasí. Všem pozitivně smýšlejícím přeji hezký
den.

R. T., Sázava

Čtvrtek, 11. června 2009, 11:14:03 | Souhlasím | Nesouhlasím | +2

Ale maminka je skromná žena – má našetříno 20 milionů a už dávno si nekoupila tre-
zor – nebo aspoň tu novou matraci :-)

J. L., Liberec

Čtvrtek, 11. června 2009, 11:18:03 | Souhlasím | Nesouhlasím | +1

CHááá, CHááá, dobře jí tak, zadržování měny je trestný, peníze se musej točit:-)))))) co
by dělala s tolika prachama

J. M., Brno

Čtvrtek, 11. června 2009, 11:31:49 | Souhlasím | Nesouhlasím | 0

dyž je někdo fakt tak extrémně blbej. to snad ani není možný. proč si nekoupila aspoň
trezor...

Z. Má*, Hradec Králové

Čtvrtek, 11. června 2009, 11:35:10 | Souhlasím | Nesouhlasím | 0

pro J. M., Brno: Já se tomu musím fakt smát – ale co kdyby zapomněla ke trezoru
heslo????? (Alzheimer)

V. Vá*, Fryčovice

Čtvrtek, 11. června 2009, 11:35:50 | Souhlasím | Nesouhlasím | +1

Tak tady krásně platí do slova a do písmene – „Za dobrotu na žebrotu!" Chudák,
chtěla udělat svý matce radost a místo toho jí z toho málem klepla pepka...

J. M., Ostrava

Čtvrtek, 11. června 2009, 11:44:08 | Souhlasím | Nesouhlasím | 0

Penězi s radostí „točí" jen lidé, kteří jich nabyli bez vlastního přičinění, anebo zločinem.
Ti, kteří si je vydělávají v potu tváře za minimální mzdu, ti si umí peněz vážit.

J. M., Ostrava

Čtvrtek, 11. června 2009, 11:55:24 | Souhlasím | Nesouhlasím | 0

pro K. H. z Dětmarovic: Ano. Naši důchodci celý život makali a to, co vyprodukovali, to
jste vy, pravičáci, dokázali za 20 let vytunelovat, rozkrást, rozprodat a ještě si z nás
děláte srandu. Ale poznáte, jaký to je, až Vám to vaši potomci v budoucnu začnou
vracet. A že jednou začnou, na to vemte jed.

J. Š., Plzeň

Čtvrtek, 11. června 2009, 12:24:30 | Souhlasím | Nesouhlasím | 0

Tak, dyž sem tuhle zprávu slyšel hnedka po ránu, dlouho sem se musel smát, jak jsou
lidé blbí...

J. L., Liberec

Čtvrtek, 11. června 2009, 12:30:39 | Souhlasím | Nesouhlasím | +2

Tak jste tady pane M. setřel lidi, který se chtěli vodreagovat a z článku si dělali legraci, většina z nich je stejně chudejch jako já, nebo asi i Vy a mít 20 mega, tak se válíme u moře, na horách… a užíváme si:-)))

R. L., Kadaň

Čtvrtek, 11. června 2009, 12:41:03 | Souhlasím | Nesouhlasím | 0

Teď jsem koukal na zprávy na ČT 24 a tam říkali, že měla v matraci na naše 1 milion Kč a tady píšou že tam měla milionů 20. Tak čemu mám věřit??

Č. V., Praha

Čtvrtek, 11. června 2009, 12:45:06 | Souhlasím | Nesouhlasím | 0

pro J. H., Žamberk: Taky mi to tak připadá. Měla radši ukládat na důchodový spoření. Pomohla by bance (plus ty regulační bankovní poplatky za vklady) a po 20 letech by byl její zisk stejný – jako s tou matrací :-D

Č. V., Praha

Čtvrtek, 11. června 2009, 12:47:13 | Souhlasím | Nesouhlasím | 0

pro R. L., Kadaň: Nevěřte raději ničemu!

A. Aá*, Červená Voda

Čtvrtek, 11. června 2009, 13:16:00 | Souhlasím | Nesouhlasím | 0

No doufám, že je někdo potřebný najde a užije ve zdraví.

M. K., Temelín

Čtvrtek, 11. června 2009, 13:29:39 | Souhlasím | Nesouhlasím | +1

takže teďka ňákej homelesák, kterej vybufetil matraci na smetišti, si lebedí na dvaceti milionech, aniž by tušil, že tam ty peníze sou, protože nemá ani internet ani žádný prostředky, kterými by se dozvěděl vo ztracený matraci s 20.000.000! To mě podržte!

J. B., Broumov

Čtvrtek, 11. června 2009, 16:18:28 | Souhlasím | Nesouhlasím | +2

U hlavní zdi mýho domu je zakopanej poklad, je potřeba kopat výkop 10 m dlouhej, 50 cm širokej a 150 cm hlubokej. Může si jej vykopat kdokoliv…

V. T., Planá

Čtvrtek, 11. června 2009, 16:47:37 | Souhlasím | Nesouhlasím | +1

Letím do Izraele, a doufám, že nepoletí zrovna Airbus A 330, abych si stačil eště užít.

---

* Dá, Pá atd. označuje diskutující ženského pohlaví.

** Narážka na projekt studentů FAMU (Filmová akademie múzických umění), kteří natočili film Český sen (2003) – první českou filmovou reality show o fiktivním hypermarketu: Na parkovišti v pražských Letňanech se tlačí více než 3000 nedočkavých lidí. Přilákala je sem reklamní kampaň slibující hypermarket ČESKÝ SEN s neuvěřitelně nízkými cenami. Na pódium vybíhají manažeři hypermarketu, vítají se se svými zákazníky a přestřihnou blyštivou pásku. Ochranka odstraňuje kovové zábrany, dav se dává do pohybu. K hypermarketu zbývá ještě 300 metrů. Lidé se rozběhnou… Chvíli na to nejrychlejší z nich oněmí: hypermarket, ke kterému doběhli, je jen velká filmová kulisa… Nic víc.

Změny samohlásek

a – jev velmi rozšířený   b – jev méně rozšířený   c – jev na ústupu

	spisovná č.	kolokviální č.			
a	-É	-Ý	koncovka	F sg.	vod tý mý dobrý ženský
a				M sg.	vod mýho dobrýho kámoše
a				N sg.	velký auto, vod velkýho auta
a				M, F, N pl.	velký kluci, holky, auta
a	-E-	-Í- /-Ý-	kmen		polívka, mlíko, líp*, míň*, píct, prohlídnout, týct, nýst, dýl
a	-Ý	-EJ	koncovka	M sg.	dobrej kámoš
b				M pl.	vod mejch dobrejch kámošů
b				F pl.	vod mejch dobrejch kámošek
b				N pl.	vod mejch dobrejch aut
a	-Ý-/-Í-	-EJ-	kmen		bejt, mlejn, cejtit, zejtra
a	O-	VO-	počáteční		von, vokno, voko, votevřít, vod, vo !!! operace, orgán, otec, ovoce !!!
c	Ú-	OU-	počáteční		ouřad

Výslovnost (vynechávání) některých souhlásek v určitých pozicích

k	j	l	různé hlásky	skupiny hlásek
dyž	du	sed	kerej	dyť
dyby	sem, sme	přines	vem	dycky
dybysme	méno	jabko	vemu	
	eště	žíce	muskej	
	přídu		cera	
	pudu		esli	
			prázniny	

Hlavní morfologické a syntaktické jevy

Nom. pl.	sp. č.: -i -í / -y -é / -a -á	kol. č.: -y/-ý
Ma.	ti velcí kluci byli dobří	ty velký kluci byli dobrý
Mi.+F	ty velké domy, holky byly dobré	ty velký baráky, holky, jabka byly dobrý
N	ta velká jablka byla dobrá	
Lok. pl.	sp. č.: -ích / -ech / -ách	kol. č.: -ách
M F N	o klucích, domech, holkách, jablcích	o klukách, barákách, holkách, jabkách
Instr. pl.	sp. č.: -y / -i / -ami / -emi / -mi	kol. č.: -ama/-ema/-ma
M F N	s kluky, domy, stroji, holkami, jablky, skříněmi, lidmi	s klukama, barákama, strojema, holkama, jabkama, skříněma, lidma
Pasivum	sp. č.	kol. č.: aktivum
	velká města byla vybudována	velký města byly vybudovaný
Rezultát	sp. č.	kol. č.: mít + pasivum v N.
	uvařil, uklidil, vypral, našetřil	má uvařeno, uklizeno, vypráno, našetřeno

* líp, míň = *standard spoken form*

■ **13. Podívejte se ještě jednou na Diskusi a doplňte tabulku. Vypište všechny lexikální prostředky a gramatické tvary patřící do mluveného jazyka a nahraďte je spisovnými nebo neutrálními prostředky:**

Gramatické tvary:

kolokviální	spisovný
celej...	celý...

Lexikální prostředky:

fajn	dobře
makat	hodně pracovat
po šuplíkách	po zásuvkách
prachy	peníze
vyprdnout se na něco = vykašlat se...	přestat se o něco zajímat...

■ **14. Odpovídejte na otázku** *Kdy se to stalo?* **(uveďte více možností):**

Silvestr _____, nový rok _____, Vánoce _____
vánoční svátky _____, Velikonoce _____, Vánoce a Silvestr _____
prázdniny _____, osmá a devátá hodina _____, devět hodin _____
devátá hodina _____, bílý den _____, úsvit _____
půlnoc _____, poledne _____, noc _____
komunismus _____, válka _____, přestávka _____
nákup _____, oběd _____, spánek _____, dovolená _____
školní léta _____, studia _____, první třída _____
začátek roku _____, konec roku _____, bouřka _____
povodně _____, 14. století _____, rok 1234 _____
říjen _____, jaro _____, minulá středa _____
15. duben rok 1925 _____, den mých narozenin _____
stejná doba _____, ta doba _____, poslední doba _____
jeden den _____, následující den _____, čas _____

■ **15. Odpovídejte na otázku** *Kam šel? Kde byl? Odkud se vrátil?*

holič _____ _____ _____   doktor _____ _____ _____
nákup _____ _____ _____   pošta _____ _____ _____
pan profesor _____ _____ _____   operace _____ _____ _____
pivo _____ _____ _____   sklep _____ _____ _____
půda _____ _____ _____   les _____ _____ _____
zahrada _____ _____ _____   úřad _____ _____ _____
záchod _____ _____ _____   diskotéka _____ _____ _____
nemocnice _____ _____ _____   návštěva _____ _____ _____
centrum _____ _____ _____   houby _____ _____ _____

■ **16. Odpovídejte na otázku** *Kam odjel? Kde byl? Odkud přijel?*

venkov _____ _____ _____   hory _____ _____ _____
cizina _____ _____ _____   Řím _____ _____ _____
Aljaška _____ _____ _____   Island _____ _____ _____
Austrálie _____ _____ _____   Nový Zéland _____ _____ _____
Morava _____ _____ _____   Berlín _____ _____ _____
Helsinky _____ _____ _____   Krkonoše _____ _____ _____
Riga _____ _____ _____   Tunisko _____ _____ _____

■ **17. Doplňte vhodnou předložku a dejte výraz v závorce do náležitého tvaru:**

(jménem + G; **na rozdíl od** + G; **na přelomu** + G;
pod vedením + G; **v doprovodu** + G; **pod vlivem** + G; **s vyloučením** + G;
u příležitosti + G; **v případě** + G; **v úvodu** + G; **v průběhu** + G; **v závěru** + G;
v důsledku + G; **s výjimkou** + G; **za účasti** + G;
co do + G; **vzhledem k** + D;
přes + A; **bez ohledu na** + A; **s ohledem na** + A; **až na** + A;
ve srovnání s + I; **v souvislosti s** + I; **ve spolupráci s** + I)

Proces probíhá _____ (veřejnost) _____.
Všichni byli spokojeni _____ (Petr) _____.
Vjezd zakázán _____ (zásobování) _____.
_____ (nebezpečí) _____ volejte linku 237.
_____ (dlouhotrvající horko) _____ bylo v celém kraji sucho.
My jsme byli _____ (oni) _____ připraveni docela dobře. _____
(ty) _____ je trochu mladší.
Šel tam i _____ (zákaz) _____ rodičů.
Má přijet _____ (září a říjen) _____.
_____ (přednáška) _____ nás seznámil s jejím obsahem, _____
(vystoupení) _____ nám poděkoval za pozornost.
Termíny zkoušek se dozvíte _____ (červen) _____.
_____ (výročí založení města) _____ byl velký ohňostroj.
Prý řídil _____ (alkohol) _____, a proto havaroval.
Lékař jí cestu _____ (její zdravotní stav) _____ nedoporučil.
Děti tam mohou jít pouze _____ (rodiče) _____.
Trénovali _____ (zkušený trenér) _____.
Chtěli celou akci zorganizovat _____ (obecní úřad) _____.
Setkání proběhlo _____ (ministři obchodu) _____.
Česko je _____ (počet obyvatel) _____ větší.
Vyšetřují ho _____ (ta korupční aféra) _____.
Šli tam na vlastní riziko _____ (nebezpečí) _____.
Poděkoval mu i _____ (všichni přítomní) _____.
_____ (velký zájem veřejnosti) _____ akce byla
prodloužena o měsíc.

▲ na přelomu + G = na konci + na začátku
s vyloučením + G = bez; v doprovodu + G = s
v průběhu + G = během; v úvodu + G = na začátku; v závěru = na konci
co do = pokud jde o + A / co se týče + G; s ohledem na + A = vzhledem k + D
až na + A = s výjimkou + G / kromě; bez ohledu na + A = přes

■ **18. Změňte rozkaz (+ !) na zákaz (– !):**

Polož to na zem! _____

Ukliďte to nádobí! _____

Radši ty věci nech doma! _____

Pospěš si! _____

Zamkni vrata od garáže! _____

Ukažte mi ten článek! _____

Pošlete ten dopis doporučeně! _____

Prohlédni si ty fotografie! _____

Navštiv ho v nemocnici! _____

Otevřete, prosím, okno! _____

Přestaňte o tom přemýšlet! _____

Vzkaž mu, že má přijít! _____

Pronajmi si ten větší byt! _____

Zjisti všechny podrobnosti! _____

Přijměte tu nabídku! _____

Zařiď si všechno sám! _____

Posuď to jen podle sebe! _____

■ **19. Změňte zákaz (– !) na rozkaz (+ !):**

Neodpovídej mu! _____

Nenalévejte už víno! _____

Nechoď tam! _____

Neskákej přes ten potok! _____

Nevracejte se posledním metrem! _____

Nezouvejte se přede dveřmi! _____

Nesháněj už tu knihu! _____

Neoblékej si ten červený svetr! _____

Neberte s sebou psa! _____

Neužívejte to slovo! _____

Nepouštěj tu hudbu nahlas! _____

Nejez rychle! _____

Nejezděte tam v pátek večer! _____

Nezkoušejte tu novou metodu! _____

Neshromažďujte se před domem! _____

Nezhasínejte světlo! _____

Nevypínejte topení! _____

■ 20. Nahraďte vedlejší větu větným členem (předložkou nebo infinitivem):

Když přišel do kanceláře, dal si kávu. –   Po příchodu do kanceláře si dal kávu.
předložky: **díky, kvůli, po, pro, před, při, z, za**

Než odešel, zavolal kamarádovi.   _____

Když přijeli z dovolené, museli celou neděli prát. _____

Tu vázu rozbil, protože byl nešikovný.

Řekl mu to, protože byl vzteklý.   _____

Nerada řídí, když je mlha.   _____

Řekla to, aby pobavila ostatní.   _____

Stalo se to, když pracoval na tom projektu.   _____

Až přiletím do Prahy, ozvu se ti.   _____

Dodělal to, jen protože mu kamarád pomohl.   _____

Překročil povolenou rychlost, a tak dostal pokutu. _____

Poprosil mě, ať nechodím pozdě.   _____

Dovolil mi, abych se na to podíval.   _____

Zakázali jim, aby sem chodili.   _____

Lékař mu doporučil, aby jedl víc červené řepy.   _____

■ 21. Nahraďte větný člen vedlejší větou:

Za války žili lidé v neustálé nejistotě. –   Když byla válka, žili lidé v neustálé nejistotě.

spojky: **aby, až, (od té doby) co, když, jelikož/neboť/protože, než**

Za dobrou práci jí zvýšili plat.   _____

Koncert byl zrušen pro špatné počasí.   _____

Udělala to asi z neopatrnosti.   _____

Přijeli do těch lázní na léčení.   _____

Při překládání pije jednu kávu za druhou.   _____

Podívám se na to o přestávce.   _____

Koupil jí dárek pro radost.   _____

Řekli nám to na vysvětlenou.   _____

Přinesl jim to na hraní.   _____

Rozešli se prý pro rozdílnost názorů.   _____

Ozvu se ti po obědě.   _____

Přeju si tady zůstat.   _____

Před odjezdem tě určitě navštívím.   _____

Odešel před chvílí.   _____

■ **22. Nahraďte spojku *pokud/jestli* spojkou *kdyby*:**

Pokud budeš mít chuť, přijď nás navštívit. _____

Pokud ti to vyjde, napiš mi! _____

Můžeš tady přespat, pokud budeš chtít. _____

Zavolej, pokud budeš cokoliv potřebovat. _____

Pokud ho zvolí poslancem, nejspíš skončí s hokejem. _____

Pokud neuspěje ve volbách, půjde do byznysu. _____

Pokud se chřipka rozšíří, dáme se očkovat. _____

Pokud Sparta bude chtít postoupit, musí začít střílet góly. _____

■ **23. Nahraďte *infinitiv* spojkou *aby*:**

Zakázal mu tam chodit _____. Donutil nás omluvit se _____.

Poprosil mě tady zůstat _____. Přemluvil je jít do kina _____.

Vyzvali je napsat žádost _____. Umožnil jí přijmout ten návrh _____.

■ **24. Doplňte zvratné zájmeno *se*, *si*, kde je to nutné:**

Příští měsíc ___ po dlouhé známosti budou brát. Umíš ___ to vůbec představit? Co ___ chceš dát k pití? Rád by ___ tady zakouřil. Budeš ___ mýt dnes večer hlavu? Objevili ___ tam něco nového? Objevili ___ zase po dlouhé době. Už zase ___ vymýšlí! Nech je, dlouho ___ neviděli, chtějí ___ užít. Zítra ráno ___ musíš teple obléknout. Nemusíte ___ u nás zouvat boty. Dali ___ s chutí do práce. Hádejte ___, co mám v této krabici. Kdy ___ chcete vrátit? Čeho ___ to týká? Oni ___ tykají, nebo ___ vykají? Spoléhám ___ na vás. Pohybují ___ velmi rychle. O tom ___ nepochybuju! Už ___ zase poprali. Zítra ___ budeme prát. Pusť ___ televizi víc nahlas. S chutí ___ pustila do nového projektu. Kde ___ tady vzal ten pejsek? Vezmete ___ ještě něco? Volají ___ denně. Nerozumějí ___, a proto ___ hádají. Brzy ___ uzdravte! Pozdravujte ___ doma! Už ___ mi ulevilo, už jsem ___ vydechl. To ___ vám opravdu povedlo. Libuje ___ v čerstvé zelenině.

■ **25. Z adjektiv a adverbií utvořte komparativy:**

Čím na podzim jedete (severně) _____, tím (brzo) _____ je listí na stromech (barevné) _____ a krajina (malebná) _____. Čím (vysoko) _____ stoupáte, tím je vzduch (řídký) _____ a teplota (nízká) _____. Čím (hluboko) _____ se potápíte, tím (velký) _____ tlak cítíte v uších. Víte, že velikost klíče určuje i odolnost klíče vůči útokům: čím je klíč (dlouhý) _____, tím je (bezpečný) _____.

■ **26. Výrazy v závorkách dejte do správných (i předložkových) pádů:**

Mám strach __ (špatné zprávy) _____.

Nevěřím (vlastní oči) _____.

Záleží (ty) ___ vůbec __ (ti kamarádi) _____?

Poslouchej (já) ____ dobře, něco (ty) ____ teď řeknu. (ty) ____ vždy všechno vadí!

Pochybuju __ (její dobré úmysly) _____.

Usilujou   (stále lepší výsledek – *pl.*) _____.

Přemýšlím __ (to) _____, na co ses (my) _____ zrovna ptal.

Vzdal se (všechny funkce) _____ a úplně se __ (politika) _____ stáhnul.

Můžete si vybrat __ (několik možností) _____.

Dluží (oni) ___ (vysoká částka) _____ __ (nájem a elektřina) _____.

Snažím se vyhnout (všechny zbytečné hádky) _____.

Vyprávěl (ona) ____ __ (jeho cesta) _____ __ (Egypt) _____.

Ovlivnil (oni) ____ (jeho názory) _____.

Zklamali (vy) ____ (jejich rozhodnutí) _____?

Zdědil (velký pozemek) _____ __ (prarodiče) _____.

Okradli (on) ____ __ (všechny peníze a doklady) _____.

(Jeden mladý muž) _____ podezírají __ (tato krádež) _____.

To není moje vina, já přece nemůžu __ (každá nepovedená věc) _____!

Přemluvila (manžel) _____ __ (koupě nového auta) _____.

(Heyrovský) _____ považuju __ (jeden z nejlepší český vědec) _____.

Nech (oni) ___ __ (pokoj) _____, nepleť se __ (cizí věci)_____!

Už (vy) ____ oznámili (ta radostná novinka) _____?

Stěžoval si __ (jeho kolegové) _____, že nevychází __ (oni) ____ dobře.

Lákali (zákazníci) _____ (dobré cenové nabídky) _____.

Překvapil (ona) ____ (jeho dárek) _____.

Upozornili (cestující) _____ __ (změna jízdních řádů) _____.

Kdo je odpovědný __ (vzniklá situace) _____?

Trvám __ (moje požadavky) _____!

Vyznáš se __ (houby) _____?

Chlubil se (dobré studijní výsledky) _____.

Netrap se (zbytečnosti) _____, soustřeď se __ (podstatná věc) _____.

Zabývají se (soudobé evropské dějiny) _____.

Stýká se __ (podezřelé osoby) _____.

Když se dozvěděla (ta zpráva) _____, rozplakala se (radost) _____.

Stýská se (on) ____ __ (domov a kamarádi) _____.

Chci se zbavit (všechny nepotřebné věci) _____.

Uchází se __ (nová práce) _____.

Hlásí se __ (studium) _____ __ (filozofická fakulta) _____.

FANTAZII SE MEZE NEKLADOU
IMAGINATION KNOWS NO BOUNDS

Představte si, jak by vypadal váš život, kdybyste se narodili jako muž nebo žena

v Čechách v roce 1350

v Praze v roce 1620

v Praze na přelomu 19. a 20. století

Jak vypadala Praha, co v Praze ještě nestálo...

_____

_____

_____

Koho byste mohli potkat, co a koho byste určitě ještě neznali...

_____

_____

_____

Co by vám mohlo scházet, co byste zřejmě postrádali...

_____

_____

_____

V jakém domě byste žili, jak by ten dům asi vypadal, jak by vypadala denní hygiena, jaké nástroje a přístroje byste používali...

_____

_____

_____

O čem byste snili...

_____

Co ještě neexistovalo...

_____

Jaké byste asi měli sousedy, kam byste chodili, čím byste se asi živili...

_____

_____

_____

Určitě/stoprocentně, nejspíš / s velkou pravděpodobností / zřejmě bych...

■ Tibetský test

1. Seřaď následující zvířata podle svých priorit:

1. Kráva   2. Tygr   3. Ovce   4. Kůň   5. Vepř

_____

2. Napiš ke každému slovu jeho vlastnost:

Pes _____ Kočka _____ Krysa _____ Káva _____ Moře _____

3. Vzpomeň si na někoho, kdo je pro tebe důležitý. Spoj ho s jednou z následujících barev:

Žlutá _____ Oranžová _____ Červená _____ Bílá _____ Zelená _____

■ Psychologický test

Vcházíš do nějakého domu. Na chodbě jsou patery dveře v různých barvách. Postupně přistupuješ k jednotlivým dveřím. Popiš, pokud je otevřeš, jaké místnosti si za nimi představuješ. Popiš podrobně také jejich vybavení a jak se v nich cítíš.

Za bílými dveřmi:

Za růžovými dveřmi:

Za červenými dveřmi:

Za modrými dveřmi:

Za černými dveřmi:

Odpovědi k oběma testům najdete v Klíči.

■ **Je možné vypočítat náš věk pomocí „čokoládové matematiky"?**

1. Kolikrát týdně jíš čokoládu? (číslo musí být větší než 0, menší než 10)

2. Vynásob toto číslo číslem 2 (abys získal/a sudé číslo).

3. Přičti k tomuto číslu číslo 5.

4. Výsledek vynásob číslem 50 (teď už by se mohla hodit kalkulačka).

5. Přičti k tomu číslu číslo 1760.

6. Odečti od tohoto čísla rok svého narození.

Výsledek je trojciferné číslo. První číslice je odpovědí na otázku kolikrát týdně jíš čokoládu. Poslední dvě číslice představují tvůj věk v roce 2010. (Přičtete-li k číslu uvedeném v bodu 5 číslo jedna, tj. 1761, získáte svůj věk v následujícím roce atd.)

▲   sudé číslo: 2, 4, 6... a liché číslo: 1, 3, 5...
jednociferné číslo: 9; dvouciferné číslo 99
                    arabské
číslice ‹
                    římské
číslovka *(jaz.)*

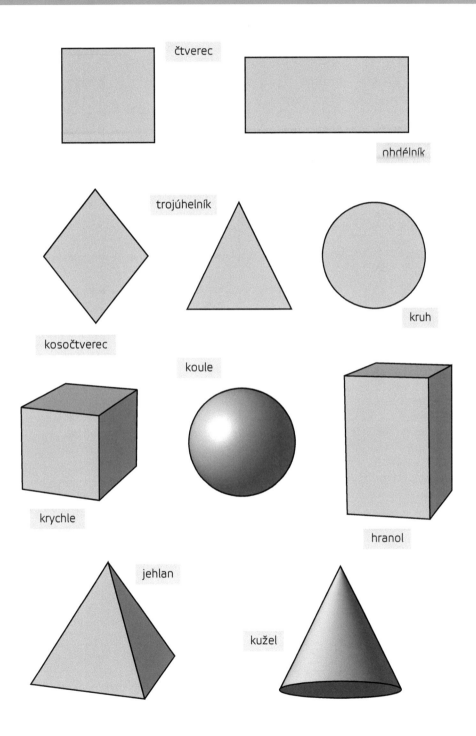

čtverec

obdélník

trojúhelník

kruh

kosočtverec

koule

krychle

hranol

jehlan

kužel

akorát (coll.)	just, only; right	kdežto	whereas, while
aniž	without	kecat (i.) (1) + A (expr.)	to babble, chat
anketa (f)	inquiry		
atašé (m) (indecl.)	attaché	klíčový, -á, -é	crucial, key
bagatelizovat (i.) (3) + A	to trivialize	kloub (m)	joint (anat.)
		kojenecký, -á, -é	baby
bezdomovec (m)	homeless	komora (f)	chamber
bezohledný, -á, -é	ruthless	kopat / vy- + A	to dig
bezpočet (m)	a great many	koukat (i.) (1) na + A (coll.)	to look, watch, wonder
blyštivý, -á, -é	shiny, resplendent		
bývalý, -á, -é	former	kovový, -á, -é	metal
celkový, -á, -é	total	krajina (f)	landscape, area
cenný, -á, -é	valuable, precious	kratochvíle (f)	amusement
červená řepa (f)	beet	kuchat / vy- (1) + A	to gut
činit (i.) (2)	do; amount to	lákat / při- (1) + A	to lure
činžák (m)	block of flats	lebedit si (i.) (2) (expr.)	to live it up
číslice (f)	cipher; number	lůžko (n)	bed, bunk
čtenář (m)	reader	makat (i.) (1) (coll.)	to work, toil
čtvrtletí (n)	quarter	malebný, -á, -é	picturesque
dbát (i.) (1) na/o + A	to pay attention to	mega (indecl.) (coll.)	million
díl (m)	part; episode	měna (f)	currency
doběhnout (p.) (4) + A	to trick sbd.	mez, -e (f)	limit, bound
		míra (f)	rate
dochovaný, -á, -é	well-preserved	mlít (4) (expr.)	to jabber
dopad (m)	impact	množství (n) + G	quantity, amount of
dosažení (n)	achievement	mor (m)	plague
dovoz (m)	import, delivery	na přelomu + G	in the turn of
fór (m) (coll.)	trick, ploy	nabývat / nabýt (1) /(4) + G	to acquire, gain, get
furt (coll.)	all along		
hejtman (m)	sheriff	náchylný, -á, -é k + D	predisposed, tend-ing
heslo (n)	password, slogan		
hlava (f)	head, chief	námitka (f)	objection
hltat / zhltnout (1)/(4) + A	to gulp, swallow	narážka (f)	allusion
		naříkat (i.) (1) + I / nad + I	to moan, whine
hnusný, -á, -é	disgusting		
hnutí (n)	movement	nařízení (n)	decree
hospodářský, -á, -é	economic	následovat (i.) (3) + A	to follow
hovno (n) (vulg.)	shit	naslepo	blind
hovořit / po- (si) (2) o + L	to talk	navoněný, -á, -é	perfumed
		nedočkavý, -á, -é	impatient
hravost (f)	playfulness, ease	nepatrný, -á, -é	minute, tiny
hůlka (f)	chopstick, wand	nepřekonatelný, -á, -é	insuperable
jádro (n)	heart; seed; core		
jed (m)	poison	neuvěřitelně	unbelievable
jedinečný, -á, -é	unique	nikoli	not at all
kázání (n)	preaching; lecture	nyní	now

obdivuhodný, -á, -é	admirable	postup (m)	method, progress
ocitnout se (p.) (4)	to find oneself somewhere	pot (m)	sweat
		potápět se / poto-	to dive
odolný, -á, -é	resistant	pit se (2)	
odreagovat se (p.) (3)	to relax, let off steam	potíž, -e (f)	trouble, difficulty
		potomek (m)	descendant
odstraňovat / odstranit (3)/(2)	to remove, clear away	potrat (m)	miscarriage
		pozemek (m)	piece of land
ı A		pracoviště (n)	workplace
odpadek (m)	rubbish	prachy (f pl.) (coll.)	money
ohňostroj (m)	fireworks	pravděpodobně	most likely
ohrazovat se / ohradit se (3)/(2) proti + D	to protest, express objections	pravičák (m)	right-winger
		probírat / probrat (1) + A	to go through / over
ochranka (f)	bodyguard	prohrabat (p.) (4) + A	to rummage
okamžitě	immediately	provozovatel (m)	keeper
omezit (p.) (2) + A	to restrict, limit	prudce	sharply
omylem	by mistake	přehrávač (m)	player
oněmět (p.) (2)	to be struck dumb	překážka (f)	obstacle
opatření (n)	measure	překročit (p.) (2) + A	to step over; cross
opevnění (n)	fortification	přepočet (m)	currency rate
oprávněný, -á, -é	authorized, justified	převážně	predominantly
označit (p.) (2) + A	to mark, determine	přičinění (n)	endeavour, effort
památník (m)	monument	příčka (f)	crossbar
pejsek (expr.)	doggy	přihlížet / přihlédnout (2)/(4) k + D	to take into consideration
plodnost (f)	fertility		
plocha (f)	area, space		
podoba (f)	form, shape	připadat (i.) (1)	to seem, look; get
podvodník (m)	cheat	připojení (n)	connection
pohlaví (n)	gender, sex	přirozený, -á, -é	natural
pohyb (m)	motion	přírůstek (m)	growth, increase
pomást se (p.) (4)	to go insane/ mad	přístup (m)	access; approach
poměrný, -á, -é	proportional; relative	radní (m, f)	councillor
		ropa (f)	petroleum
poněkud	somewhat; a bit	rozebírat / rozebrat (1)/(4) + A	analyse, go into
popelář (m)	dustman		
pořadí (n)	order, list	rozloha (f)	surface area
posedlý, -á, -é + I	obsessed	rozpočet (m)	budget
podíl (m)	share, quotient	setřít (p.) (4) + A (expr.)	to deflate, tell off
pojednávat (i.) (1) o + L	to deal with		
		shnilý, -á, -é	rotten
posouvat se (1) / posunout se (4)	to move over	shromáždit se (p.) (2)	to assemble
		skládka (f)	garbage dump
postoupit (p.) (2)	to advance, move forward	sloup (m)	column, pillar
		smetiště (n)	rubbish dump
postrádat (i.) (1) + A	to feel the lack of	smrad (m)	stink

smrtelně	deadly, mortally
sněmovna (f)	chamber
soudit (i.) (2) + A; o + L	to judge; conclude
souprava	set, suit, service
spánek (m)	sleep
spoření (n)	saving
stanovisko (n)	attitude, view
starosta (m)	mayor
střílet / střelit (2) + A	to shoot
stýkat se (i.) (1) s + I	to communicate meet with
syslit (i.) (2) (expr.)	to make reserves
šeredný, -á, -é	nasty
špičkový, -á, -é	top-class, first-rate
šuplík (m) (coll.)	small drawer
tlačit (i.) (2)	to press, push
tlačit se (i.) (2)	to crowd
tlemit se (slang) (2)	to laugh
trať (f)	track, railway
trpělivost (f)	patience
tržba (f)	receipts, takings
tvrdit (i.) (2) + A	to claim
účinek (m)	effect, consequence
úder (m)	(key)stroke, strike
úhrnný, -á, -é	total
ukázka (f)	illustration
úmrtnost (f)	death rate
uplatnit (p.) (2) + A	to enforce, assert
upravený, -á, -é	well dressed
úryvek (m)	passage, extract
úspory (f pl.)	savings
uspořádání (n)	organization
ústava (f)	constitution
ušlechtilý, -á, -é	noble
úvod (m)	introduction
válet se (i.)	to lie around
velkolepý, -á, -é	grandiose
veřejný, -á, -é	public
vodovod (m)	duct
zpocený, -á, -é	sweated
vnímat (i.) (1) + A	to perceive
volby (f pl.)	elections
vrstva (f)	layer, class
všeobecný, -á, -é	general, universal
vybavenost (f)	facilities

vybufetit (p.) (2) + A (slang)	to obtain
vyhlásit (p.) (2) + A	to declare, proclaim
výhrada	reservation
výhradně	exclusively
vyprdnout se (p.) (4) (coll. vulg.) na + A	not to give a damn about it
vypuknout (p.)	to break out
vyrovnat se (p.) (1) + D	to be comparable to
vyskytnout se (p.) (4)	to occur, emerge
vytunelovat (p.) (3) + A	to strip of its assets
vývoz (m)	export
významný, -á, -é	outstanding
vyznavač (m)	follower, supporter
vzácný, -á, -é	precious
zahrnout (p.) (4) + A + I; + A do + G	to endow, include
zachovat (p.) (1) + A	to maintain, preserve
záležitost (f)	matter, point, issue
zapojit se do (p.) (2)	to take part in
zařízení (n)	apparatus
zastávat / zastat (1)/(4) + A	to hold, maintain
zastoupení (n)	representation
zaujímat / zaujmout (1)/(4) + A	to take, occupy, rank
závazek (m)	obligation
závěr (m)	conclusion
zavést (p.) (4) + A	to launch; install
závratně	vertiginously
zaznamenat (p.) (1) + A	to achieve, score
zbraň, zbraně (f)	weapon
zcela	completely
zejména	in particular
zdolat (p.) (1) + A	to overcome, manage
zločin (m)	crime
zábrana (f)	barrier
značně	considerably
zrno (n)	grain; coffee bean
zveřejnit (p.) (2) + A	to publish, make sth. public

žebříček (m)	stepladder, scale, ranking	kandidátní listina	election ticket
		kolo voleb	round of the election
		křestní jméno	forename
FRÁZE	**PHRASES**	nadmořská výška	altitude
brát ohledy na někoho	to make allowances for sbd.	průzkum veřejného mínění	public opinion poll
být zastoupen	be represented, included	sčítání lidu	census
		sudé a liché číslo	even and odd no.
dát se dohromady	to pull oneself together	spřízněná duše	kindred spirit
		v jednom kuse	all the time
dávat najevo	to show/manifest	výčitky svědomí	remorse, qualms
dospět k závěru	to come to the conclusion	za všechny peníze	a bad deal
hodit se do parády	to dress up	Dobře mu tak. / To mu patří.	It serves him right.
lámat rekordy	to break records	Je to celý on.	That's him all over!
navázat styk s + I	to make a contact	Kdo šetří má za tři.	A penny saved is a penny earned.
překročit rychlost	to speed		
vzít na to jed	to stake one's life on it	Klepla ho pepka. (expr.)	He had a stroke.
zůstat ve styku	to keep in touch	Nedá se to vyloučit.	It can't be ruled out.
bicí (nástroje)	percussion	Nic se mu nevyrovná.	Nothing compares to him.
do slova a do písmene	literally	Ve zdravém těle zdravý duch	A sound mind in a sound body
druhá (lepší) polovička	better half	Vem na to jed.	You bet your life.
dvě stránky téže mince	two sides of the same coin	Všechno se vším souvisí.	Everything's connected.
hrubý domácí produkt	gross domestic product	Vzalo ho to.	He was touched.
hustota zalidnění	density of population	Za dobrotu na žebrotu.	No good deed goes unpunished.
jehličnatý a listnatý strom / les	coniferous and broadleaved wood / forest		

LEKCE 14

Jak se u vás slaví Vánoce?
Můj oblíbený recept
Diktát módy – je možné se mu vyhnout?
Co je pro mě nejdůležitější v životě
Reklamace zakoupeného zboží

LEKCE 15

Životopis / Žádost o uzavření × rozvázání pracovního poměru
Moje pracovní zkušenosti
Co mi přinesl pobyt v Praze / na nějaké jiné zahraniční univerzitě
Jak by měla vypadat ideální práce?
Co nám automobil dal a co nám vzal?

LEKCE 16

Nejtěžší zkouška v mém životě
Moje studijní a pracovní plány
Žádost o odklad zkoušky × přerušení studia...
Potrestali mě! Právem, nebo neprávem?
    (Příhoda z vlastního života. Zachoval/a bych se stejně vůči vlastním dětem?)
Byl/a jsem svědkem nějaké události
Jak jsem zabloudil/a
Příklady a vzory v mém životě

LEKCE 17

Kdy je nejlepší mít děti?
Proč se dnes tolik manželství rozvádí?
Je manželství v dnešní době přežitek?
Jak si představuju svou svatbu
Jedeme na svatební cestu

LEKCE 18

Kniha, která mě zaujala
Film, který mě oslovil
Výstava, kterou jsem navštívil/a
Kulturní život v Praze a v mé zemi

LEKCE 19

Je politika špinavá?
Měli bychom chodit k volbám?
Utvářejí média náš pohled na svět?
Stal se dnes sport byznysem?
Platí stále „ve zdravém těle zdravý duch"?

- E̶-		příklady (jen frekventovaná slova)	-E- příklady (jen frekventovaná slova)
Mi.	-eb	pohřeb – pohřbu	*ostatní*
F	-eď	zeď – zdi	*ostatní*
Ma. Mi. h. Mi. s.	-el	ďábel – ďábla, kozel, orel, osel, posel úhel – úhlu, uzel kašel – kašle, kotel, pantofel, pytel	*ostatní*
Mi.	-em	dojem – dojmu, nájem, pojem, zájem	*ostatní*
Ma. Mi.	-en	blázen – blázna hrozen – hroznu, sen, svícen leden – ledna, březen, duben... den – dne, týden	*ostatní*
Ma. F	-es	pes – psa ves – vsi	*ostatní*
F	-eš	veš – vši, faleš – falše	*ostatní*
Mi.	-et	loket – loktu, nehet, ret, počet, rozpočet, účet ocet – octa	*ostatní*
Ma. Mi. F	ev	lev – lva název – názvu broskev – broskve, krev, láhev, mrkev, pánev, větev	*ostatní*
Mi.	-ěk	doplněk – doplňku, úplněk	*ostatní*
Mi. F	-est	křest – křtu čest – cti	*ostatní*
Mi. F	-ec	*ostatní*	kec – kecu klec – klece, pec, plec
Ma. Mi.	-ek	*ostatní*	bek – beka, šnek, Řek biftek – bifteku, česnek, dotek, oblek, šek, vztek
Ma. F	-eň	*ostatní*	tuleň – tuleně zeleň – zeleně

čtvrtek – do čtvrtka, od pondělka do úterka

dnešek – ode dneška, od nynějška, do zítřka, od včerejška, do večera

do potoka, kolem rybníka, kolem ostrova, z lesa

z domova, ze sklepa *(cellar)*, dvůr – do dvora *(yard, court)*, do kostela, do kláštera, kolem hřbitova, do mlýna
z venkova

z tábora, z komína *(chimney)*

kus sýra, krajíc chleba, ocet – láhev octa *(vinegar)*, oves – zrnko ovsa *(oat)*,
do oběda

učebnice jazyka, dějiny českého národa, z mého života, cesta kolem světa, podle zákona

dobytek – dobytka *(cattle)*, do chléva *(cowshed)*, kravína, ovčína, včelína, vepřína

lenost ducha, spadnout do klína *(lap)*

z Londýna, Berlína, Kolína
z Egypta, Jerulazéma
ze Smíchova, ze Žižkova, z Mnichova
z Tábora

leden – ledna, únor – února, březen – března, duben – dubna, květen – května,
červen – června, srpen – srpna, říjen – října

stoupnout si do kouta *(corner)*, vrátit se do roka, mluvit ze sna

N.	**den**	dny, dni
G.	dne	dnů, dní
D.	dni, dnu	dnům
A.	den	dny, dni
L.	o dni, dnu; ve dne	dnech
I.	dnem	dny

N.	**dítě (N)**	**děti (F)**	**člověk – lidé, lidi (M)**
G.	dítěte	dětí	lidí
D.	dítěti	dětem	lidem
A.	dítě	děti	lidi
L.	dítěti	dětech	lidech
I.	dítětem	dětmi	lidmi

N. pl.	**rodiče**	**kůň – koně**	**kněz – kněží**
G.	rodičů	koní	kněží
D.	rodičům	koním	kněžím
A.	rodiče	koně	kněží
L.	rodičích	koních	kněžích
I.	rodiči	koňmi	kněžími

N.	**dcera**
G.	dcery
D.	dceři
A.	dceru
L.	o dceři
I.	dcerou

N. + V.	**René**	**Matti**	**Henry**
G.	Reného	Mattiho	Henryho
D.	Renému	Mattimu	Henrymu
A.	Reného	Mattiho	Henryho
L.	Reném	Mattim	Henrym
I.	Reném	Mattim	Henrym

rod	koncovka	příklad
N	-a	aroma, moka, pyžama (+ pyžamo – pyžama N), revma
	-á	angažmá, aranžmá
	-e	agave, aloe, finále*, nacionále, parte, skóre, Chile
	-é	bufet [byfé] (+ bufet – do bufetu m.), defilé, dekolté, dražé, filé, froté, renomé; foyer
	-i	alibi*, cyankáli, khaki, safari, taxi (+ taxík M), Bali, Tbilisi
	-y	brandy, derby, ragby, sherry, menu [meni], Sydney
	-í	sárí
	-o/-ó	bordó (barva), curaçao, tabló, Bordeaux
	-u/-ú	tabu, ragú, Baku, Peru, interview
	konsonant	blues, copyright, cyklámen, jidiš, rekviem, Buenos Aires, Cannes, Los Angeles
M	-é	abbé, ataš é
	-u	emu, kakadu, zebu
F	-y	lady, brandy, jury [žiri], rely/rallye, whisky (+ viska F), Bety, Mary
	-o	zoo
	konsonant	Dagmar, Dolores, Francoise, Iris, Ruth
		show

* I. sg. -m: před finále / před finálem; s alibi / s alibim

PŘEDLOŽKY
PREPOSITIONS

	KAM? Jdu, dám (umístím) něco:	**ODKUD?** Vracím se:	**KUDY?** Jdu, cestuju:
G.	**do** *to* (do parku, baru, Prahy) **doprostřed** *into the middle of* (doprostřed místnosti) **dovnitř** *into* (dovnitř budovy)	**od** *from* (od Jana) *from the side of* (od fakulty) **z** *from* (z Prahy, z oběda) *out of; off* (z domu; ze stromu)	**kolem** *pass by; round* (okolo) (kolem pošty, světa) **podél** *along* (podél řeky) (podle)
D.	**k** *to, towards* (k Janovi, k moři)		
A.	**mezi** *between* (mezi komodu a postel) **na** *to* (na nádraží, na koncert, na venkov, na jih) *on* (na stůl) **nad** *above* (nad komodu) **po** *up to* (vlasy po ramena) **pod** *under* (pod stůl) **pro** *go and fetch* (pro kávu) **před** *in front of* (před skříň) **za** *behind, around* (za roh, za skříň)		**přes** *across* (přes ulici) *over* (přes zeď) *via* (do New Yorku přes Londýn) **skrz** *through* (skrz les)
L.			**po** *about* (po městě) *around* (po Evropě)
I.	**za** *to* (za profesorem)		

	KDE?	**KDY?**
G.	**blízko** *near* (blízko parku) **daleko od** *far from* (daleko od domova) **nedaleko** *not far from* (nedaleko lesa) **u** *at, near* (u rodičů, u pokladny, u lesa) **uprostřed** *in the middle of* (uprostřed týdne) **uvnitř** *inside, within* (uvnitř bloku) **vedle** *next to* (vedle domu)	**během** *during* (během války, roku, života) **kolem** *around* (kolem poledne, kolem druhé hodiny) **koncem / na konci** *at the end of* (koncem roku) **do** *till* (do konce, do pěti hodin, do středy) **od** *from, since* (od začátku, od rána, od středy) **v průběhu** *in the course of* (v průběhu století) **za** *during, under* (za světla, za války, za totality) **začátkem / na začátku** *at the beginning of* (začátkem roku)
D.	**naprot**i *opposite* (naproti poště)	**k** *towards* (k večeru)
A.	**mimo** *out of* (mimo Prahu, mimo provoz)	**na*** *on; in* (na Vánoce, na svátky; na podzim) **přes*** *over* (přes den, přes noc, Vánoce) **v** *on; at* (ve středu; v jednu hodinu) **za** *after; in* (za tři dny; za chvíli)
L.	**na** *at* (na nádraží, na koncertě) *on* (na stole) *in* (na venkově, na jihu) **v** *in* (v parku, v baru, v Praze) **při** *near, by* (při zemi; zůstaň při mně)	**o** *during* (o Vánocích, o přestávce, o víkendu) *at* (o půlnoci) **po** *after* (po obědě, po koncertě, po práci) **při** *during = while* (při práci poslouchá hudbu) **v** *in; on; during* (v létě, v zimě; v lednu, únoru; ve dne)

	KDE?	KDY?
I.	**mezi** *between* (mezi komodou a postelí) **nad** *above, over, beyond* (nad komodou) **pod** *under, below; beneath* (pod stolem) **před** *in front of* (před skříní) **za** *behind, around* (za rohem, za skříní)	**mezi** *between* (mezi Vánoci a novým rokem) **před** *before* (před rokem, před dvěma hodinami)

	PROČ?	JAKÝ JE ÚČEL?	další významy
G.	**následkem** *as a consequence of* (následkem nemoci zemřel) **pod vlivem** *due to* (pod vlivem alkoholu havaroval) **pro nedostatek** *for want of* (pro nedostatek důkazu byl propuštěn) **v důsledku** *as a consequence of* (v důsledku oteplování…) **vinou** *due to / owing to* (vinou okolností) **z** *for* (ze strachu) **z důvodu** *for the reason of* (z důvodu nemoci)		**bez** *without* (bez cukru) **kromě** *besides* (kromě toho) **místo** *instead of* (místo tebe) **na základě** *on the basis of* (na základě zprávy) **ohledně** *in reference to* (ohledně vašeho dopisu) **podle** *by* (znát podle jména) *accoring to* (podle mě) **pomocí** *with the aid of* (pomocí slovníku) **v rámci** *within the framework of* (v rámci možností) **včetně** *including* (včetně elektřiny)
D.	**kvůli** *because of* (kvůli tobě)	**k** *for* (ke čtení) *to* (něco k jídlu, k pití, dům k pronajmutí, návod k použití)	**díky** *thanks to* (díky vám) **k** *to, towards* (ke mně je milý) **navzdory** *despite* (navzdory zákazu…) **(o)proti** *compared with, as against* (oproti minulým volbám teď…) **proti** *against* (být proti návrhu) **vůči** *towards* (vůči mně je přátelský) **vzhledem k** *in view of* (vzhledem k ceně…)
A.	**pro** *because of* (pro nemoc zavřeno) **za** *for* (dostat Oskara za film, dostat pokutu za jízdu na černo, peníze za byt, jídlo, elektřinu…)	**na** *for* (komoda na prádlo, dům na prodej)	**bez ohledu na** *without regard to* (přišel bez ohledu na nemoc) **o** *by* (o pět let starší) **pro** *for* (dárek pro tebe; být pro návrh) **přes** *in spite of* (kouří přes zákaz lékařů) *through* (nakupovat přes internet) **s ohledem na** *with respect to* (s ohledem na nezájem…) **za** *on behalf of* (mluvím za nás) *instead of* (udělám to za tebe)

!	JAK DLOUHO?		L.	o *about* (mluvit o politice)
	na* *for* (jít na hodinu – JÍT) × BÝT (být hodinu) **přes*** *more than* (přes hodinu)			**po** *through* (poslat po poslovi) *after* (oči po matce) **v závislosti na** *depanding on* (ceny se různí v závislosti na…)
!	JAK DLOUHO? **po** *for* (po celý rok = během celého roku)		I.	**v rozporu s** *at variance with* (v rozporu se zákonem) **v souladu s** *in accordance with* (v souladu s požadavky) **v souvislosti s** *in connection with* (v souvislosti s naší dohodou) **ve srovnání s** *in comparison with* (ve srovnání s vámi) **s** *with* (s cukrem)

a	ty **a** já	*and*
aby*	Jsem tady, **abych** ti pomohla. / Radím ti, **abys** odjel. / Zhasni, **abychom** mohli spát.	*in order to / to so that*
ač, ačkoli(v)	**Ačkoli** byl tehdy malý, pamatuje si to.	*although*
ale*	Nebyl to Honza, **ale** Juan.	*but*
anebo	teď, **anebo** nikdy	*or*
ani*	Nebyl tam on **ani** já.	*not even*
ani … ani	Nebyli jsme tam **ani** on **ani** já.	*neither … nor*
aniž *(lit.)*	Odešla, **aniž** se rozloučila.	*without (+ ing)*
avšak	Přišla, **avšak** pozdě.	*but, however*
ať*	Řekla mi, **ať** to udělám.	*to*
ať … (a)nebo /či	**ať** chceš **nebo** nechceš	*whether … or*
až*	Udělám to, **až** přijdu. / Počkám, **až** přijedete.	*when / until*
buď …, anebo	**Buď** napíšeme, **nebo** zaváláme.	*either … or*
byť *(lit.)*	špatná, **byť** na první pohled dobrá	*although*
co (od té doby, co)	Je to týden, **co** jsme se neviděli.	*since*
čím … tím	**Čím** je starší, **tím** je krásnější.	*the … the*
dokud	**dokud** žiju / **dokud ne**udělám	*while, as long as / until*
hned jak	Vynadala mi, **hned jak** přišla.	*right away when*
i	on **i** já	*as well*
i … i	**i** on **i** já	*not only … but, "both"*
i kdyby	Udělám to, **i kdyby** všichni byli proti.	*even if*
i když	Dokončím to, **i když** se mi nechce.	*even though*
jak	Viděla ho, **jak** běží.	*"saw him running"*
jak … tak	**jak** ty, **tak** já	*"both"*
jakkoli	**jakkoli** se to zdá hloupé	*although; however*
jakmile	**Jakmile** přijedu, zavolám.	*as soon as; the moment*
jako	bílý **jako** sníh / vypadá **jako** nové	*as … as / like*
jako by	Vypadá, **jako by** neuměl do pěti počítat.	*as if; as though*
jednak … jednak	**Jednak** mě nemá rád, **jednak** mi nerozumí.	*on the one hand … on the other hand*
jelikož	Jóga je zdravá, **jelikož** nás dokáže uvolnit.	*since, because*
jenže / jenomže	Ta věc je dobrá, **jenže** je drahá.	*but; except, only*
jestli	Nevím, **jestli** vám rozumím dobře.	*if, whether*
jestliže	**jestliže** tomu dobře rozumím, pak…	*if, in case*
kdežto	Myšlenka potěší, **kdežto** informace unaví.	*whereas, while*
kdyby	**Kdyby** to věděl, neptal by se.	*if (would)*
kdykoli(v)	Můžeš mi zavolat, **kdykoli** budeš chtít.	*whenever*
když	Volal, **když** jsem tu nebyl.	*when*
+ *futurum*	Přijď, **když** budeš chtít.	*if*
leda, ledaže	To nezvládnu, **ledaže** mi s tím pomůžeš.	*unless*
-li	Kup si to, **máš-li** na to peníze.	*if*

mezitím co	**Mezitím co** spala, ukradli jí kabelku.	*while*
nebo	dříve **nebo** později	*or*
neboť *(lit.)*	Zeptej se jeho, **neboť** je dobře informován.	*because, for*
nejen ..., ale	**nejen** krásná, **ale** také chytrá	*not only ... but also*
než	Přijď, **než** usnu. / Budu to číst, **než** to přečtu.	*before / until*
	větší **než** já	*than*
nýbrž	Cena nezáleží na vzhledu, **nýbrž** na kvalitě.	*but*
od té doby, co	Uplynul měsíc **od té doby, co** jsem přijel.	*since*
pokaždé když	**Pokaždé když** ho potkám, usmívá se.	*every time when*
pokud	Je to pravda, **pokud** se nemýlím.	*if*
	Pokud jde o mě, nejsem proti tomu.	*as far as; in reference to*
poněvadž	Neřeknu nic, **poněvadž** o tom nic nevím.	*because; since*
proto, a proto	Nevím nic, **proto** nic neřeknu.	*therefore*
protože	Nic neřeknu, **protože** nic nevím.	*because*
přestože	Miloval ji, **přestože** ho neměla ráda.	*although; in spite of*
sice ..., ale	Je **sice** hloupá, **ale** krásná.	*no doubt ... but*
sotva, sotvaže	**Sotva** přišla, hned zavolala.	*right away when*
tak, a tak	Byla zima, **a tak** si vzal kabát.	*so, thus*
tak ... jako	Praha není **tak** drahá **jako** Tokio.	*as ... as*
takže	Neměl dost peněz, **takže** tam nejel.	*so that*
tedy*	Myslím, **tedy** jsem.	*thus, hence*
třebaže	**Třebaže** byl lepší, nakonec nevyhrál.	*although*
tudíž, a tudíž *(lit.)*	Byl lepší, **tudíž** vyhrál.	*thus, therefore*
však	Vína bude méně, jeho kvalita je **však** lepší.	*but, however*
zatímco	**Zatímco** ceny klesají, platy stoupají.	*while*
zda	Nevím, **zda** je to pravda, **zda** je to dobré.	*if, whether*
že*	Vím, **že** je chytrý.	*that*

*▲ aby: Už aby bylo léto! – *I wish it would...*
ale: To je ale hloupé! – *What a...*
ani: Ani nápad! – *No idea!*
ať: Ať žije! – *Long live!* Ať mluví! – *Let him...!* Ať nepřijdete pozdě! – *Mind you...*
až: Byl tu až do rána – *until very*; přijel až včera – *only*; 8 až 10 stupňů – *from ... to*
tedy: To je tedy/teda pěkný blbec! – *then, so*
že: Že se nestydíš! – *How can...*; Je to tak, že ano/jo? – *Isn's it?*

SLOVESA S GENITIVEM

dočkat se (slávy) (p.) (1)	to live to see (glory)
dotýkat se / dotknout se (někoho; předmětu)	to touch (sbd.; a thing)
dosahovat / dosáhnout (dobrých výsledků) (3)/(4)	to achieve (good results)
držet se / po- se (zábradlí) (2)	to hold onto (a banister)
lekat se / leknout se (rány) (1)/(4)	to be scared by (a bang)
nabývat / nabýt (dojmu) (1)/(4): nabudu / nabydu	to get (an impression)
obávat se (toho) (i.) (1)	to be afraid of, worry about (it)
pouštět se / pustit se (zábradlí) (2)	to let go of (a banister)
týkat se (toho problému) (i.) (1)	to concern (this problem)
ujímat se / ujmout se (úkolu) (1)/(4)	to take charge of (a task)
vzdávat se / vzdát se (naděje) (1)	to give up (hope)
zastávat se / zastat se (kolegy) (1)/(4)	to stand up for (a colleague)
zbavovat se / zbavit se (starých věcí) (3)/(2)	to get rid of (old things)

Gen. + Instr.

dotýkat se / dotknout se (někoho slovy) (1)/(4)	to hurt (sbd. with words)

DO + Gen.

dávat se / dát se **do** (práce) (1)	to start (working)
dostávat se / dostat se **do** (finále) (1)/(4)	to make (the finals)
nastupovat / nastoupit **do** (auta; práce) (3)/(2)	to get in (a car); to start
plést se **do** (cizích věcí) (i.) (4): pletu se	to meddle in (sbd.'s affairs)
pouštět se / pustit se **do** (práce) (2)	to start (working)
stavět se / postavit se **do** (fronty) (2)	to take one's place in (a queue)
strkat / strčit **do** (někoho) (1)/(2)	to push (someone)
vejít se **do** (krabice) (p.) (4)	to fit (a box)
vrážet / vrazit **do** (židle) (2) / (4)	to crash into (a chair)
zaplést se **do** (rvačky) (p.) (4): zapletu se	to get involved in (a fight)
zapojovat se / zapojit se **do** (diskuse) (3)/(2)	to take part in (discussion)

U + Gen.

propadat / propadnout **u** (zkoušky) (1)/(4)	to fail (an exam)

Z + Gen.

vystupovat / vystoupit **z** (metra)	to get out/of (the metro)
vybírat si / vybrat si **z** (několika věcí) (1)/(4)	to choose among (a few things)
vyplývat / vyplynout **ze** (šetření) (1)/(4)	to follow from (an investigation)

Z + Gen. – DO + Gen.

tlumočit / pře- **z** (angličtiny) **do** (češtiny) (2)	*to interpret from (English) into (Czech)*

Z + Gen. – NA + Ak.

přestupovat / přestoupit **z** (metra) **na** (tramvaj) (3)/(2)	*to change from (the metro) to (the tram)*
převádět / převést peníze **z** (účtu) **na** (účet) (2)/(4)	*to transfer money from – to (an account)*

SLOVESA S DATIVEM

obětovat se (dítěti) (i.) (3)	to sacrifice oneself for (a child)
ozvat se (kamarádovi) (p.) (4)	to get in touch with (a friend)
poddávat se / poddat se (osudu) (1)	to resign oneself to (a fate)
podléhat / podlehnout (nemoci) (1)/(4)	to succumb to (an illness); to die
propadat / propadnout (panice) (1)/(4)	to fall for, give into (panic)
přizpůsobovat se / přizpůsobit se (situaci) (3)/(2)	to adapt / conform to (a situation)
podřizovat se / podřídit se (požadavku) (3)/(2)	to submit to (a request)
uklonit se (publiku) (p.) (2)	to bow to (an audience)
unikat / uniknout (trestu) (1)/(4)	to escape (a punishment)
věnovat se (politice) (i.) (3)	to engage in (politics)
vyhýbat se / vyhnout se (problémům) (1)/(4)	to avoid (problems)
vzdávat se / vzdát se (nepříteli) (1)	to surrender to (an enemy)

Dat. 👤 + Ak.

dlužit (kamarádovi peníze) (i.) (2)	to owe (money to a friend)
dokazovat / dokázat (někomu pravdu) (3)/(4): dokážu	to prove (the truth to sbd.)
dovolovat / dovolit (někomu něco / inf. odejít) (3)/(2)	to allow (sbd. to leave)
kazit / z- (někomu večírek)	to spoil (sbd.'s party)
nařizovat / nařídit (někomu něco / inf. zůstat) (3)/(2)	to order (sbd. to stay)
ničit / z- (někomu život) (2)	to destroy (sbd.'s life)
slibovat / slíbit (mamince pomoc) (3)/(2)	to promise (mother some help)
odcizovat / odcizit (někomu peněženku) (3)/(2)	to steal (a purse from sbd.)
odpouštět / odpustit (někomu urážku) (2)	to forgive (sbd. an offence)
oplácet / oplatit (někomu návštěvu) (2)	to return (a visit to sbd.)
oznamovat / oznámit (někomu novinku) (3)/(2)	to announce (sbd. news)
poskytovat / poskytnout (někomu ochranu) (3)/(4)	to provide (sbd. with protection)
projevovat / projevit (někomu vděčnost) (3)/(2)	to show, express (sbd. a gratitude)
přikazovat / přikázat (někomu něco / inf. přijít) (3)/(4)	to order (sbd. to come)
umožňovat / umožnit (někomu něco / inf. vidět) (2)/(3)	to enable (sbd. to see)
uvolňovat / uvolnit (pánovi místo) (2)/(3)	to vacate (a place for sbd.)
věnovat (příteli knihu) (p., i.) (3)	to dedicate (a book to a friend)
vyčítat / vyčíst (synovi kouření) (1)/(4)	to reproach (a son for smoking)
vypravovat / vyprávět (vnukovi pohádku) (3)/(2)	to tell (a fairytale to a grandson)
vytýkat / vytknout (dceři neposlušnost)	to rebuke (a daughter for obedience)
zakazovat / zakázat (synovi něco / inf. kouřit) (3)/(4)	to forbid (a son to smoke)
způsobovat / způsobit (někomu potíže)	to cause (troubles for sbd.)
zachraňovat / zachránit (někomu život) (3)/(2)	to save (sbd.'s life)

Dat. + Instr.

hrozit / po- (někomu prstem) (2)	to raise (a finger) in threat at (sbd.)
ubližovat / ublížit (někomu pomluvou) (3)/(2)	to harm (sbd. with gossip)
vládnout (zemi; domem) (i.) (4)	to govern, rule (a country); to rule the house

Dat. ♦ + na Ak. / (+ Instr.)

mávat / za- / mávnout (komu rukou **na** pozdrav) (1)	to wave (a hand to sbd. in greeting)
stěžovat si / po- (kamarádovi **na** bolesti hlavy) (3)	to complain (to a friend of a headache)

Dat. ♦ + o Lok.

vypravovat / vyprávět (kamarádovi **o** dovolené)	to tell (a friend about a holiday)

Dat. ♦ + s Instr.

pomáhat / pomoct (dceři **s** úkolem) (1)/(4)	to help (a daughter with homework)

Dat. ♦ + v Lok.

vyrovnat se (jí) v (kráse)	to rival (her beauty)

Dat. ♦ + za Ak.

mstít se / po- se (kamarádům **za** ponížení) (2)	to take revenge on (friends for humiliation)
omlouvat se / omluvit se (učiteli **za** zpoždění) (1)/(2)	to apologize to (a teacher for the delay)
revanšovat se (sousedovi **za** pomoc) (i.) (3)	to repay (a neighbour for help)
vynadat (dítěti) **za** (špatnou známku) (p.) (1)	to scold (a child) for (a bad mark)

K + Dat.

dospívat / dospět **k** (závěru) (1)/(4)	*to reach (a conclusion)*
hlásit se / při- se **k** (studiu) na (obor) (2)	*to enrol at (a university) in (a subject)*
ladit **k** (šatům) (i.) (2)	*to go with / match (a dress)*
přihlížet / přihlédnout **k** (okolnostem) (2)/(4)	*to pay attention to (circumstances)*
přiznávat se / přiznat se **k** (zločinu) (1)	*to confess to (a crime)*
vzhlížet / vzhlédnout **k** (někomu) (2)/(4)	*to look up at (somebody)*
vztahovat se / vztáhnout se **k** (tématu) (3)/(1)	*to relate to (a theme)*

PROTI + Dat.

ohrazovat se / ohradit se proti (pomluvě) (3)/(2)	*to object to (slander)*

neosobní dativ

daří se mi; vede se mi (dobře)	I'm doing well/fine
podaří se mi, povede se mi (udělat)	I will succeed (in doing/making...)
vyplatí se mi (tady zůstat)	it will pay off for me (to stay here)

SLOVESA S AKUZATIVEM

balit / za- (kufr) (2)	to pack (a suitcase)
bít / z- (psa) (4): biju	to beat (a dog)
bourat / z- (dům) (1)	to destroy (a house)
cítit / po- / u- (úlevu) (2)	to feel (a relief)
česat (ovoce); u- (se; si vlasy) (4): češu	to pick (fruits); comb (hair)
dusit / po- (zeleninu) (2)	to stew (vegetables)
dodržovat / dodržet (zákony) (3)/(2)	to respect, uphold (laws)
frustrovat (dítě) (3)	to frustrate (a child)
hádat / uhodnout (správnou odpověď) (1)/(4)	to guess (the right answer)
hlídat / po- (dítě; zloděje) (1)	to babysit (a child) guard (a thief)
hltat / zhltnout (oběd) (1)/(4)	to gulp down (a lunch)
hradit / u- (cestovné) (2)	to cover, reimburse (travel expenses)
chytat / chytit (míč) (1)/(2)	to catch (a ball)
chystat / při- (svačinu) (1)	to prepare (a snack)
klást / položit (otázku) (4)/(2): kladu	to place, pose (a question)
klepat / vy- (koberec) (4)	to beat (a carpet)
kousat / kousnout (kousl mě pes) (4): koušu	to bite (a dog bit me)
krájet / na- (cibuli na kostičky) (2)	to chop (an onion finely)
kreslit / na- (obrázek)	to draw (a picture)
křtít / po- (dítě) (2)	to baptize, christen (a child)
kuchat / vy- (rybu) (1)	to gut (a fish)
ladit / na- (piano); s- (barvy) (2)	to tune (a piano); to match (colors)
lakovat / na- (si) (nehty) (3)	to varnish (one's nails)
lámat / zlomit (větve) (4)/(2)	to break (branches)
lepit / za- (obálku) (2)	to seal (an envelope)
líčit / vy- (příběh) (2)	to portray, depict (a tale)
líčit se / na- se (2)	to put on one's make-up
lít / na- (víno do skleničky) (4): leju	to pour (a wine into a glass)
loupat / o- (pomeranč) (4)	to peel (an orange)
mazat / s- (číslo) (4): mažu	to delete (a number)
měnit / z- (účes); vy- (peníze) (2)	to change (one's hair-style); change (a money)
malovat / na- (obrázek) / (se) (3)	to paint (a picture); to put on make-up
malovat / vy- (pokoj) (3)	to paint, decorate (a room)
míchat / pro-, za- (polévku) (1)	to stir (a soup)
míjet / minout (dům; terč; se) (2)/(4)	to pass (a house); miss (the target; each other)
mlít / u- (maso; kávu; obilí) (4): melu	to mince (meat); grind (coffee); mill (corn)
nabíjet / nabít (baterku) (2)/(4)	to charge (a battery)
nacházet / najít (společnou řeč) (2)/(4)	to find (a common ground)
nasazovat / nasadit (si) (rukavice) (3)/(2)	to put on (gloves)
následovat (někoho) (i.) (3)	to follow, go after (somebody)

SLOVESA S AKUZATIVEM

nenávidět (někoho) (i.) (2)	to hate (somebody)
obalovat / obalit (řízek) (3)	to bread (a schnitzel)
obdivovat (něčí odvahu) (i.) (3)	to admire (sbd.'s courage)
obhajovat / obhájit (titul mistra) (3)/(2)	to defend (a title)
objevovat / objevit (novou metodu) (3)/(2)	to discover (a new method)
ob/z/ouvat / ob/z/out si (boty) (1)/(4): ob/z/uju	to put on / take off (one's shoes)
obsazovat / obsadit (místo) (3)/(2)	to occupy, take (a place)
odemykat / odemknout (dveře) (1)/(4)	to unlock (a door)
odkládat / odložit (termín zkoušky) (1)/(2)	to postpone (the date of an exam)
odmítat / odmítnout (pomoc / inf. komentovat něco) (1)/(4)	to refuse (a help); to decline (to comment on sth.)
odstraňovat / odstranit (nedostatky) (3)/(2)	eliminate (deficiencies)
omezovat / omezit (výrobu) (3)/(2)	to limit, reduce, cut (production)
opékat / opéct (klobásy) (1)/(4): opeču	to grill (a sausage)
opouštět / opustit (zaměstnání)	to leave (a job)
otáčet / otočit (stránku)	to turn over (a new leaf)
ovládat / ovládnout (jazyk; strach) (1)/(4)	to master (a language); subdue (one's fear)
pálit / s- (listí); s-, při- (oběd) (2)	to burn (leaves; lunch)
plést / u- (čepici a šálu) (4)	to knit (a cap and scarf)
plnit (splňovat) / s- (slib, povinnosti) (2)/(3)	to fulfil (the promise, one's duties)
podepisovat / podepsat (smlouvu; se) (3)/(4)	to sign (a contract); put (one's signature to)
podvádět / podvést (kamaráda) (2)/(4)	to deceive (a friend)
polykat / spolknout (sousto) (1)/(4)	to swallow (a mouthful)
projednávat / projednat (případ) (1)	to discuss, hear (a case)
podporovat / podpořit (jeho návrh) (3)/(2)	to support (his proposal)
pojišťovat / pojistit (dům; se) (3)/(2)	to insure (the house; oneself)
pokládat / položit (základy) (1)/(2)	to put down, lay (foundations)
pomlouvat / pomluvit (souseda) (1)/(2)	to gossip about, to slander (a neighbour)
porážet / porazit (strom; chodce; mužstvo) (2)	to cut down (a tree); run down (pedestrian); beat (a team)
porcovat / roz-, na- (krůtu) (3)	to cut (a turkey) into portions
porušovat / porušit (slib) (3)/(2)	to break (one's promise)
pořádat / uspořádat (koncert) (1)	to organize (a concert)
posilovat / posílit (svaly) (3)/(2)	to strengthen (one's muscles)
postrádat (smysl) (i.) (1)	to lack (sense)
potvrzovat / potvrdit (objednávku) (3)/(2)	to confirm, acknowledge (an order)
pozdravovat (rodiče) (i.) (3)	to give one's regards to (one's parents)
probouzet / probudit (matku; se) (2)	to wake up (one's mother; oneself)
probírat / probrat (novou látku) (1)/(4)	to go over (new material)
prožívat / prožít (velkou lásku) (1)/(4)	to spend, experience (great love)

SLOVESA S AKUZATIVEM

překonávat / překonat (překážky) (1)	to overcome (obstacles)
překračovat / překročit (hranici; rychlost) (3)/(2)	to cross (the border); to exceed (a speed)
přijímat / přijmout (něčí omluvu) (1)/(4)	to accept (sbd.'s apology)
poškozovat / poškodit (něčí pověst) (3)/(2)	to damage (sbd.'s reputation)
pouštět / pustit (něčí ruku) (2)	to relinquish, let go of (sbd.'s hand)
půlit / roz- (chleba) (2)	to cut (bread) in half
ranit / z- (se) (2)	to hurt, injure (oneself)
riskovat (život) (i.; p.) (3)	to risk (one's/sbd.'s life)
rozbíjet / rozbít (okno) (2)/(4)	to break (a window)
rozdělovat / rozdělit (dort) (3)/(2)	to divide, to cut (a cake)
rozebírat / rozebrat (obsah knihy) (1)/(4)	to analyse (the book's contents)
rušit / vy- (někoho) (2)	to disturb (somebody)
rušit / z- (schůzi) (2)	to cancel (a meeting)
sázet / sadit (brambory); v- (100 Kč) (2)	to plant (potatoes); to bet (100 Kč)
schovávat / schovat (peníze) (1)	to hide (a money)
schvalovat / schválit (návrh zákona) (3)/(2)	to approve (a bill)
shánět / sehnat (knihu) (2)/(4): seženu	to look, search for / get hold of, obtain (a book)
skrývat / skrýt (lásku; poklad) (1)/(4)	to hide (love; a treasure)
smažit / u- (cibuli) (2)	to fry (an onion)
snášet / snést (vajíčko; bolest) (2)/(4): snesu	to lay (an egg); to stand, endure (a pain)
snižovat / snížit (úrokové sazby) (3)/(2)	to lower (interest rates)
solit / o- (omáčku) (2)	to salt (a sauce)
spotřebovávat / spotřebovat (energii) (1)/(3)	to consume (energy)
stanovovat / stanovit (pravidla hry) (3)/(2)	to determine, specify (the rules of a game)
stříhat / o- (živý plot; vlasy) (2)	to cut (a hedge; hair)
střílet / (za)střelit (zajíce)	to fire / shoot (a hare)
splácet / splatit (půjčku) (2)	to pay off (a loan)
stíhat / stihnout (vlak) (1)/(4)	to manage / catch (a train)
sundávat / sundat (si šaty; obvaz) (1)	to take off (a dress); to remove (a bandage)
šít / u- (košili) (4): šiju	to sew, tailor (a shirt)
tisknout / s- (ruku); vy- (knihu) (4)	to press (a hand); print (a book)
tlačit (vozík) (i.) (2)	to push (a shopping trolley)
tlumit / z- (hudbu) (2)	to mute, turn down (a music)
trhat / vy- (vytrhnout) (zub) (1)/(4)	to pull (a tooth) out
tvořit / vy- (něco nového) (2)	to create (something new)
uctívat / uctít (padlé hrdiny) (1)/(2)	to honour (the fallen heroes)
uhrazovat / uhradit (poplatek za plyn) (3)/(2)	to pay (a charge for gas)

SLOVESA S AKUZATIVEM

ukládat / uložit (peníze) (1)/(2)	to deposit (money)
uplatňovat / uplatnit (nároky) (3)/(2)	to assert (one's rights)
upravovat / upravit (skladbu; vlasy; se)	to adapt (a composition), do (one's hair); to freshen up
určovat / určit (příčinu; diagnózu) (3)/(2)	to determinate (the cause); diagnose
uskutečňovat / uskutečnit (plány) (3)/(2)	to put into practice, carry out (plans)
uspokojovat / uspokojit (poptávku) (3)/(2)	to satisfy (demand)
utírat / utřít (nádobí) (1)/(4)	to wipe, to dry (the dishes)
uvádět / uvést (příklad; pořad) (2)/(4)	to give (an example); to introduce (a programme)
uvědomovat si / uvědomit si (nebezpečí) (3)/(2)	to realize, become aware of (danger)
uzavírat / uzavřít (se do sebe; smlouvu; manželství) (1)/(4)	to retreat into oneself; to contract; get married
vázat (si) / za- (si) (tkaničky u bot) (4): vážu	to bind, tie up (shoelaces)
vážit / z- (se; zboží) (2)	to weigh (oneself; goods)
věšet / pověsit (prádlo) (2)	to hang (clothes)
volit / z- (správná slova) (2)	to choose (the right words)
vraždit / za- (soka)	to murder (an adversary)
vybírat / vybrat (si) (dárek; peníze, dovolenou) (1)/(4): vyberu	to choose (a gift); withdraw (money); take (a holiday)
vydávat / vydat (knihu) (1)	to publish (a book)
vydělávat / vydělat (si) (poctivé peníze) (1)	to earn, make (an honest money / penny)
vydržet (hodně) (p.) (2)	to withstand (a lot)
vyhazovat / vyhodit (staré krámy) (3)/(2)	to throw away (old rubbish)
vyhlašovat / vyhlásit (válku) (3)/(2)	to declare (war)
vychovávat / vychovat (dítě) (1)	to bring up (a child)
vyrábět / vyrobit (nový výrobek) (2)	to manufacture (a new product)
využívat / využít (příležitost + příležitosti (G) (1)/(4)	to make use, take advantage of (an opportunity)
vyvíjet / vyvinout (tlak na někoho) (2)/(4)	to develop; exert (the pressure on sbd.)
zadržovat / zadržet (pachatele; dech) (3)/(2)	to arrest (a culprit); hold (one's breath)
zahajovat / zahájit (kampaň) (3)/(2)	to start, open (a campaign)
zachovávat / zachovat (klid) (1)	to keep / stay (calm)
zakládat / založit (podnik) (1)/(2)	to establish, found (an enterprise)
zamlouvat / zamluvit (si) (pokoj) (1)/(2)	to reserve, book (a room)
zamykat / zamknout (dveře) (1)/(4)	to lock (the door)
zařizovat / zařídit (všechno; byt) (3)/(2)	to organize (everything); furnish (a flat)
zasluhovat si / zasloužit si (ocenění) (3)/(2)	to rate, deserve (recognition)
zastávat / zastat (funkci; názor) (1)/(4)	to hold (a post); maintain (an opinion)
zastavovat / zastavit (se; kolemjdoucího) (3)/(2)	to stop moving; stop (a passer-by)

SLOVESA S AKUZATIVEM

zatahovat / zatáhnout (žaluzie) (3) /4)	to draw, pull closed (blinds)
zatýkat / zatknout (zloděje) (1)/(4)	to arrest (a thief)
zaujímat / zaujmout (postoj k něčemu) (1)/(4)	to adopt (a position on sth.)
zavádět / zavést (školní reformy) (2)/(4)	to launch (educational reforms)
zavinit (nehodu) (p.) (2)	to cause (an accident)
zažívat / zažít (opravdové štěstí) (1)/(4)	to experience (true happiness)
zesílit / zesilovat (zvuk) (2)/(3)	to become stronger; turn up (a sound)
zdolávat / zdolat (překážky) (1)	to overcome (obstacles)
zdravit / po- (známého) (2)	to greet (an acquaintance)
zdražovat / zdražit (zboží) (3)/(2)	to increase, raise prices of (goods)
zdržovat / zdržet (se; někoho) (3)/(2)	to linger, lose time; detain (somebody)
zjišťovat / zjistit (pravdu) (3)/(2)	to find out, ascertain (the truth)
zkoumat / pro- (tajnou dohodu)	to investigate (a secret treaty)
zkoušet / vy- (studenty) (2)	to test (students)
zkracovat / zkrátit (sukni / knihu) (3)/(2)	to shorten (a skirt); abridge (a book)
zlevňovat / zlevnit (vybrané zboží) (3)/(2)	to reduce the price of (selected goods)
zneužívat / zneužít (moc + moci G) (1)/(4)	to abuse (one's power)
zpracovávat / zpracovat (prameny) (1)/(3)	to process, compile (sources)
zobrazovat / zobrazit (život) (3)/(2)	to depict (a life)
způsobovat / způsobit (škodu) (3)/(2)	to cause (damage)
zrazovat / zradit (přítele) (3)/(2)	to betray (a friend)
zvedat / zvednout (ruku) (1)/(4)	to raise (one's hand)
zvládat / zvládnout (úkol) (1)/(4)	to cope, deal with (the task)
zvyšovat / zvýšit (objem výroby) (3)/(2)	to increase (the volume of production)
žehlit / vy- (ložní prádlo) (2)	to iron (bed linen)

Ak. (🛉) + Instr.

lákat / na-, při- (zákazníky dobrými cenami) (2)	to lure (the customers with good prices)
nadchnout (se; někoho nápadem) (p.) (4)	to become enthused by; enchant sbd. (with an idea)
nahrazovat / nahradit (staré DVD novým) (3)/(2)	to replace (an old DVD with a new one)
mazat / na- (chleba paštikou)	to spread (paste on bread)
okouzlit (manžela svým vzhledem) (p.) (2)	to enchant (one's husband with one's appearance)
ovlivňovat / ovlivnit (syna svými názory) (3)/(2)	to influence (one's son with one's attitudes)
označovat / označit (odpověď křížkem) (3)/(2)	to mark (an answer with a cross)
plnit / na- (kuře nádivkou) (2)	to stuff (a chicken with stuffing)
pokapat (salát citronem) (p.) (4): pokapu	to sprinkle (a lemon juice over salad)
pokrývat / pokrýt (území signálem) (1)/(4)	to cover (territory with a signal)
překvapovat / překvapit (koho darem) (3)/(2)	to surprise (sbd. with a gift)
rozčarovat (koho svojí lhostejností) (p.) (3)	to disappoint (sbd. with one's indifference)
sladit / o- (čaj medem) (2)	to sweeten (tea with honey)
trestat / po- (dítě výpraskem) (1)	to punish (a child with a drubbing)
urážet / urazit (dívku poznámkou) (2)	to offend (a girl with a remark)
vyjadřovat / vyjádřit (vděk darem) (3)/(2)	to express (gratitude with a gift)
zdobit / o- (dort šlehačkou) (2)	to decorate (a cake with cream)
zdůvodňovat / zdůvodnit (neúčast nemocí) (3)/(2)	to justify (an absencedue to illness)
zklamat (přítele svojí otázkou) (p.)	to disappoint (a friend with one's question)
zranit (se; někoho puškou) (p.) (2)	to hurt (oneself; sbd. with a gun)
zraňovat / zranit (přítele svými slovy) (3)/(2)	to hurt (a friend with words)
zveřejňovat / zveřejnit (informace) (3)/(2)	to publish, release (information)
zvolit (koho předsedou) (p.)	to elect (sbd. a chairman)
živit / u- (rodinu; se uměním) (2)	to provide for (a family); make one's living as (an artist / selling art)

Ak. 🛉 + do Gen. / k Dat.

nutit / do- (syna) **do** (jídla); **k** (sňatku) (2)	to force (a son to eat; to get married)
přemlouvat / přemluvit (kolegu) **k** (lepšímu řešení) (3)/(2)	to persuade (a colleague of a better solution)

Ak. + na Ak.

klást (důraz) **na** (každý detail) (i.) (4): kladu	*to place (emphasis on each detail)*
upozorňovat / upozornit (studenty) **na** (chybu) (3)/(2)	*to draw (students') attention to (a fault)*

Ak. + na Lok.

prodělávat / prodělat (peníze) **na** (investici) (1)	*to lose (money) on (an investment)*
vydělávat / vydělat (peníze) **na** (transakci) (1)	*to earn (money) in (a transaction)*

Ak. 👤 + o Ak.

okrádat / okrást (cestujícího) **o** (peněženku) (4)	*to rob (a passenger) of (a purse)*
šidit / o- (zákazníka) **o** (pět korun) (p.) (2)	*to cheat (a customer) of (five crowns)*

Ak. 👤 + o Lok.

informovat (zákazníky) **o** (změně tarifu) (i. p.) (3)	*to inform (customers) of (a new tariff)*
přesvědčovat / přesvědčit (kamaráda) **o** (pravdě) (3)/(2)	*to convince (a friend) of (the truth)*

Ak. + po Lok.

dědit / z- (dům) **po** (dědečkovi) (2)	*to inherit (a house) from (one's grandfather)*
pojmenovávat / pojmenovat (ulici) **po** (známém spisovateli) (1)	*to name (a street) after (a famous writer)*

Ak. + před Instr.

preferovat (kávu) **před** (čajem) (i.) (3)	*to prefer (coffee) to (tea)*
tajit / u- (něco) **před** (rodinou) (2)	*to hide, keep (something) back from (family)*
varovat (pacienta) **před** (kouřením) (i.) (3)	*to warn (a patient) against (smoking)*

Ak. + s Instr.

přehánět / přehnat (to) **s** (pitím) (2)/(4)	*to overdo it with (drinking)*
spojovat / spojit (povinnost) **se** (zábavou) (3)/(2)	*to combine (a duty) with (entertaiment)*
srovnávat / srovnat (češtinu) **s** (angličtinou) (1)	*to compare (Czech) with (English)*

Ak. (🛉) + z Gen.

odvozovat / odvodit (závěr) **ze** (statistiky) (3)/(2)	*to deduce (a conclusion) from (statistics)*
podezírat (koho) **ze** (špatných úmyslů) (i.) (1)	*to suspect (sbd.) of (bad intentions)*
stahovat / stáhnout (hudbu) **z** (internetu) (3)/(4)	*to download (music) from (the internet)*
vinit / ob- (koho) **z** (vraždy) (2)	*to charge (sbd.) with (murder)*
vyndávat / vyndat (klíče) **z** (kapsy) (1)	*to take (keys) out of (one's pocket)*
vytahovat / vytáhnout (klíč) **ze** (dveří) (3)/(4)	*to withdraw (the key) from (the door)*

Ak. + za Ak.

chválit / po- (žáka) **za** (práci) (1)	*to commend (a pupil) for (his work)*
označovat / označit (někoho) **za** (zloděje) (3)/(2)	*to label, call (sbd.) (a thief)*
pokládat (koho) **za** (přítele) (i.) (1)	*to regard (somebody) as (a friend)*
považovat (výsledek) **za** (úspěch) (i.) (3)	*to consider (the result) to be (a success)*
soudit / od- (zločince) **za** (vraždu) (2)	*to judge, sentence (the criminal) for (murder)*
trestat / po- (dceru) **za** (špatný prospěch) (1)	*to punish (a daughter) for (bad marks)*
utrácet / utratit (peníze) **za** (blbosti) (2)	*to spend (money) on (trifles)*
vyměňovat / vyměnit (libry) **za** koruny (3)/(2)	*to exchange (pounds) for (crowns)*

NA + Ak.

klepat / za- **na** (dveře; dřevo: pro štěstí) (4)	*to knock on (the door; wood)*
křičet / za- **na** (dítě) (2)	*to shout at (a child)*
chystat se **na** (cestu) (i.) (1)	*to be getting ready for (the journey)*
nadávat **na** (nízké platy) (i.) (1)	*to grumble at (low pay)*
naléhat **na** (přítele, aby šel) (1)	*to urge (a friend to go)*
narážet / narazit **na** (překážky; přítele) (2)	*to run up against (obstacles); happen to meet (a friend)*
potrpět si **na** (hezké oblečení) (i.) (2)	*to have a liking for (nice clothes)*
připravovat se / připravit se **na** (zkoušku) (3)/(2)	*to prepare oneself for (an exam)*
útočit / za- **na** protivníka (2)	*to attack (an opponent)*
věřit **na** (zázraky) (i.) (2)	*to believe in (a miracle)*
vydávat se / vydat se **na** (cestu) (1)	*to set out on (a journey)*
vzpomínat **na** (staré časy) (i.) (1)	*to cast one's mind back, remember (old times)*
vzpomenout si **na** (jméno) (p.) (4)	*to recall (a name)*
zaměřovat se / zaměřit se **na** (studium) (3)/(2)	*to focus, concentrate on (study)*
být zvědavý **na** (nového kolegu)	*to be curious about (a new colleague)*

O + Ak.

bát se **o** (dítě) (i.) (2): bojím se	*to fear for (a child)*
bojovat **o** (život; moc) (i.) (3)	*to fight for (a life; power)*
dbát **o/na** (pořádek) (i.) (1)	*to be particular about (tidiness)*
jít **o** (peníze) (4)	*to be interested in, concerned with (money)*
opírat se / opřít se **o** (hůl) (1)/(4)	*to lean on (a cane)*
pečovat **o** (nemocného) (i.) (3)	*to care for (a sick person)*
přicházet / přijít **o** (zdraví) (2)/(4)	*to lose (one's health)*

O + Ak.

snažit se **o** (nemožné) (i.) (2)	*to aim for (the impossible)*
spálit se **o** (žehličku) (p.) (2)	*to burn oneself on (an iron)*
stát **o** (něčí názor) (i.) (4)	*to run after*
uhodit se (do nohy) **o** (stůl) (p.) (2)	*to bang, bump (one's leg) against (a table)*
ucházet se **o** (práci) (i.) (2)	*to apply for (a job)*
usilovat **o** (zrušení víz) (i.) (3)	*to strive for (the abolition of visas)*
zakopávat / zakopnout **o** (židli) (4)	*to stumble over (a chair)*

O + Ak. + s Instr.

hádat se **o** (majetek) **s** (rodinou) (i.) (1) (pohádat se kvůli majetku) (p.) (1)	*to quarrel over (possessions) with (the family)*
prát se / poprat se **o** (hračky) **s** (bratrem) (4)	*to fight over (toys) with (one's brother)*

PRO + Ak.

nadchnout se **pro** (projekt) (p.) (4)	*to become enthused about (a project)*
rozhodnout se **pro** (první možnost) (p.) (4)	*to decide on (the first possibility)*

PŘES + Ak.

přenést se **přes** (potíže) (p.) (4)	*to overcome (difficulties)*
přeskakovat / přeskočit **přes** (potok) (3)/(2)	*to jump across (a stream)*

V + Ak.

doufat **v** (spravedlnost) (i.) (1)	*to hope for (justice)*
věřit **v** (Boha, lásku) (i.) (2)	*to believe in (God, love)*

ZA + Ak. + před Instr.

stydět / za- se **za** (chybu); **před** (holkami) (2)	*to be ashamed of (a mistake); shy of (girls)*

ZA + Ak.

bojovat **za** (lidská práva) (i.) (3)	*to fight for (human rights)*
moct **za** (chybu) (i.) (4)	*be to blame for (a mistake)*
ručit **za** (jakost) (i.) (2)	*to guarantee (the quality)*
(z)odpovídat **za** (současnou krizi) (i.) (1)	*to be responsible for (the current crisis)*

SLOVESA S LOKÁLEM

NA + Lok.

podílet se **na** (projektu) (i.) (2)	*to participate in (a project)*
trvat **na** (požadavcích) (i.) (1)	*to insist on (requirements)*

O + Lok.

pojednávat **o** (násilí) (i.) (1)	*to deal with (violence)*
rozhodovat / rozhodnout **o** (přijetí eura) (3)/(4)	*to decide about (joining the eurozone)*
snít **o** (krásné dovolené) (i.) (2)	*to dream about (a beautiful holiday)*
uvažovat **o** (cestě na Nový Zéland) (i.) (3)	*to consider (a trip to New Zealand)*
zmiňovat se / zmínit se **o** (problému) (3)/(2)	*to mention (a problem)*

O + Lok. – S + Instr.

diskutovat **s** (odborníky) **o** (situaci) (i.) (3)	*to discuss (the situation) with (experts)*
hovořit / po- si **s** (posluchači) **o** (politice) (2)	*to talk (politics) with (university students)*
jednat **s** (oběma stranami) **o** (příměří) (i.) (1)	*to negotiate (a truce) with (both parties)*
povídat si / po- **s** (bratrem) **o** (životě) (1)	*to chat with (one's brother) about (life)*

PO + Lok.

pátrat **po** (pachateli trestného činu) (i.) (1)	*to hunt for (the culprit)*
shánět se **po** (kom) (i.) (2)	*to look for (somebody)*

V + Lok.

libovat si **v** (hezkých věcech) (i.) (3)	*to take pleasure / delight in (nice things)*
uspět **v** (životě) (i.) (4)	*to succeed in (life)*
odrážet se / odrazit se **ve** (vodě) (2)	*to be reflected, mirrored in (the water)*
vyznat se **v** (různých věcech) (i.) (1)	*to know a lot about (various things)*

SLOVESA S INSTRUMENTÁLEM

dorozumívat se / dorozumět se (znakovou řečí) (1)/(2)	to communicate in (sign language)
chlubit / po- se (svým novým domem) (2)	to boast about (his new house)
chvět / za- se (strachem) (4): chvěju se	to tremble with (fear)
házet / hodit (míčem) (2)	to throw (a ball)
klepat se / roz- se (leknutím) (4)	to shiver / start to shiver with (fright)
kývat / kývnout (hlavou) (1)/(4)	to nod (one's head)
naříkat (bolestí); **nad** (osudem) (i.) (1)	to moan (in pain); to lament (one's fate)
oněmět (úžasem) (p.) (2)	to be struck dumb with (amazement)
onemocnět (prasečí chřipkou) (p.) (2)	to become ill with (swine flu)
otáčet / otočit (klíčem; kohoutkem) (2)	to turn (the key, tap)
plakat / roz- se (radostí) (4): pláču	to cry for (joy)
plýtvat (penězi) (i.) (1)	to waste (money)
protékat (řeka protéká městem) (i.) (1)	to flow, pour (the river flows through the city)
řídit se (svědomím) (i.) (2)	to be guided by (one's conscience)
říznout se (nožem) (p.) (4)	to cut oneself with (a knife)
šetřit (přírodními zdroji) (i.) (2)	to conserve, save (natural resources)
trápit / u- se (zbytečnostmi) (2)	to bother with (trifles)
trpět (bolestmi zad) (i.) (2)	to suffer from (back pain)
vrtět / za- (hlavou) (2)	to shake (one's head); to wag (one's tail)
zabývat se (ekologickými otázkami) (i.) (1)	to deal with (ecological issues)
začínat / začít (čím) (1)/(4)	to start (with)
znemožňovat se / znemožnit se (projevem) (2)	to disgrace oneself with (a speech)

MEZI + Instr.

rozhodovat se **mezi** (dvěma možnostmi) (i.) (3)	to be deciding among (two possibilities)

NAD + Instr.

vítězit / z- **nad** (soupeřem) (2)	to defeat (an opponent)
mávnout **nad** (něčím rukou) (p.) (4)	to shrug (something) off
plakat **nad** (rozlitým mlékem) (4)	to cry over (spilt milk)

PŘED + Instr.

bránit se / u- se **před** (útokem) (2)	to defend oneself against (attack)
utíkat / utéct **před** (psem) (2)/(4): uteču	to run away, avoid (a dog)

S + Instr.

snášet se / snést se **s** tchýní (2)/(4)	to put up with (a mother-in-law)
smiřovat se / smířit se **s** (osudem) (3)/(2)	to reconcile oneself to (a fate)
souviset **s** (výše řečeným) (i.) (2)	to be connected with (the aforementioned)
srazit se **s** (vlakem) (p.) (2)	to collide with (a train)
stýkat se **s** (divnými lidmi) (i.) (1)	to have contact with (strange people)
trápit se **s** (úkolem) (i.) (2)	to wrestle with (an assignment)
usmiřovat se / usmířit se **s** (kamarádkou) (2)	to reconcile, make up with (a friend)
utkat se **s** (mužstvem; nepřítelem) (p.) (1)	to compete with (a team); encounter (an enemy)
vycházet / vyjít **s** (kým) dobře (2)/(4)	to get along with (somebody)
vyrovnávat se / vyrovnat se **se** (ztrátou) (1)	to cope with (a loss)

ZA + Instr.

hnát se za / honit se **za** (úspěchem) (i.)	to chase (success)
otáčet se / otočit se **za** (krásnou dívkou) (2)	to look around at (a beautiful girl)
utíkat **za** (děvčaty) (i.) (1)	to run after (girls)

BÝT / CÍTIT SE + ADJ.

být (cítit se) dotčený (jeho chováním)	to be/feel hurt, offended by (his demeanour)
být si (cítit se) jistý (úspěchem)	to be/feel sure of (success)
být (cítit se) nadšený (tím filmem)	to be/feel enthusiastic about (the movie)
být (cítit se) rozčarovaný (vývojem události)	to be/feel disillusioned with (the course of the events)
být (cítit se) uražený (jeho návrhem)	to be/feel offended by (his proposal)
být (cítit se) zklamaný (její odpovědí)	to be/feel disappointed by (her response)

inf.	změna	prézens	prét.	anglicky	příklad
-ít/		bít: biju	bil	*beat*	Biju bratra.
-ýt		při/krýt (se): kryju/i	kryl	*cover, hide*	Kryju se. Přikryju se dekou.
		u/mýt (se,si): myju/i	myl	*wash*	Myju dítě / se vodou / si ruce.
		vy/pít: piju/i	pil	*drink*	Piju pivo.
		vít: viju/i	vil	*wind*	Viju věnec.
		výt: vyju/i	vyl	*howl*	Pes vyje na měsíc.
		žít: žiju/i	žil	*live*	Žiju na vonkově.
	í → e	lít: leju/liju	lil	*pour*	Venku leje.
		dít se: děje se	dělo	*happen*	Co se děje?
+		za/hrát: hraju/i	hrál	*play*	Hraju fotbal / na piano / si.
		sát: saju/i	sál	*suck*	Dítě saje mateřské mléko.
		roz/tát: taju/i	tál	*melt*	Je teplo, sníh taje.
		do/zrát: zraju/i	zrál	*ripen*	V létě zraje ovoce.
-out	ou → u	obout se, si: obuju/i	obul	*put on sth.*	Obuju se. Obuji si boty.
		zout se, si: zuju/i se	zul	*take off sth.*	Zuji se. Zuju si kozačky.
		přezout se: přezuju se	přezul	*change*	Přezuju se do bačkor.
		plout: pluju/i	plul	*float*	Loď pluje.
-át/	s → š	kousat (i.): koušu	kousal	*bite*	Koušu si nehty.
-at		psát/napsat: píšu/i	psal	*write*	Píšu nečitelně.
		poslat (p.): pošlu	poslal	*send*	Pošlu ti pohled.
		česat: češu	česal	*pick*	Češu ovoce.
		u/česat se: češu se		*comb*	Češu se hřebenem.
	z → ž	do/kázat (p.): dokážu/i	dokázal	*prove*	Dokážu pravdu. Dokážu to.
		na/mazat: mažu/i	mazal	*spread*	Mažu si chleba máslem.
		o/tázat se: tážu/i se	tázal	*ask*	Znovu se na to tážu.
		za/vázat: vážu/i	vázal	*tie*	Vážu si kravatu.
		ukázat (p.): ukážu/i	ukázal	*show*	Ukážu vám cestu.
		vzkázat (p.): vzkážu/i	vzkázal	*send a mess.*	Vzkážu to Janovi.
	k → č	plakat: pláču	plakal	*cry*	Pláču radostí.
		skákat: skáču	skákal	*jump*	Skáču vysoko.
	h → ž	lhát: lžu	lhal	*lie*	Každý někdy lže.
+		dostat (p.): dostanu	dostal	*get*	Dostanu dárek.
		přestat (p.): přestanu	přestal	*stop*	Přestanu pracovat.
		stát se (p.): stanu se	stal se	*become*	Stanu se prezidentem.
		vstát (p) vstanu	vstal	*get up*	Vstanu brzo ráno.
		zůstat (p.): zůstanu	zůstal	*stay*	Zůstanu doma.
		hnát (se): ženu	hnal	*drive, rush*	Po/ženu psa. Ženu se za tím.

inf.	změna	prézens	prét.	anglicky	příklad
-át/	á → e	brát: beru	bral	*take*	Beru si z tebe příklad.
-at		za/klepat: klepu	klepal	*knock*	Klepu na dveře.
		prát /vyprat: peru	pral	*wash*	Peru špinavé prádlo.
		prát / poprat se: peru se	pral se	*fight*	Peru se s bratrem.
		srát / vysrat se: seru	sral	*shit*	Seru na to. *(vulg., coll.)*
		stlát / ustlat: stelu	stlal	*make one's bed*	Stelu postel.
		třást se: třesu se	třásl	*shiver*	Třesu se strachy.
		žrát / sežrat: žeru	žral	*eat*	Pes žere.
+		u/mlít: melu	mlel	*mill, grind*	Melu kávu.
		hřát: hřeju/i	hřál	*warm*	Ten svetr hřeje.
		za/smát se: směju/i se	smál	*laugh*	Rád se směju.
		po/přát: přeju/i	přál	*wish*	Přeju ti všechno nejlepší.
+		chvět se: chvěju/i se	chvěl	*tremble*	Chvěju se zimou.
		do/u/spět: uspěju/i	uspěl	*succeed*	Doufám, že uspěju.
		kapat: kapu	kapal	*drip*	Pokapu salát citronem.
		kopat: kopu	kopal	*kick, dig*	Kopu do míče; Vy/kopu jámu.
		vy/koupat (se): koupu	koupal	*bath*	Vykoupu se v řece.
		plavat: plavu	plaval	*swim*	Plavu dobře.
		řvát: řvu	řval	*yell, howl*	Dítě řve.
		zvát / pozvat: zvu	zval	*invite*	Zvu tě na návštěvu.
-st/		pře/číst: čtu	četl	*read*	Čtu noviny.
-zt		lézt: lezu	lezl	*climb*	Po/lezu na strom.
		nést: nesu	nesl	*carry*	Po/nesu ten nejtěžší kufr.
	s → d	vést: vedu	vedl	*lead*	Můj tým po/vede.
		vést se: vede se		*fare*	Jak se ti vede?
		vézt (se): vezu	vezl	*transport, drive*	Po/vezu děti do školy.
	s → d	klást: kladu	kladl	*put*	Kladu talíře na stůl.
		u/krást: kradu, ukradnu	kradl	*steal*	Snad nekrade / neukradne to.
	s → t	kvést: kvetu	kvetl	*be in flower*	Ovocné stromy na jaře kvetou.
		u/plést: pletu	pletl	*knit*	Pletu svetr.
		s/plést se: pletu se		*be wrong*	Pleteš se.
		vy/růst: rostu	rostl	*grow up*	Dítě rychle roste.

inf.	změna	prézens	prét.	anglicky	příklad
-ct	c → č	téct: teče	tekl	*flow*	Voda ne/po/teče.
		u/péct: peču	pekl	*bake, roast*	Peču maso v troubě.
		obléct (se, si) (p.): obleču	oblékl	*put on, dress*	Obleču se; obleču si svetr.
		svléct (se, si) (p.): svleču	svlékl	*undress*	Nesvleču se; svleču si svetr.
		utéct (p.): uteču	utekl	*escape*	Uteču pryč.
		vléct (se): vleču	vlekl	*drag; go slowly*	Vleču těžký kufr. Čas se vleče.
	ou → u í → e	vy/tlouct (p.): vy/tluču	vytloukl	*beat, knock out*	Vytluču ti to z hlavy.
	c → k	říct (p.): řeknu	řekl	*say*	Řeknu ti všechno, co vím.
	o → ů	moct: můžu	mohl	*be able*	Co můžu pro tebe udělat?
	c → ž	pomoct (p.): pomůžu	pomohl	*help*	Pomůžu ti.
-ít		dřít (se): dřu	dřel	*toil*	Dřu od rána do večera.
		jít: jdu	šel	*go*	Jdu/půjdu pryč.
		najít (p.): najdu	našel	*find*	Kde je? Počkej, já ho najdu!
		opřít (se) (p.): opřu se	opřel se	*lean*	Opřu se o to zábradlí.
		otevřít (p.): otevřu	otevřel	*open*	Otevřu dveře.
		zavřít (p.): zavřu	zavřel	*close*	Zavřu okno.
		umřít (p.): umřu	umřel	*die*	Nevím, kdy umřu.
		začít (p.): začnu	začal	*begin*	Začnu pracovat.
		vzít (p.): vezmu	vzal	*take*	Vezmu si ještě kousek.
-át!		bát se: bojím se	bál se	*fear*	Bojím se bouřky.
		stát: stojím	stál	*stand; cost*	Stojím ve frontě.
		spát: spím	spal	*sleep*	Spím tvrdě.

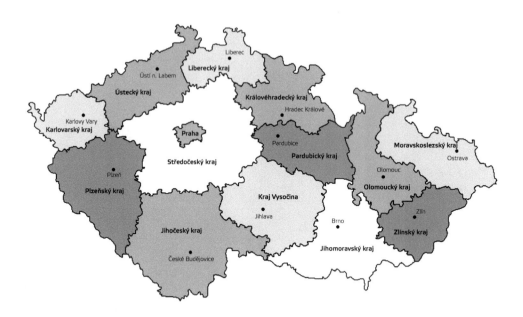

Administrativní uspořádání (13 krajů + hlavní město Praha):

Jihočeský kraj – České Budějovice
Jihomoravský kraj – Brno
Karlovarský kraj – Karlovy Vary
Královéhradecký kraj – Hradec Králové
Liberecký kraj – Liberec
Moravskoslezský kraj – Ostrava
Olomoucký kraj– Olomouc
Pardubický kraj – Pardubice
Plzeňský kraj – Plzeň
Praha
Středočeský kraj – Praha
Ústecký kraj – Ústí nad Labem
Vysočina – Jihlava
Zlínský kraj – Zlín

Hlavou každého kraje je hejtman; hlavou Prahy je primátor.

1. **Historické jádro Prahy** (1992) – unikátní celek historických pražských čtvrtí: Starého Města, Josefova, Nového Města, Vyšehradu, Malé Strany a Hradčan s dominantou Pražského hradu, s Karlovým mostem a bezpočtem kostelů a paláců.

2. **Historické jádro Českého Krumlova** (1992) – feudální město a gotický hrad, postupně přestavěný na velkolepý zámek s cennými renesančními a barokními částmi.

3. **Historické jádro Telče** (1992) – jedinečné celistvě dochované drobnější středověké město s vodním opevněním a dominantním zámkem.

4. **Poutní kostel sv. Jana Nepomuckého na Zelené hoře** (1994) – originální české gotizující baroko 1. čtvrtiny 18. století.

5. **Kutná Hora: historické jádro města s chrámem sv. Barbory a katedrálou Nanebevzetí Panny Marie v Sedlci** (1995) – středověké královské město s vrcholně gotickým kostelem.

6. **Kulturní krajina Lednice–Valtice** (1996) – jeden z největších člověkem koncepčně upravených areálů podle principů romantického krajinářství v Evropě.

7. **Vesnice Holašovice** (1998) – mimořádně celistvě dochované historické jádro vesnice s pravidelným středověkým založením, zcela jedinečný styl jihočeského lidového baroka.

8. **Zahrady a zámek v Kroměříži** (1998) – arcibiskupský zámek postavený podle vrcholně barokních principů s Podzámeckou a Květnou zahradou.

9. **Zámek v Litomyšli** (1999) – charakteristická ukázka renesančního zámku s arkádovým nádvořím, dokládá obraz feudálního sídla svého druhu.

10. **Sloup Nejsvětější Trojice v Olomouci** (2000) – vrcholný příklad památníku morových epidemií, uměleckého díla charakteristického pro prostředí evropských měst v období baroka.

11. **Vila Tugendhat v Brně** (2001) – vynikající příklad světové funkcionalistické architektury, jedno z klíčových děl architekta Miese van der Rohe.

12. **Židovská čtvrť a bazilika sv. Prokopa v Třebíči** (2003) – vzácný příklad dlouhodobé pokojné koexistence dvou kultur v moravském feudálním městě. Románsko-gotická bazilika sv. Prokopa je obdivuhodnou uměleckou syntézou konstrukčních a výtvarných principů evropské architektury 1. poloviny 13. století.

13. **Průhonický park v Praze** (2010) – patří k největším přírodně-krajinářským parkům v Evropě, mimořádné dílo zahradní architektury 19. století. Kromě významné sbírky rostlin a estetické hodnoty má i vysokou hodnotu vědeckou.

PŮJDEM SPOLU DO BETLÉMA

1. Pů-jdem spo - lu   do Bet - lé - ma,   du – daj, du – daj,

du – daj dá,   Je – žíš - ku,   pa - náč - ku,

já Tě bu – du ko - lí - ba - ti,   Je – žíš - ku,

pa - náč - ku,   já Tě bu – du ko - lí - bat.

2. Začni, Kubo, na ty dudy:
   dudaj, dudaj, dudaj dá!
   Ježíšku, panáčku, já Tě budu kolíbati,
   Ježíšku, panáčku, já Tě budu kolíbat.

3. A ty Janku, na píšťalku,
   dudli, tudli, dudli dá!
   Ježíšku...

4. A ty, Mikši, na housličky:
   hudli, tydli, hudli dá!
   Ježíšku...

5. A ty Vávro, na tu basu:
   rum, rum, rum, rum, ruma dá!
   Ježíšku...

NARODIL SE KRISTUS PÁN

1. Na-ro-dil se Kris - tus Pán, ve-sel-me se,

z rů-že kví-tek vy-kvet nám, ra-duj - me se.

Z ži-vo-ta čis-té - ho, z ro-du krá-lov-ské - ho

nám, nám na - ro - dil se.

Jenž prorokován jest,
veselme se,
ten na svět poslán jest,
radujme se.
Z života čistého,
z rodu královského,
nám, nám narodil se.

LEKCE 14

2. Nerozumím těm problémům, těm požadavkům, těm dílům, těm zprávám, těm větám, těm básním, těm dětem, těm kamarádům, těm jazykům, těm slovům, těm hrám, těm operám, těm písním, těm lidem // gramatickým pravidlům, jízdním řádům, italským operám, starým textům, hloupým komediím, novým trendům, světovým politikům

3. Vyhýbám se hlučným místům, zakouřeným restauracím, tučným jídlům, kořeněným pokrmům, sladkostem, cizím lidem, sprostým slovům, alkoholickým nápojům, zbytečným konfliktům, nebezpečným situacím, nudným lidem, malým dětem, svátečním obědům, cestovním kancelářím, tmavým ulicím, velkým psům, černým kočkám

4. Blahopřeju rodičům k svátkům // kamarádům k svatbě // spolubydlícím k promoci // kamarádkám k úspěchu // profesorům k chytrým studentům // přátelům k narození dítěte

5. proti vašim návrhům // našim politikům // tvým bratrům // jeho sestrám // vašim zvykům // jejich tradicím // tvým spolubydlícím

6. k bramborům // těstovinám // chlebíčkům // palačinkám // bramborákům; rajskou omáčku // bílé víno // horkou čokoládu // pivo // maso

7. zákazníkům // všem studentům // známým a přátelům // našim obchodním partnerům // koruně

8. proti tobě // proti nim // oproti starým časům // proti tomu // navzdory problémům // navzdory všem zákazům // navzdory silným bolestem // navzdory nedostatku času

9. k džínám // vlněným kalhotám // manšestrákům // dlouhým šatům / krátkým šatům // úzké dlouhé sukni // tmavému obleku // teplákům // bílým ponožkám // plavkám // šortkám // černým punčocháčům; sandály // minisukni // tenisky // sluneční brýle // bílou košili // krátké tričko // širokou mikinu // kožený pásek // úzkou blůzu // volný svetr // kecky // dámské sako // náhrdelník // klobouk // vysoké podpatky // lakované boty

10. mazaný jako liška, hladový jako vlk, vyplašený jako zajíc, pyšný jako páv, tlustý jako prase, hubený jako žížala, pilný jako mravenec / včelička, líný jako prase / veš, šťastný jako blecha, tvrdohlavý jako mezek, chudý jako kostelní myš, zvědavý jako opice, věrný jako pes, hloupý jako husa, protivný jako štěnice, silný jako lev, malý jako cvrček, trpělivý jako beránek, utahaný jako kůň / pes, pomalý jako šnek

11. děravý jako cedník, lehký jako pírko, jasný jako den, ošklivý jako noc, rychlý jako blesk, přesný jako hodiny, tichý jako pěna, bledý jako smrt

12. novější // levnější // nudnější // zajímavější // rychlejší // sympatičtější // praktičtější // přátelštější // dražší // delší a tmavší // vyšší // starší // menší // krásnější // bližší // schopnější

13. teplejší, nejteplejší // studenější, nejstudenější // známější, nejznámější // těžší, nejtěžší // lehčí, nejlehčí // kratší, nejkratší // delší, nejdelší // tlustší, nejtlustší // tenčí, nejtenčí // vyšší, nejvyšší // měkčí, nejměkčí // jemnější, nejjemnější // pálivější, nejpálivější

14. nejchytřejší, nejchytřejších // nejbližší, nejbližších // nejhlubší, nejhlubších // nejtěžší, nejtěžších // nejhloupější, nejhloupějších // nejdražší, nejdražších

15. většího // krásnější // lepším // těžším // novější, rychlejší, větší, hezčí // lepšího // lepší // novější // dražší // zajímavějším // skvělejší // rychlejším // krásnější // báječnějších // menší

16. zajímavějšího // lehčího // lepšího // novějšího // většího

17. zkrátit // zúžit // prodloužit // rozšířit // zlepšit // prodloužit

18. se prodloužily // se zúžily // se zhoršily // zlepšil se // se zvýšily // se snížily // se rozšířily // se zmenšily // se prohloubily // se zhoršilo // se zkrátily // se snížila // se zvýšil // se zvýšil // se zpomalilo // se zpomalila // se zvětšily

19. tepleji, nejtepleji // blíž(e), nejblíž(e) // levněji, nejlevněji // šťastněji a spokojeněji, nejšťastněji a nejspokojeněji // častěji, nejčastěji // přátelštěji, nejpřátelštěji // zajímavěji // nejzajímavěji // rychleji, nejrychleji // dráž(e), nejdráž(e) // snadněji, nejsnadněji // moderněji, nejmoderněji // kratčeji, nejkratčeji // tišeji, nejtišeji // hlasitěji, nejhlasitěji

20. blízko // blízce // daleko // dalece // ticho // tiše // smutno // smutně // veselo // vesele // hluboko // hluboce // vysoko // vysoce

21. čím víc(e), tím víc(e) // čím víc(e), tím víc(e) // čím rychleji, tím dřív(e) // čím méně/ míň, tím víc(e) // čím větší, tím dražší // čím víc(e), tím později // čím víc(e), tím lepší // čím víc(e), tím víc(e) // čím rychleji, tím větší // čím starší, tím krásnější // čím víc(e), tím lepší // čím chudší, tím štědřejší // čím bohatší, tím lakomější // čím déle, tím víc(e) // čím víc(e), tím víc(e) // čím víc(e), tím víc(e)

22. čepičku // babička // šla // pro // lesní // lese // povídat // mu // jde // k // rychlejší // plným // k // poznat // změnila // posteli // vlk // strach // vlka // proč // slyšela // oči // abych // pusu // abych // snědla // pryč // měli // vlka // z // babičku

23. mluvit s kamarádem, o politice, pravdu, česky, otevřeně, upřímně, o filmu, nesmysly, k věci // říkat pravdu, nesmysly // povídat si s kamarádem, o politice, o filmu // vyprávět pohádky, vtip, historky // bavit se s kamarádem, o politice, česky, otevřeně, upřímně, o filmu

LEKCE 15

2. v Karlových Varech, Čechách, Helsinkách, Benátkách, Aténách, Alpách, Vysokých Tatrách, Krušných horách, Lužických horách, Krkonoších, Teplicích, Domažlicích,

Mariánských Lázních, Českých Budějovicích // o svátcích, letních prázdninách, loňských Vánocích, letošních Velikonocích, zimních prázdninách // na kolech, koních, sáňkách, lyžích a běžkách, snowboardech, motorkách // po lesích, loukách, starých čtvrtích, krásných ulicích, velkých parcích, náměstích, obchodních domech, malých uličkách, velkých třídách // o budoucích plánech, našich životech, knižních novinkách, dobrých filmech, společných známých, starých láskách, vánočních dárcích, cizích jazycích, našich přátelích

3. na Hradčanech, Vinohradech, Hanspaulce, Žižkově, Malé Straně, Smíchově // ve Vršovicích, Dejvicích, Strašnicích, Holešovicích, Bohnicích, Vysočanech

4. na dobrých studijních výsledcích, mých kamarádech, jejích příbuzných, tvých plánech, vašich názorech, jejich návrzích, našich kamarádkách, společných cestách, penězích // v drahých parfémech, italských botách, módních doplňcích, dobrých salátech, českých jídlech, značkových oblecích, večerních šatech, všech dobrých věcech, starých hodinkách // v dopravních značkách, jízdních řádech, matematických úlohách, gramatických pravidlech, starých textech, různých věcech, malých dětech, nových počítačích, některých lidech

5. v módních oblecích, sepraných džínách, úzkých kalhotách, červených svetrech, vysokých botách, dlouhých pláštích, černých kloboucích, tmavých brýlích, křiklavých barvách // krátkých minisukních, dlouhých šatech, širokých kalhotách, úzkých svetrech, džínových košilích, elegantních kostýmech, bílých plavkách, vysokých podpatcích, černých punčocháčích

6. o starých lidových zvycích, posledních zprávách, přírodních katastrofách, zlatých českých ručičkách, pásemných zkouškách, českých kolejích, českých prodavačkách, světových politicích, sprejerech, našich šancích

7. s těmi šaty, jejich návrhy, jeho nápady, jejími nároky, vašimi nabídkami, studijními programy, novými auty, našimi koly, českými jídly, těmi podmínkami, vašimi otázkami, našimi profesory, vašimi odborníky, špatnými opraváři, vašimi lékaři, novými učiteli, vašimi taxikáři, českými kolejemi, pražskými restauracemi, mými lyžemi, těmi možnostmi, těmi věcmi, těmi lidmi

8. cizími jazyky, mezinárodními vztahy, počítačovými programy, vztahy mezi lidmi, novými trendy ve vážné hudbě, světovými dějinami, užitečnými věcmi, ekologickými otázkami, slovanskými literaturami, financemi, starým uměním, humanitární prací, komparatistikou, překladatelskou činností, prací s dětmi, mezinárodním právem // cizím jazykům, mezinárodním vztahům, počítačovým programům, vztahům mezi lidmi, novým trendům ve vážné hudbě, světovým dějinám, užitečným věcem, ekologickým otázkám, slovanským literaturám, financím, starému umění, humanitární práci, komparatistice, překladatelské činnosti, práci s dětmi, mezinárodnímu právu

9. starými auty // velkými loděmi // levnými letadly // lůžkovými vlaky, závodními auty // vrtulníky

10. se zajímavými lidmi // módními návrháři // krásnými holkami // pohlednými muži // inteligentními kluky // úspěšnými byznysmeny // vlivnými lidmi // umělci a bohémy //

herci a herečkami // básníky a básnířkami // politiky a političkami // makléři a makléř-kami // řediteli a ředitelkami // milionáři a milionářkami

11. uličkami, kostely, zlatými věžemi, rozmanitými architektonickými styly // krásnými obrazy, obzvlášť slunečnicemi // převratnými teoriemi, objevy a vynálezy // absurdními hrami, nekompromisními politickými postoji // velkými romány, depresivními literárními postavami // historkami, knihami, zvláště pak Osudy dobrého vojáka Švejka // antickými památkami a nádhernými fontánami // různými technickými vynálezy, koncentračními tábory, světovými válkami

15. nad // pod // pod // po // po // po // o // o // o // o // o // za // za // o // pod // pod // po // nad // za // před // nad // nade

16. pod postelí // pod lampou // před tebou // ve frontě // na stole // na zemi // pod rohožkou // mezi policemi // nade dveřmi

17. za světla // za deště // za tmy // za čí vlády // za starého ředitele // za horka // za komunistů // za totality // za těchto podmínek // za této situace

18. Petr Čech: z // v // v // s // z // do // přes // s // u /blízko // v // do // od // do // s // s // s // do // o // v // nad; Honza: za // během // o // v // o // na // do // o // o // do // pro // se // o // o // s // na // o // s; Juan: před // z // na // o // v // z // před // při // v // do // na // za // v // na // do // na; Hana a Hanna: před // k // mezi // pro // mezi // o // pro // proti // o // o // pro // s // pro // do // o // na // na // na // na // do // na // o // na // s // nad // pro // za // před // o // s

19. chodit // nechodí // chodíš // šel /šla // jezdím // nejezdí // jet /jezdit // jezdí // jede // jezdíte // nejezdím, jezdím, létám // létají // letím // létáte // létám // letěl/a // létáte // létají // jezdí // jede // létají // letí // chodím // jezdím // chodí // nosíš // nesu // běžím // nosí // běží // běžet // běhám // nosí // běhám // běháš // běží

20. 1-h // 2-d // 3-a // 4-b // 5-f // 6-e // 7-g // 8-c // 9-i

21. nesl // vedl // nebavilo, šel /šla jsem // běžel jsi // neletěl/a jsem, jel/a jsem // jel, odvezl // šel /šla jsem, neměl/a jsem

22. jakoukoli(v) // o jakoukoli(v) // cokoli(v) // čímkoli(v) // v jakémkoli(v) // kdokoli(v) // komukoli(v) // kohokoli(v) // pro kohokoli(v) // o komkoli(v) // před kýmkoli(v) // s kýmkoli(v) // s kde/leckým, nikým // o kde/leččem, máločem, ničem // na kde/lecco, máloco, nic // kdečeho, máločeho, ničeho // na kde/lecco, nic // kde/leččím, máločím, ni-čím // o kdekom, nikom // na kdekoho, málokoho, nikoho // kdekoho, málokoho, nikoho // o kde/lecco, máloco, nic // cosi // kdosi // komusi // s čímsi // s čímsi // s kýmsi // do jakéhosi // o jakémsi // kdejaký, kdejaké, všelijaké // kdejaké, všelijaké // o kdejakou, všeli-jaké // s kdejakým, kdejakými, všelijakými // na kdejaký, kdejaké, všelijaké

23. před dvěma dny // třemi týdny // pěti minutami // dvěma hodinami // třemi měsíci // rokem // dvěma roky // několika lety

24. v roce // ve dvou letech // v šesti letech // v patnácti letech // v devatenácti letech // v pěti, několika cizích zemích // ve třech, mnoha českých městech // v pěti velkých kinech // v několika málo velkých kinech

25. během dvou, tří /třech, několika hodin // do kolika, do dvou tisíc // kvůli několika, dvěma, třem slovům // za dvě minuty, pět minut // po dvou, třech, čtyřech letech // na obou, třech, čtyřech sestrách // po čtyřech // s mnoha, několika českými studenty // mezi dvěma, několika možnostmi // mezi dvěma ohni // do dvou, tří /třech, čtyř hodin // k dvěma, třem, čtyřem zámkům a hradům // o dvou, třech, pěti nových filmech // s několika zajímavými lidmi // bez dvou za osmnáct // od desíti k pěti // dvěma kamarádům // o obou knihách // s oběma podmínkami

26. od řady lidí // k řadě známých // řadu lidí // s řadou lidí // na řadě konferencí // od spousty kamarádů // proti spoustě mých kamarádů // spoustu dárků // spoustu dobrých českých filmů // o spoustě problémů // se spoustou kolegou a kolegyň // většiny lidí // většině jejích přátel // většinu tvých kamarádů // na většině mých známých // s většinou tvých příbuzných

27. na // za // v // kolem // kolem // po // po // před // před // do // od – do // mezi // za // na // od – do // mezi

LEKCE 16

4. génia // géniem // Sokratovi // socialismu – luxusu // humanismu a renesance // kapitalismu // cirkusu // cirkusu // cyklu – romantismu // cykly // cyklech // muzeem // Muzeu // stipendia // stadiu // studiu // muzeí // stipendiích // jubilea // kritérií // studií // alba // centra // centru // víza // víza // albech // dat // datech // osobních dat // verba – substantiva – adverbií – adjektiv // dilema // dramatu // panoráma // tématem // traumatech // traumaty // témat // dramata // dramatech // klimatu // orchideu // idey/ideje // Jižní Koreji

5. na očích // z očí do očí // z očí // očima // mezi čtyřma očima // očima // na vlastní oči // na očích // mezi očima // oči // očích // očím // od oka // do oka // s otevřenýma očima

6. po uši // po uši // na půl ucha – uchem // za ušima // oslí uši // za uši // uši // uši // v uších // v uších // uším // s ušima

7. ruky // ruku // rukou // za ruce // o ruku // z první ruky // ruka // v rukou /rukách // na rukou /rukách // ruce // v rukou /rukách // ruce // do rukou // v rukou /rukách // s rukama // po rukou /rukách // k rukám // ruce

8. na vlastní nohy // nohama // pod nohama // na nohou /nohách // na vysoké noze // vzhůru nohama // na volné noze

9. kolegu Honzu // o kolegovi Honzovi // s Honzou // od Kundery nebo Klímy // turistů // na české hokejisty – nad finskými hokejisty // o novém předsedovi ODS // s průvodci // od jednoho průvodce // s poradcem – pana předsedy // o těch soudcích // soudců // zájemců // o vynálezci // příjemce // strojvůdcem

10. dítěti // svému vnoučeti // o kotěti a štěněti // s dítětem, kotětem a štěnětem // na různá zvířata // kus pečeného kuřete // všech velkých zvířat – s kotětem a štěnětem // ke kuřeti – kus rajčete // k pečeným kuřatům – rajčata // rajčat // poupat // o hraběti Monte Christovi // s kuřaty, telaty, jehňaty, kůzlaty, hříbaty, vnoučaty // o zvířatech // lesních zvířat // českých knížat // s nějakým opravdovým knížetem // dvojčata // nějaká dvojčata // proti klíšťatům // medvídě // slůně // kachně // ptáče // vlče // 5 dětí: 3 chlapci a 2 děvčata

12. přestoupit // nastoupí // vystoupili – sestoupit // obstoupili // ustoupí // odstoupí // vyrazíme // dorazili // srazila se // porazila // narazila // vyrazilo //vrazil // složil // rozložit // vyložil // přeložíš // přeskočit // vyskočil // uskočil // odskočit si // vyhnout se // zahneme // uhni // vyloučili // rozloučit se // sloučit // sloučily se // vyloučeno

13. přišla // přinesli // přespali // odešli // přijel // přijel, přiletěl // přiletí // přilétá // odešli // vzlétá, vznáší se, vzdaluje se // vyskočila, vyletěla // odběhnout // přibíhala, odbíhala // doběhnout // doběhnout, předběhnout // nepředbíhejte // nepřibližujte se // vybuchla, rozběhly se // vystupujeme // přestupujeme // nepřejedeme, vystupujeme // vyšla, obstoupili // objet // nepodjede // předjíždí // sjeli se // sjíždí, spadne // vyjedeme // dojeďte // ujíždí // uletělo // neujde // ujít // přejel, ujel // seběhli se // dojdi // neschází se, nevychází // rozešla se // donesl, vynést // přinesl // odnes, vynes, roznášejí se // dojdu

14. přijíždíte // odjíždíš // dovážíme // převádím // odvádí // nesnáší // procházíme se // rozcházejí se // odbíhala // odnáší // přecházíme // přecházela // předjíždím

15. vyjeli // dojeli, vystoupili // procházeli se // přeběhlo, sjel // přejelo, přejelo // objedeme // objížďka, zašli // projít se // nasedli, dojeli // vyšli, vyšli, rozhlédli se // scházeli // vyšli // projdeme se // došli // rozešli se // prošli // přišli // sešli se // procházeli se, přecházeli, spadl // vylezli, západ // zapadalo, zašlo // sešli, došli // dojeli, ujeli, ušli // vyjedeme

16. Odcházím z práce brzo. Vlak zrovna vyjíždí ze stanice. Kdy přijel do Prahy? Vešla jsem na chvilku dovnitř. Odešli jsme ode dveří. Rozešli jsme se po osmé hodině. Vyšel jsem po schodech nahoru. Děti vyběhly z domu. Dcerka odbíhala od maminky. Nastoupíme do metra na Můstku. Slunce už vyšlo. Za jak dlouho se baterie vybije? Sešli jsme se před druhou hodinou. Letadlo právě odlétá. Číšník přináší plné talíře. Odešla jsem od budovy fakulty. Dojeli jsme pozdě večer. Letadlo odletělo se zpožděním. Odešli po chvilce.

17. vjezd do garáže, odjezd vlaku, sjezd politické strany, výjezd z garáže, objížďka místa nehody, nadjezd pro auta, zájezd do ciziny, vchod do budovy, průchod mezi domy, přechod pro chodce, procházka po okolí, schůze parlamentu, schůzka s kamarády, podchod pro pěší, docházka na kurz, dovoz zboží, vývoz zboží do zahraničí

18. nakreslil, natočil // zmýlil ses, nenamaloval // nenaučila se // sníst // spočítala // shoří // umýt si // učesal ses // neuvařila // upečeš // zúčastnit se // zopakovat si // neoholil se // přečetla jsi // vyprat // vyžehlit // zničíš // zkontrolovat // zorganizuje // zkrachovala, zbankrotoval // poprosit // požádala // poděkovat // podívat se // potrestali ho // pohádali se // zmizel // změnil se, zestár(nu)l // zahrát, zazpívám, zatancuje si, zatleská // zhubla, zúžit, zkrátí // pro-/vzbudil // zapamatovat si // zabalíš // zeptal jsem se, zčervenal

19. dopředu, zpředu // vzadu, zezadu // vespod, dospodu // doprostřed, zprostřed(ka) // vlevo, doleva // doprava, zprava // dole, dolů // nahoře, shora // ven, zvenčí /zvenku // vevnitř, dovnitř

20. v, do, ze // v, do, z // v, do, z // na, na, ze // na, na z

21. kdysi // kdesi // kamkoli(v) // kdykoli(v) // jaksi // cokoli(v) // cosi

22. jinudy // jindy // jinak // jinam // odjinud // odevšad // odtud

23. dokud ji nesežene / než ji sežene // dokud se ji nenaučím / než se ji naučím // dokud ho neudělám // dokud je nepřečtu // dokud ho nenapíšu // dokud ho nenajdu // dokud ho nevyřeším // dokud se nevyspím // dokud se nenajím // dokud nevyluxuju/i

24. začalo /přestalo // chceš /musíš // nedokážu /nedovedu /neumím... // přestaň, nedá se // musím... // mám příležitost // snažím se // dá se /je možné // přestaň // snažím se // můžu // chodím // jezdíš // musíš /chceš // může // dá se // je slyšet // jsou slyšet // přestaneš // chtěl / nedovolila /zakázala // je cítit // je slyšet // není vidět // je vidět // je vidět /cítit // není slyšet // není vidět

26. školného // školném // výživné // mýtného // spropitné // svíčkovou // dovolenou // dovolenou // trvalou // drobných // dovolené // dovolených // zraněných // zraněné // konečné // konečnou // mluvčím // rozhodčí // průvodce, průvodčím // průvodčího // pana pokladního, paní pokladní // vrchního // panem vrátným a paní vrátnou // příbuzných // příbuznými // všechny svoje příbuzné // kolemjdoucího // výkupného, rukojmích // účinkujících // účinkujícího // účetním // mírně pokročilé

29. vychované dítě: A 4 // B 3, 8 // C 6 // D 15 // E 11 // F 3, 9 // G 12
nevychované dítě: A 2 // B 10, 13 // C 7, 14 // D 5 // E 10 // F 1 // G 9

31. 1-f, 2-a, 3-h, 4-c, 5-b, 6-d, 7-e, 8-g, 9-ch

32. ostříhat / zkrátit, kadeřnice / holič v kadeřnictví / holičství // zúžit // prodloužit // rozšířit, švadlena v opravně oděvů// uklidit / paní na úklid u mě doma // ušít / švadlena v módním salonu /krejčovství // uplést /babička doma // propíchnout / sestřička v ambulanci

33. 1-b, 2-d, 3-a, 4-c

LEKCE 17

2. nabídneme // zhasnu // zapnu si // se mineme // vyvinuli // stáhnu // dosáhne // sehnal // hnout // pošle // usměje, neřekne // se přezujeme // pomůžu // uteču // vypnu, usnu // uložím /umřu // nepřestane // neukážeš // se urazíš // nezařídí // utře // nezvyknu // zamknou // dopíšu // nevezme // nedostaneme

3. obleče // dotknout // nevšimne // usnout // přijmou // napadne, nabídne // prohlédnout / prohlédnu // vyvést // nepřesvědčil // vysvětlit // přijedou // vyhraje // vyhodit // nahradíme // přežene // nevybrala

4. dávat // potkávám, nesetkáváme se // nepoznávám // se neusmívá // nazývejme // posílám // zakazujou/í // nedovoluju/i // přerůstá // nechápeš // vracíš se // ztrácíme // utrácíte // omlouvám se // vyrážíme // vymýšlí, napadá // probouzím se, nevstávám // odkládat, pouštím se // vyřizuju/i // přikládám // překládá // neutíráš // zapomínat // vyplývá // vyhýbám se // pronajímají si // sháníš // přiznává se, pociťuje // zažívá // kupovali // uklízel // zkoušel // připomněl/a // přijímali, odpovídal/a // odmítat

5. zvyšovaly // nenavyšovali // zdražovalo // se snižuje // se prodlužuje // ovlivňoval // zmírňovat // zdůvodňují // se oteplovat // se znervózňovat // se ochladí // se zkrátily // pojistíte se // se uvolňovalo // setmělo se // se rozednívá // obviňovala // uklidňovala // upozorňovala // uskutečním // umožnil // znemožnil // si neuvědomil // ne nezobrazovalo // podporujeme // pocítila // ujišťoval // zesílíš // se zrychlí // neuklízíš // nenapadne

6. neopírej se // nevyhazuj // nechoď // nejezdi // neutíkej // nevyhýbej se // neotvírej // nepokládej // nezvedej // neozývej se // neutírej // nevypínej // nezhasínej // neodpouštěj // nezamykej // nepřivírej // nepůjčuj // nesedej si //nedotýkej se // nezapínej

7. nespadni // nezapomeň // nezlom si // nezblázni se // neshoď // nespolkni // neupusť // nerozbij // nespleť si // neřízni se // nespal se // nepřipal // nevypij // nevymkni // neuteč // nestoupni

8. probíhalo // přilétá // odvádí // nesnáším // přivádělo // vychází

10. běželi jsme // lezl/a jsem // letěli jste // netekla // nerostl // jeli jste // vedl // podíval jsem se // popsal // pochválil // poobědvali jsme // požádala jsem // pozvali // se pohádal // potrestali // pobavili jsme se

11. 1. 1. dopsat úkol // 3. popsat // 5. podepsat smlouvu // 6. předepsat lék // 2. opsat řešení // 4. přepsat práci // 5. podepsat se // napsat knihu

2. 3. podplatit / uplatit někoho // 4. přeplatit elektřinu // 5. předplatit si vstupenky // 1. doplatit 1000 Kč // 6. splatit hypotéku // 7. vyplatí se mi bydlet // 2. oplatit službu // zaplatit účet

3. 1. dodělat práci // 3. prodělat peníze // 4. vydělat si dost peněz // 5. vzdělat se // 2. předělat práci // udělat někomu radost

4. 1. domluvit // 2. domluvit se // 4. pomluvit někoho // 5. přemluvit někoho // 3. omluvit se někomu // 3. omluvit někoho // promluvit si s kamarádem

5. 3. přerušovat něčí řeč // 5. vyrušit někoho od práce // 2. porušit předpisy // 1. narušit vzdušný prostor // 6. scéna mě vzrušila // 4. přípravy ho rozrušovaly

12. 1. 2. neudržet kufr // 1. nedodržet slovo // 6. podržet někomu tašku // 4. zdržet se hlasování // 4. zdržet se někde // 5. vydržet bolest 3. zadržet zloděje // 5. vydržet pod vodou // 3. zadržet dech

2. 2. odpustit někomu // 3. opustit kluka // 6. upustit tužku // 1. nedopustit takové jednání // 5. spustit loď // 7. vypustit družici // 4. rozpustit se ve vodě // 4. rozpustit vládu

3. 2. vyhodit někoho z práce // 1. shodit 5 kilo // 4. uhodit se o židli do nohy // 3. přihodit se

4. 6. zapadnout // 6. zapadnout za skříň // 1. dopadnout // 1. dopadnout // 2. napadlo tě // 2. napadnout někoho // 5. propadnout u zkoušky // 5. propadnout kouření // 7. vypadla mi plomba // 4. přepadnout někoho // 1. dopadnout útočníka // 3. hodina odpadla // 5. propadl mi pas

5. 1. doložit něco // 6. rozložit pohovku // 5. složit zkoušku // 3. položit kufr na podlahu // 7. uložit číslo (do paměti) // 7. uložit peníze na účet v bance // 9. vyložit problém // 10 založit stranu // 4. přeložit něco do jiného jazyka // 2. naložit okurky do sklenice

6. 2. vynikat v oboru // 3. stát vznikl // 4. jazyk zanikl // 1. uniknout osudu // 1. plyn uniká

13. vytáhnout roletu nahoru // stáhnout písničku z internetu // zatáhnout závěsy // utáhnout šroub // natáhnout si sval // vytrhnout zub // strhnout náplast // roztrhnout pytel // přetrhnout nit // utrhnout jablko ze stromu

14. 1. 1. dobýt území // 4. zbývá 5 minut // 2. přibývá důchodců // 3. ubývá některých druhů rostlin, zvířat a různých jazyků

2. 1. přibrat na váze // 2. přebrat kamarádovi přítelkyni // 5. vybrat někoho předsedou // 4. ubrat na váze // 3. sebrat tužku ze země // 6. zabrat cizí území

3. 2. sehnat knížku // 1. přehánět // 4. vyhnat psa ven // 3. rozehnat demonstraci

15. psát / napsat dopis / dopsat – do konce // dělat / udělat práci / předělat – změnit // stěhovat se / nastěhovat se / přestěhovat se – na jinou adresu // pít / vypít pivo – všechno / napít se + G. – hodně nebo málo // hrát na kytaru / zahrát na / vyhrát – získat // mluvit s někým / promluvit s někým / domluvit se s někým – kdy se sejdeme apod. // balit / zabalit kufr – dát věci do kufru // vybalit – vyndat věci z kufru // malovat / namalovat pokoj – jako obrázek / vymalovat pokoj – např. vybílit // balit /

zabalit dárek / rozbalit dárek // platit / zaplatit účet / přeplatit – zaplatit víc // jíst / sníst oběd / dojíst do konce // solit / osolit polévku / přesolit – osolit víc // pomluvit kolegu – mluvit o kolegovi špatně za jeho zády / přemluvit kolegu – přesvědčit ho // psát / napsat úkol / popsat úkol – vyprávět o úkolu // dopadnout zloděje – chytit ho / přepadnout zloděje – vyrušit ho // obout si boty – vzít si boty / zout si boty – sundat si boty // jíst / najíst se / přejíst se – jíst příliš moc // lít / nalít vodu do sklenice / vylít vodu ze sklenice // dolít trochu vody – dát víc do sklenice / ulít trochu vody – ubrat ze sklenice // přelít víno z jedné nádoby do jiné nádoby / rozlít víno po stole // padat / spadnout dobře / dopadnout dobře – spadnout dobře × skončit dobře // odpustit všechno – prominout / opustit všechno – odejít // udržet kufr – mít dost síly / podržet kufr – držet ho chvíli // ztratit peníze – přijít o peníze / utratit peníze – koupit za ně něco // vydělat si peníze – prací získat / prodělat peníze – ztratit v byznysu, transakci apod. // zrušit schůzi – schůze nebude / přerušit schůzi – udělat přestávku // vyrušit někoho kdo pracuje, nebo něco dělá / vzrušit někoho – vybudit emocionálně, sexuálně // zařídit vše potřebné – zorganizovat / vyřídit vše potřebné – udělat // radit / poradit příteli – dát radu/ zradit přítele – podvést ho // mazat / smazat číslo – vyhodit z paměti, odstranit / rozmazat číslo – číslo na papíře má nejasné kontury // vychovat dítě – naučit ho slušnému chování / schovat dítě – skrýt někam // schválit zákon – potvrdit jeho platnost / pochválit zákon – říct, že je dobrý

17. kvůli špatnému počasí / pro špatné počasí // pro nemoc / kvůli nemoci // z lásky // pro peníze // kvůli penězům // pro jistotu // ze vzteku // z dlouhé chvíle, z nudy // díky vám // kvůli takové maličkosti // ze závažných důvodů // ze zoufalství // pro pravdu // z vlastní hlouposti / kvůli vlastní hlouposti // ze zvědavosti, pro zajímavost // z legrace, pro pobavení // pro případ // králíkům pro srandu

18. pro nedostatek zkušenosti // z důvodu rekonstrukce objektu // z důvodu častých pozdních příchodů // z důvodu výpadku proudu // pro nedostatek důkazů // z důvodu špatných povětrnostních podmínek // pod vlivem alkoholu // na následky zranění // v důsledku globálního oteplování // vzhledem k špatným pracovním výsledkům // v důsledku válečného konfliktu // v důsledku / vinou špatného technického stavu vozidla // následkem vážné nemoci // v důsledku transformace podniku // vinou rodičů

19. Nerozuměl jsem tomu, a proto jsem to neudělal. // Pohádali se, a proto se rozešli. // Měli se rádi, a proto se vzali. // Není to nic neobvyklého, a proto se nemusíš kvůli tomu tak zlobit. // Nezavolal mi, a proto jsem měla špatnou náladu. // Už nám nezbývá čas, a proto to uděláme příště.

20. Chybí mimo jiné výrazné politické osobnosti, a proto / a tudíž je situace ve světě špatná. // Neměl jsem potřebné informace, a tudíž / a proto jsem nechápal závažnost problému. // Nebál se, a proto / a tudíž to dokázal. // Byl nejlepší, a proto / a tudíž zvítězil. // Věnoval tomu hodně času, a proto / a tudíž to umí.

21. účet za plyn // dům na prodej / k pronájmu // léky na tlak // domy na klíč // šaty na míru // k dispozici // film na pokračování // na /ke čtení // pokutu za jízdu načerno //

na počkání // na hraní // návod k použití // peníze na jídlo / za letenky // lístky k stání / k sezení // soubor ke stažení // peníze na zaplacení / na nájem // leták pro pacienty / s návodem k použití / léku na zácpu // dostal Oskara za film // hlasovat pro zákon // dostal doživotí za vraždu

LEKCE 18

2. kamarádův byt // Petrův syn // Martinova bunda // Honzíkova cesta // Johnovo auto // Pavlovi kamarádi // Mirkovy děti // Tomášovy kalhoty // Slávkovo předsevzetí // kamarádčin kluk // Petřin slovník // Martinina šála // Ivančina knížka // Helžino pero // Pavlini přátelé // Mirčiny děti // Janiččiny šaty // Barbořino přání

3. od Karlova bratra / vedle Karlova mostu // ke Karlovu bratrovi / ke Karlovu mostu // Karlova bratra / Karlův most // o Karlově/u bratrovi / na Karlově mostě // s Karlovým bratrem / za Karlovým mostem
od Karlova dítěte / blízko Karlova náměstí // Karlovu dítěti / ke Karlovu náměstí // na Karlovo dítě / na Karlovo náměstí // po Karlově/u dítěti / po Karlově/u náměstí // s Karlovým dítětem / mezi Karlovým náměstím
od Karlovy sestry / do Karlovy ulice // ke Karlově sestře / ke Karlově ulici // o Karlovu sestru / Karlovu ulici // na Karlově sestře / v Karlově ulici // s Karlovou sestrou / Karlovou ulicí
Karlovy univerzity / Karlovu univerzitu / o Karlově univerzitě / s Karlovou univerzitou
do Karlových Varů / ke Karlovým Varům / Karlovy Vary / v Karlových Varech / Karlovými Vary
bez babiččina / Janina souhlasu // babiččiných / Janiných kamarádů // k babiččinu / Janinu úžasu // k babiččiným / Janiným příbuzným // na babiččin / Janin dort, babiččinu / Janinu kávu, babiččiny, Janiny palačinky // o babiččině, Janině účesu / babiččiných, Janiných šatech // s babiččiným, Janiným názorem / s babiččinými, Janinými nápady

4. Karlova ulice, Husova ulice, Nerudova ulice // Karlův most, Čechův most, Mánesův most, Jiráskův most // Husův pomník, Mánesův pomník, Jiráskův pomník, Masarykův pomník, Dvořákův pomník // Karlova univerzita, Masarykova univerzita // Karlovo náměstí, Jiráskovo náměstí // Smetanovo nábřeží, Rašínovo nábřeží // Čechovy sady, Riegrovy sady // Františkovy lázně // Karlovy Vary // Jindřichův Hradec // Havlíčkův Brod // Smetanovo divadlo // Masarykovo nádraží, Wilsonovo nádraží // Smetanova síň, Dvořákova síň

5. Nerudovou ulicí // do Riegrových sadů // na Wilsonově nádraží // ke Kennedyho letišti // na Rašínově nábřeží // za Karlovým mostem // k prezidentovým právům // profesorovu výkladu // bez kamarádovy pomoci // Lukášovu chování // o Janině referátu // Kunderovy romány // Smetanovými operami a Dvořákovou hudbou // v Čapkově muzeu // Mozartově hudbě

6. viz str. 174

8. rodina Smetanova / Smetanovi // rodina Svobodova / Svobodovi // rodina Malichova / Malichovi // rodina Starých // rodina Novotných // rodina Havlova / Havlovi // rodina Kočí // rodina Šerých

9. Achillova pata // Pythagorova věta // Noemova archa // Pythiina věštba // Damoklův meč // Pyrrhovo vítězství // Pandořina skřínka // Libušino proroctví // Rubikova kostka // Tantalova muka // Archimédův zákon // Kristova léta // Sysifova práce // Parkinsonova nemoc // Benešovy dekrety

10. Achillova pata // Damoklův meč // Tantalova muka // Pandořina skřínka // Sysifova práce // Rubikovy kostky // v Kristových letech // Archimédův zákon a Pythagorovu větu // Libušino proroctví // Benešovy dekrety // Parkinsonovou nemocí

12. 1b, 2a, 3b, 4c, 5c, 6b, 7b, 8b, 9 b, 10b, 11a/b/c, 12a, 13b, 14b, 15a/b/c, 16b

13. Libušin příběh je popsán starými českými kronikáři. // Ludmila byla pokřtěna arcibiskupem Metodějem. // Sv. Ludmila byla zardoušena na příkaz své snachy Drahomíry. // Její ostatky byly uloženy v chrámu sv. Jiří. // Proces sjednocování českých kmenů byl zahájen Bořivojem. // Kostel sv. Jiří na Pražském hradě byl založen Václavovým otcem Vratislavem. // Od 10. století je Libuše považována za světici. // Svatý Václav byl vychováván svou babičkou Ludmilou. // Kníže Václav byl poražen římským králem Jindřichem I. // Kníže Václav byl donucen poddat se mu. // Konflikt mezi dvěma bratry byl vylíčen (historiky) v historických pramenech. // Kníže Václav byl zavražděn v Boleslavi. // Jeho ostatky byly uloženy v Svatováclavské kapli. // Kníže Václav je uctíván jako světec. // Jeho život a mučednická smrt byly zpracovány v mnoha legendách. // Od 11. století je sv. Václav chápán jako ochránce českého státu. // Čeští panovníci jsou chápáni jako jeho dočasní zástupci.

14. mluvilo se // stavěly se // jezdilo se // diskutovalo se // vařilo se // nevyrábí se // zavřou se // snižují se // zvýšily se // přednáší se

15. lidé/lidi žijí/ou dobře // hodně pijí/ou pivo // jedí hodně masa // hodně jedí tučná jídla // hodně cestují/ou a sportují/ou // poslouchají klasickou hudbu // chodí na koncerty // jezdí na chaty a chalupy // moc pracují/ou // hodně nakupují/ou a utrácejí // málo šetří // jezdí moc rychle // moc pospíchají // rodí míň dětí // málo chodí // míň čtou // nadávají na starý režim // vyprávějí míň vtipů // míň odpočívají // víc jedí // víc cestují/ou // stavějí // žijí/ou

16. za totality se nežilo // málo se cestovalo / do západní Evropy se nedalo cestovat / hodně se stavěly a kupovaly chaty a chalupy / jezdilo se / hodně se sportovalo / vařila se jídla / opékaly se klobásy / pilo se pivo / zpívalo se // na veřejnosti se nemluvilo / hodně se vyprávěly vtipy // žily se dva životy // v té době se hodně četlo / přestože se knížky nedaly sehnat // knížky se vydávaly / knížky se přepisovaly / kopie se půjčovaly // knížky se převážely / obecně se četlo víc // potraviny se nedaly koupit / protože se prodávaly / a proto se stály fronty // hodně času se trávilo / rodilo se hodně dětí / tenkrát se muselo chodit do práce / v práci se málo pracovalo / během pracovní doby se chodilo / protože by se potraviny nesehnaly // dlouhé týdny se chodilo / sháněl se materiál / nakonec se nesehnalo / co se chtělo / co se nabízelo // že se mnoho věcí nedalo říct / všechno se poslouchalo // dnes se dá říct / málo se poslouchá / míň se slyší

17. Staré domy byly zbourány a byly postaveny nové. Knížky byly napsány v angličtině. Byli přijati na vysokou školu. Jména přijatých studentů budou vyvěšena. Pokuty za rychlou jízdu byly zaplaceny. Byli pozváni na recepci. Ti autoři nám byli doporučeni. Kuřata byla málo upečena. Účty budou uhrazeny včas. Byli nadšeni těmito nabídkami. Jsme překvapeni tím, co říkáte. Byli jste včas upozorněni na ta nebezpečí. Teorie byly ověřeny v praxi. Tyto soubory byly staženy z internetu.

18. Po nehodě zraněnému hned byla poskytnuta první pomoc, byla přivolána sanitka, zraněný byl rychle převezen do nemocnice, tam byl operován nejlepším chirurgem a tím mu zřejmě byl zachráněn život.
Zloděj byl dopaden policií na místě činu, hned byl zatčen a vzat do vyšetřovací vazby.

Brzy bude zahájeno trestní řízení, zřejmě bude obviněn z krádeže a nejspíš mu bude uložen trest odnětí svobody ve výši pěti let.
Neznámým lupičem bylo odcizeno z banky 5 milionů korun. Rozsáhlé pátrání po pachateli tohoto závažného trestného činu již bylo zahájeno policií.

19. topení // pití // představení // stání // dostání // nadšením // překvapení // vidění // pozvání // zklamání // rozhodnutí // pochopení // nedorozumění // srovnání // čtení // oteplování // chování / znečištění // zamoření // tání / varováním // vyznání // utkání // vytržení // umrtvení // počkání // posílení / opatření // zadržení / zatčení / obvinění / podezření / porušení // vyšetřování // přesvědčení

20. smažený sýr // pečené kuře // opékanou klobásu // vařené vejce // dušenou zeleninu // mraženou pizzu // mleté maso // uzené maso // strouhaný sýr // plněnou papriku // kysané zelí // nakládanou okurku

21. nezaplacenou složenku // stanovený termín // vytržený zub // ulomený zub // čerstvě nalakovaných dveří // pořádně umyté ovoce // zašpiněné nádobí // čerstvě umletá káva // připálené maso // přesolenou polévku // komunistickým režimem zakázaných knih // ztraceného chlapečka // zapomenutá knížka // studenty přijatými na vysokou školu // odmítnutí studenti // zloděj zadržený policií // zakoupené zboží // zkaženou zeleninu // rozmražené jídlo // za nevyjasněných okolností // vyžehlené a vyprané prádlo // ohrožených druhů rostlin a zvířat // zmačkané šaty // navržený zákon

22. Byla frustrována jeho chováním. / Cítila se frustrovaně. / Cítí frustraci. // Byl/a jsem nadšen/a tím filmem. / Cítil jsem se nadšeně. / Cítím nadšení. // Byl/a jsem inspirován/a jeho prací. / Cítím se inspirovaně. / Cítím inspiraci. // Byl/a jsem překvapen/a tím rozhodnutím. / Cítím se překvapeně. / Zažila jsem překvapení. // Byl/a jsem šokován/a tou zprávou. / Zažil/a jsem šok. // Byl/a jsem zklamána jeho názory. / Cítím se zklamaně. / Zažil/a jsem zklamání. // Byl/a jsem rozčarován/a tvým postojem. / Cítím se rozčarovaně. / Zažil/a jsem rozčarování. // Byli jsme uraženi. / Cítíme se uraženě. // Byl/a jsem tím zaskočen/a. / Cítím se zaskočeně. // Honza byl podveden. / Cítí se podvedeně.

24. svého bratra // svojí / své kamarádce // svoje / své přátele // se svými rodiči o svém problému // svoje / své fotky // svoje / své auto // svým známým

26. Jak se vám daří? // Myslím si, že se mýlíte. // Co se tady děje? // Proč se tak divně tváříte? // Zase se zmýlil. // Čeho se tak bojíte? // Stará se o rodinu. // Co se tady děje? // Díval se na ni pozorně. // Raduju/i se z tvého úspěchu. // Snaží se o ty nejlepší výsledky. // Rád se chlubí. // Proč se tak klepeš / chvěješ? // Čeho se týká / K čemu se vztahuje tvoje poznámka? // Odešel, ani se nerozloučil. // Jen se o tom zmínil. // Tvůj problém se mě netýká. // Nemusíš se toho obávat. // Domnívám se, že je to pravda. // Už se stmívá. // Lekla se toho brouka.

27. např.: dostat dárek / dostat se do špatné situace / dostat se z maléru / dostat se na školu // hádat správnou odpověď / hádat se s rodiči o peníze // hodit problémy za hlavu / hodit míčem / termín se mi hodí / to se k sobě nehodí // chovat dítě / chovat se dobře // jednat o vzájemných vztazích / jedná se o závažný problém // mít štěstí / mít se dobře // objevit Ameriku / objevit se = nečekaně přijít // plést svetr / plést se do cizích věcí // prát prádlo / prát se s bratrem // postavit stavbu / postavit se do fronty / postavit se proti rozhodnutí // pustit hudbu / pustit se do vaření // řídit auto / řídit se radami rodičů // scházet po schodech dolů / scházet se s kamarády // stát na chodbě / stát se politikem // učit studenty / učit se na zkoušku // vzít knihu z police / kde ses tu vzal

28. Kde se tu bereš? / Kde ses tu vzal? // Dal se / Pustil se do práce // Ty dvě barvy se k sobě nehodí. // Nepleť se do jejich věcí! // Dostal se do složité situace. // Už se z toho šoku dostala. // O co se tady jedná? // Musíme se řídit pravidly. // Objevil se znenadání. // Postavte se do fronty.

29. Neobejde se bez kvalitního slovníku. // Konečně se ozval. // To se ti opravdu povedlo. // Kde se nachází ten zámek? // Nesnášejí se. // Uzdravil se. // Urazila se. // Auta se srazila v plné rychlosti. // Jak často se scházíte? // Vydal se na túru brzo ráno. // Kdy se to událo? // Zabral se do práce. // To se sem nevejde. // Honza se vzdal naděje, že se s Hanou usmíří.

30. Přestože /i když přišla pozdě, stihla vlak. // Přestože jsem nerozuměl/a cvičením, udělal/a jsem test obstojně. // Přestože pacientovi poskytli veškerou péči, svému zranění podlehl. // Přestože jsme nečekali dobrý výsledek, všechno dopadlo dobře. // Přestože byl tlustý, běhal rychle. // Přestože hodně jedla, byla kost a kůže. // Přestože pracoval od rána do večera, sotva uživil rodinu. // Přestože byl špatný student, udělal závratnou kariéru. // Přestože ho všichni považovali za podprůměrného, stal se velkým zvířetem. // Přestože není věřící, často chodí do kostela.

31. přes usilovné pokusy dostat se / navzdory usilovným pokusům // přes veškerou snahu vyhnout se / navzdory veškeré snaze // přes zákaz kouření / navzdory zákazu kouření // přes přátelské varování / navzdory přátelskému varování // přes jejich obětavou pomoc / navzdory jejich obětavé pomoci // přes špatnou předpověď počasí / navzdory špatné předpovědi počasí // přes dlouhé úsilí / navzdory dlouhému úsilí o // přes nedostatečné přípravy / navzdory nedostatečným přípravám na // přes / navzdory kladení překážek // přes smrtelné zranění / navzdory smrtelnému zranění

LEKCE 19

2. dvoudílné plavky // třísvazkový slovník // pětipatrový činžák // čtyřpokojový byt // dvoukolové volby // třílůžkový pokoj // dvoubarevný tisk // mnoholetá zkušenost // mnohovrstevný román // pětičlenná rodina // osmihodinová pracovní doba // dvoukomorový parlament // několikahodinové zpoždění // pětidílný seriál // čtyřletý chlapec

3. pět celých jedna desetina procenta // nula // třicet pět /pětatřicet celých dvě desetiny // sedmdesát osm /osmasedmdesát celých tři desetiny // sedm celých jedna desetina // sto padesát dvě celé /sto dvaapadesát celých čtyři desetiny // třináct celých osm desetin // jedenáct celých pět desetin...

4. 1. deset milionů tři sta dvacet dva tisíc šest set třicet dva // 2. sedmdesát tři celé / třiasedmdesát celých sedm desetin, sedmdesát devět / devětasedmdesát celých devět desetin // 3. pět celých pět desetin // 4. tři celé // 5. jedenáct celých jedna desetina // 6. čtyři celé // 7. deset celých jedna desetina // 8. jedna celá // 9. devět celých jedna desetina // 10. tři celé jedna desetina // 11. jedna celá čtyři sta třicet osm tisícin // 12. 132 obyvatel na kilometr čtvereční

5. sedmdesát osm tisíc osm set šedesát sedm kilometrů čtverečních – stotřinácté // šedesát šest / šestašedesát celých devadesát sedm / sedmadevadesát setin // třicet jedna celá // devadesát osm setin // jedna celá pět setin // sedm set šedesát jedna celá / sedm set jedenašedesát celých osm desetin // osm set deset celých tři desetiny // čtyři sta šedesát šest / čtyři sta šestašedesát celých tři desetiny // dvě stě padesát jedna celá / dvě stě jedenapadesát celých osm desetin // dvacet šest / šestadvacet celých osm desetin // jedna celá patnáct setin // žádná celá devadesát sedm /sedmadvacet setin

6. jehož // jemuž // s nímž // jež // jímž // již // o nichž // jichž // jimiž // na něž // vůči nimž // již // o nichž // na něž // na niž // jichž

7. jejichž // jejímuž // jejichž // jehož // jejichž // jejíž // jehož // jejichž // jejíž / o jejímž // jejímuž

8. touž / toutéž problematikou // touž / tutéž otázku // téže řeky // totéž // k týmž výsledkům // týchž následků // tíž / titíž lidé // témuž postupu // týmiž potížemi // témže / tomtéž problému // táž / tatáž města // tytéž informace // touž / tutéž věc // táž / tatáž obvinění // týchž věcech // týmiž slovy // téže době // témuž oboru // témže / tomtéž roce

9. ten samý // tu samou // těm samým // toho samého // tom samém // ti samí // tom samém // to samé // tomu samému // ty samé // těch samých // tu samou

10. zabývajícím se // zabývajícími se // týkající se // týkajícího se // týkajícímu se // pojednávajícím // rozebírajícím // věnujících se

11. foukací harmonika // hlídací pes // sedací souprava // spací pytel // plnicí pero // oddací síň // bicí nástroje // prací prášek // mycí houba

14. na Silvestra // po Silvestru // před Silvestrem // po novém roce / před novým rokem / na Nový rok // o, po Vánocích / před Vánoci // o vánočních svátcích // o, po Velikonocích / před Velikonoci // mezi Vánoci a Silvestrem // během prázdnin / o, po prázdninách / před prázdninami // mezi osmou a devátou hodinou // v devět hodin // o, po deváté hodině / před devátou hodinou // za bílého dne // za úsvitu // o, po půlnoci / před půlnocí // po poledni / před polednem / v poledne // během noci / v noci // za komunismu // během války / za války / po válce / před válkou // během přestávky / o, po přestávce / před přestávkou // při nákupu // po, při obědě / před obědem // během spánku / ve spánku // během dovolené / na, o, po dovolené / před dovolenou // za školních let // během studií / na, po studiích // v první třídě // na začátku / začátkem roku // na konci / koncem roku // během, za bouřky // během, za povodní / o, po povodních / před povodněmi // v čtrnáctém století / roku / v roce dvanáct set třicet čtyři // v říjnu // na jaře // minulou středu // patnáctého dubna roku devatenáct set dvacet pět // v den mých narozenin // v stejnou dobu // touto dobou // v tu dobu // v poslední době // jednoho dne // následujícího dne // před časem / po čase

15. k holiči // u holiče / od holiče // na nákup / na nákupu / z nákupu // k panu profesorovi, za panem profesorem / u pana profesora / od pana profesora // na pivo / na pivu / z piva // na půdu / na půdě / z půdy // na zahradu / na zahradě / ze zahrady // na záchod / na záchodě / ze záchodu // do nemocnice / v nemocnici / z nemocnice // do centra / v centru / z centra // k doktorovi, za doktorem / u doktora / od doktora // na poštu / na poště / z pošty // na operaci / na operaci / z operace // do sklepa / ve sklepě / ze sklepa // do lesa / v lese / z lesa // na úřad / na úřadě / z úřadu // na diskotéku / na diskotéce / z diskotéky // na návštěvu / na návštěvě / z návštěvy // na houby, pro houby // na houbách, v obchodě / z hub, z obchodu s houbami

16. na venkov / na venkově / z venkova // do ciziny / v cizině / z ciziny // na Aljašku / na Aljašce / z Aljašky // do Austrálie / v Austrálii / z Austrálie // na Moravu / na Moravě / z Moravy // do Helsinek / v Helsinkách / z Helsinek // do Rigy / v Rize / z Rigy // na hory, do hor / na, v horách / z hor // do Říma / v Římě / z Říma // na Island / na Islandu / z Islandu // na Nový Zéland / na Novém Zélandu / z Nového Zélandu // do Berlína / v Berlíně / z Berlína // do Krkonoš / v Krkonoších / z Krkonoš // do Tuniska / v Tunisku / z Tuniska

17. s vyloučením veřejnosti // až na Petra // s výjimkou zásobování // v případě nebezpečí // v důsledku dlouhotrvajícího horka // na rozdíl od nich // ve srovnání s tebou // přes / bez ohledu na zákaz // na přelomu září a října // v úvodu přednášky // v závěru vystoupení // v průběhu června // u příležitosti výročí založení města // pod vlivem alkoholu // vzhledem k jejímu zdravotnímu stavu // v doprovodu rodičů // pod vedením zkušeného trenéra // ve spolupráci s obecním úřadem // za účasti ministrů obchodu // co do počtu obyvatel // v souvislosti s tou korupční aférou // bez ohledu na nebezpečí // jménem všech přítomných // s ohledem na velký zájem veřejnosti / vzhledem k velkému zájmu veřejnosti

18. nepokládej // neuklízejte // nenechávej // nepospíchej // nezamykej // neukazujte // neposílejte // neprohlížej si // nenavštěvuj // neotvírejte // neprectávajte // neukazuj // nepronajímej si // nezjišťuj // nepřijímejte // nezařizuj si // neposuzuj

19. odpověz // nalejte si // pojď sem // skoč // vraťte se // zujte se // sežeň // oblékni si // vezměte si // užijte // pusť // jez // jeďte // zkuste // shromážděte se // zhasněte // vypněte

20. před odchodem // po příjezdu // kvůli nešikovnosti // ze vzteku // za mlhy // pro pobavení ostatních // při práci // po příletu // díky kamarádově pomoci / za překročení povolené rychlosti // nechodit pozdě // podívat se na to // chodit sem // jíst víc červené řepy

21. protože /jelikož / neboť dobře pracovala // protože /jelikož / neboť bylo špatné počasí // protože /jelikož / neboť nebyla opatrná // aby se léčili // když překládá // až bude přestávka // aby jí udělali radost // aby nám to vysvětlili // aby si s tím hráli // protože / jelikož / neboť měli rozdílné názory // až se naobědvám // abych tady zůstal/a // než odjedu // je to chvíle, co odešel

22. kdybys měl/a chuť // kdyby ti to vyšlo // kdybys chtěl/a // kdybys cokoliv potřeboval/a // kdyby ho zvolili poslancem // kdyby neuspěl ve volbách // kdyby se chřipka rozšířila // kdyby Sparta chtěla postoupit

23. aby chodil // abychom se omluvili // abych tady zůstal // aby šli // aby napsali // aby přijala

24. se // si // si // si // si // – // se // si // se / si // se // si // se //–// se // se // si / si // (se) // se // – // se // – // – // se // se // si // si // si / se // se // – // se / si // se // si

25. severněji / dřív / barevnější / malebnější // výš(e) / řidší / nižší // hlouběji / větší // delší / bezpečnější

26. ze špatných zpráv // vlastním očím // ti / na těch kamarádech // mě / ti / tobě // o jejích dobrých úmyslech // o stalé lepší výsledky // o tom / nás // všech funkcí / z politiky // z několika možností / mezi několika možnostmi // jim / vysokou částku / za nájem a elektřinu // všem zbytečným hádkám // jí / o své /svojí cestě do Egypta // je / svými názory // vás / svým rozhodnutím // velký pozemek / po prarodičích // Heyrovského / o všechny peníze a doklady // jednoho mladého muže / z této krádeže //

za každou nepovedenou věc // manžela / ke koupi nového auta // ho / za jednoho z nejlepších českých vědců // je / na pokoji / do cizích věcí // vám / tu radostnou novinku // na své /svoje kolegy / s nimi // zákazníky / dobrými cenovými nabídkami // ji / svým dárkem // cestující / na změnu jízdních řádů // za vzniklou situaci // na svých požadavcích // v houbách // dobrými studijními výsledky // zbytečnostmi / na podstatnou věc // soudobými evropskými dějinami // s podezřelými osobami // tu zprávu / radostí // mu / po domově a kamarádech // všech nepotřebných věcí // o novou práci // ke studiu / na filozofickou fakultu (kam?) × ke studiu na filozofické fakultě (kde?)

Tibetský test
1. *Označil/a jsi stupně důležitosti ve svém životě:*
   kráva – kariéra, tygr – hrdost, ovce – láska, kůň – rodina, vepř – peníze
2. *Popsal/a jsi sebe a svůj život:*
   pes – jak vnímáš sebe, kočka – jak vnímáš svého partnera, krysa – jak vnímáš svého nepřítele, káva – jak vnímáš sex, moře – jak vnímáš svůj život
3. *Označil/a jsi osoby:*
   žlutá – na tuto osobu nikdy nezapomeneš, oranžová – tvůj skutečný přítel, červená – osoba, kterou opravdu miluješ, bílá – tvoje spřízněná duše, zelená – osoba, na kterou budeš myslet do konce svého života

Psychologický test
   bílé dveře – tvůj vztah k přítomnosti, růžové dveře – tvůj vztah k dětství, červené dveře – tvůj vztah k lásce a sexu, modré dveře – tvůj vztah k budoucnosti, černé dveře – tvůj vztah k smrti

Jméno: Datum:

Hodnocení (max. 90 bodů):

1. Dejte do dativu plurálu: 20]

Rozumím (ty problémy)   _____.
Divím se (vaši sousedi)   _____.
Pomohla jsem (její děti)   _____.
Pojedu k (jeho známý)   _____.
Karlova univerzita patří k (nejstarší univerzita)   _____.
Nedávej to (ti lidé)   _____!
Vyhýbám se (hlučná místa)   _____.
Co máš proti (moji kamarádi)   _____?
Co si vezmeš k (ty šaty)   _____?
Podařilo se to díky (vaše rady)   _____.

2. Doplňte do vět slovesa (použijte 3. osobu minulého času):   5]

rozumět, vyhýbat se, věnovat se, slíbit, patřit

_____   moderním dějinám.
_____   rodičům, že se domů bude vracet včas.
To auto _____   našim sousedům.
_____   výkladům pana profesora.
_____   tmavým ulicím.

3. Doplňte předložky s dativem: 10]

Co máš ____ mně? Udělal jsem to jen ____ tobě. Kdy přijdeš _____ mně na návštěvu? _____ tobě není v ničem lepší. _____ mně byl vždy milý. Rozumím tomu jen _____ vaší pomoci. Bydlíme _____ škole. _____ novým požadavkům nemůžu tu práci dodělat včas. Tento nový mobil je _____ nízké ceně výborný. Jeli jsme na výlet _____ špatnému počasí.

4. Utvořte komparativ: 10]

Jan potřebuje (nový) _____ slovník, (velký) _____ byt, (moderní) _____ nábytek, (měkká) _____ postel, (rychlé) _____ auto, (hodná) _____ holku, (dlouhé) _____ prázdniny, (zajímavá) _____ práci, (hezké) _____ oblečení, (blízké) _____ informace, kde to všechno má sehnat.

5. Utvořte komparativ: 10]

Musíš se oblékat (teple) _____. Mluv (tiše) _____! Tady je (draho) _____ než ve Vídni. Nešlo by to udělat (snadno) _____? Musíš jezdit (opatrně a pomalu) _____. Zítra bude (chladno) _____. V poslední době jezdí domů (často) _____. Už rozumím (hodně) _____. Přijď (brzo) _____.

6. Utvořte věty podle následujícího modelu : 16]

Karlova univerzita je stará. Je jednou z nejstarších univerzit. Patří k nejstarším univerzitám (ve střední Evropě).

Dvořák je dobrý skladatel. _____

_____

Praha je hezké město. _____

_____

Ferrari je rychlé auto. _____

_____

Tančící dům je moderní. _____

7. Použijte *čím–tím*: 10]

Je starý. Je hloupý. _____

Jí hodně. Je tlustý. _____

Je chudý. Je štědrý. _____

Spí málo. Je unavený. _____

Moc se učí. Má dobré výsledky. _____

8. Dejte do plurálu: 9]

Sukně se zkrátila. _____

Den se prodloužil. _____

Člověk se změnil. _____

Cena se zvýšila. _____

Auto se zdražilo. _____

Rozdíl se prohloubil. _____

Dítě se změnilo. _____

Podmínka se zhoršila. _____

Šance se zmenšila. _____

Jméno: Datum:

Hodnocení (max. 110 bodů):

1. Dejte do lokálu plurálu: 20]

1. O (ti lidí) si nemyslím nic dobrého _____.
2. Vyprávěl hezky o (její kolegové) _____.
3. Procházeli jsme se po (staré uličky) _____.
4. Záleží mi na (moji příbuzní) _____.
5. V (ty nové šaty) vypadá mladě _____.
6. Vyznáš se v (dopravní značky) _____.
7. Byli jsme na (několik výletů) _____.
8. Neví nic o (kluci), které viděla ve (vlaky) _____.
9. Nechtěl vstoupit, zůstal stát ve (dveře) _____.
10. V (naše děti) se už nevyznám _____.

2. Dejte do instrumentálu plurálu: 20]

1. Jsem spokojený s (dosažené výsledky) _____.
2. Projížděli jsme (různá města) _____.
3. Už jsi mluvil s (moji známí) _____.
4. Zabývá se (staré dějiny) _____.
5. Je známá (její excentrické názory) _____.
6. Sešli jsme se před (Hradčany) _____.
7. Počítám s (vaše děti) _____.
8. Už ses setkal s (jeho bratři) _____.
9. S (ti lidí) jsem se seznámila na dovolené _____.
10. Mezi (tví přátelé) se cítím dobře. _____.

3. Doplňte do vět slovesa (použijte 3. osobu minulého času): 5]

zabývat se, vyznat se, libovat si, chlubit se, trápit se

Čím ___ _____ po ukončení studia?
Nikdy ___ _____ v matematice a přírodních vědách.
_____ ___ ve všech dobrých věcech.
Rád ___ _____ svými dětmi a jejich úspěchy.
Dlouho ___ _____ nad těmi problémy.

4. Doplňte do vět předložky: 10]

o, po, na, v:

Bála se ___ maminku. Už mám všeho ___ krk! Usiluje ___ novou práci. Chceš pokračovat ___ studiu? Chodím spát ___ půlnoci. ___ tom už nebudeme diskutovat. Věnovala se péči ___ nemocné. Stýská se mi ___ domově. Pojede ___ pár měsíců do Ameriky. Řekni mi, ___ co jde?

5. Doplňte do vět předložky: 10]

pod, nad, před, za, mezi:

___ těchto podmínek tu práci nemůžu vzít. Stydí se ___ holkami. Stydí se ___ špatné výsledky práce. Patří ___ nejlepší brankáře všech dob. Jednal ___ vlivem drog. Hlavně že nebydlíme ___ mostem, a že máme střechu ___ hlavou. Bylo to ___ válkou, anebo ___ války? Pospěš si, chci se vrátit domů ___ světla.

6. Vyberte si správné sloveso: 5]

Do práce nikdy (nejezdím – nejedu) autem. Kdy vaše dítě začalo (jít – chodit) do školky? Několikrát za rok (letí – létá) na různé konference. Několikrát jsem (letěla – létala) přes oceán. Kdo (vodí – vede), Sparta nebo Slavie?

7. Slovesa v závorce dejte do minulého času: 5]

V létě (poletí) k moři _____. Dnes večer voda (nepoteče)_____. (Pojedou) _____ na hory? (Poveze) _____ nás na nádraží. Kdo to (ponese) _____?

8. Použijte neurčitá nebo záporná zájmena: 5]

hodně lidí: _____; hodně různých problémů: _____ problémy; někdo neznámý: _____; skoro nikdo: _____; nikdo: _____ člověk

9. Použijte správné tvary: 30]

V _____ (kolik let) jsi začal/a chodit do školy?
Před _____ (dva roky) se přestěhovali do Prahy.
Vrátil se po _____ (tři roky).
Za _____ (minuta) jsem zpátky.
Viděl jsem ho před _____ (několik hodin).
Tváří se, jako kdyby neuměl do _____ (pět) počítat.
Mluvil jsem tam s _____ (řada lidí).
Stýská se mi po _____ (většina mých kamarádů).
Mám teď _____ (spousta starostí).
Přijdeš domů před _____ (pátá hodina)?
Vrátil se před _____ (pět hodin).
Budeš tu mezi _____ (druhá a třetí hodina)?
Určitě se vrátím do _____ (pět hodin).
Mají otevřeno od _____ (devět) do _____ (sedm).
Hodí se ti ta schůzka v _____ (šest hodin), nebo ji radši dáme na _____
(sedmá hodina)?

Jméno:	Datum:
Hodnocení (max. 90 bodů):	

1. Utvořte správný tvar slov v závorce: 15]

Byli jsme na výstavě (český kubismus) _____ _____.
Vybíral si mezi několika (témata-diplomové práce) _____ _____ _____.
Sejdeme se před (Uměleckoprůmyslové muzeum) _____ _____.
Chodíš rád do (pražská muzea) _____ _____?
V létě pojedu do (Jižní Korea) _____ _____.
Měl jsem problémy s udělením (vízum) _____.
Mluvili o (cykly-přednášky) _____ _____ a výši (stipendia) _____.

2. Utvořte správný tvar slov v závorce: 10]

Je to dítě s (velké oči) _____ _____.
Sotva stojí na (nohy) _____.
Píská mi v (uši) _____.
Musíme si promluvit mezi (čtyři oči) _____ _____.
Musíš to držet pevně v (obě ruce) _____ _____.
Pořád se na ni dívá, stále ji má na (oči) _____.
Je náročná, žije na vysoké (noha – sg.) _____.

3. Dejte do správných pádů: 20]

Stal se (mluvčí strany) _____. Mluvili jsme o (pan předseda Novák) _____. Teroristé zadrželi několik (rukojmí) _____. Co si myslíte o zavedení (školné) _____? (Pan soudce) _____, mám jeden dotaz. Na výletě jsme se od (průvodce) _____ dozvěděli spoustu zajímavých věcí. Mluvil se (zástupce ředitele) _____. Co si dáš ke (kuře) _____? Do salátu dala několik (rajče) _____. Už jste to vyřídili (děvčata) _____? Kam letos pojedete na (dovolená) _____? Při dopravní nehodě bylo několik (zranění) _____. Všechny (zranění) _____ sanitky odvezly do nemocnice. Kolik jste utratili za (mýtné) _____ na rakouských dálnicích? Všechny drobné nákupy si musí hradit z (kapesné) _____.

4. Změňte vid: 5]

Vlak (přijede) _____ večer. (Rozejde se) _____ s ním. Kdo u vás (vynese) _____ smetí? Kdy (se sejdete) _____? V kolik hodin (přiletí) _____ letadlo?

5. Doplňte vhodné prefixy pohybu: 20]

_____šel na chodbu ven. _____šel za roh. _____stoupil z metra. _____šel na druhou stranu ulice. _____šel se s kamarádem v 5 hodin. _____stoupil na vrcholek hory. _____šel do obchodu pro vejce a rohlíky. Auto _____jelo chodce. Z místa nehody řidič _____jel. _____šli jsme se po městě. V Brně musíme _____stoupit na jiný vlak. Na dálnici se _____razila dvě auta. V kolik hodin _____razíme na cestu? _____skočil si jen na chvíli ven. Jeho rodiče už nežijí spolu, před rokem se _____vedli. Ne_____cházej ulici mimo přechod! _____stupujte rychle do metra! Jezdí moc rychle, rád _____jíždí jiná auta. _____šel jsem pozdě na nádraží, vlak mi bohužel _____jel.

6. Utvořte substantiva: 5]

nastoupit – metro: nástup do metra

přijet – vlak _____, vystoupit – metro _____, vcházet – budova _____, přecházet – ulice _____, scházet se – kamarádi _____

7. Doplňte vhodnou spojku *dokud, než, zatímco*: 5]

Buď tady, _____ to dodělám. _____ nedodělám tu práci, nikam nepůjdu. Řekni mi to, _____ si to ještě pamatuješ, _____ to úplně zapomeneš! _____ já pilně pracuju, on se klidně dívá na televizí!

8. Doplňte vhodné adverbium: 10]

Půjdeme <u>ven</u>. Zůstaneme _____. Je to <u>nahoře</u>. Sundej to _____. Volá zevnitř. Pojďme _____. Můžeš jít jakoukoli cestou _____. Můžeš mi zavolat <u>v jakoukoli dobu</u> _____. Mají to na <u>nějakém jiném místě</u> _____. Půjdu tam <u>v jinou dobu</u> _____. <u>Z tohoto místa</u> cesta nevede _____. <u>Doteď</u> se neozval _____. Udělám to <u>jiným způsobem</u> _____.

Jméno:	Datum:
Hodnocení (max. 110 bodů):	

1. Změňte vid: 15]

(ty – potkat) Jak často ho _____?
(já – dát) _____ ti čestné slovo, že to udělám.
(oni – užít si) _____ prázdnin.
(my – vyhodit) _____ všechny nepotřebné věci.
(vy – pustit) _____ vaši kočku ven?
(oni – ztratit) Jen zbytečně _____ čas.
(ty – vrátit se) Kdy se večer _____ domů?
(já – odložit) Nechci tu zkoušku zase _____!
(on – opřít se) _____ o hůl.
(ty – dotknout se) Tím se mě _____!
(ona – všimnout si) _____ všech detailů.
(on – zamknout) Nikdy za sebou _____ dveře.
(vy – nabídnout) Co mi _____?
(já – hnout) Nemůžu se _____!
(ty – chápat) Dokážeš to _____?

2. Utvořte záporný imperativ: 10]

(Uteč) _____ před ním!
(Otevři) _____ okno!
(Zvedni) _____ ten telefon!
(Utři) _____ to nádobí!
(Zhasni) _____ světlo!

(Vyhni se) _____ mu!
(Polož) _____ to sem!
(Ozvi se) _____ mu!
(Vypni) _____ rádio!
(Odpusť) _____ mu všechno!

3. Použijte ve větách: 10]

(já – přestat) Ne_____ se zlobit!
(on – skákat) Pořád mu _____ do řeči.
(oni – přijmout) _____ náš návrh.
(já – obout si) _____ ty nové boty.
(my – pomoct) Rádi ti _____.

(já – poslat) _____ ti to.
(téct) Voda ne_____.
(já – upéct) _____ dort.
(zbýt) _____ ti něco?
(růst) _____ mi zub moudrosti.

4. Doplňte prefix tak, aby se nezměnil význam: 10]

____píšu dopis, ____platím účet, ____mluvím s kamarádem, ____děkuju za pomoc, ____ptám se na to, ____ruším svou účast, ____peru prádlo, ____budím se, ____měním se, ____účastním se kurzu

5. Doplňte vhodný prefix podle kontextu: 15]

po-, pod-, pře-, před-, s-, vy-, z-

____psali jsme dohodu o spolupráci. Ta práce je špatná, musím ji celou ____dělat. Jezdit po Praze taxíkem se ne____platí! Promiňte, nechtěl jsem vás ____rušit od práce. Na chvíli ____rušili jednání, budou pokračovat za chvíli. ____padla mi plomba, ten zub mě moc bolí, já už to ne____držím! Proč jdeš tak pozdě, kde ses ____držel tak dlouho? Můžeš mi na chvíli ____držet tašku? ____platil jsem si Lidové noviny na půl roku. Mluvil o kolegovi ošklivě, ____mluvil ho za jeho zády. Nechtěl s námi jet na dovolenou, ale nakonec jsme ho ____mluvili, a tak všichni ____razíme na cestu zítra brzo ráno. Ta knížka je vyprodána, už se nikde nedá ____hnat. Jeho názor není objektivní, on všechno zveličuje, rád ve všem ____hání!

6. Použijte prefix opačného významu: 10]

zabalím kufr	_____	naliju trochu vína	_____
zuju si boty	_____	obleču si svetr	_____
vypnu rádio	_____	zavážu si tkaničky	_____
přijedu pozdě	_____	baterie se nabíjí	_____
vystoupím nahoru	_____	přibývá mi práce	_____

7. Doplňte vhodné předložky a dejte slova v závorce do správných tvarů: 10]

kvůli, pro, z

Udělal to _____ (vztek)
Tu práci dělám jen _____ (peníze), ne _____(potěšení).
Obchod je _____ (nemoc) zavřený.
(technické důvody) _____ zavřeno.

8. Použijte místo předložek spojky a věty upravte: 10]

Policie ukončila pátrání pro nedostatek důkazů.

_____

Nejeli jsme tam kvůli špatnému počasí.

_____

V důsledku oteplování tajou ledovce.

_____

Udělal to ze strachu.

_____

Získal jsem tu práci díky vaší pomoci.

_____

9. Utvořte ze zvýrazněného slova sloveso a použijte ho ve větách: 20]

Nehoda se stala **vinou** řidiče. –
Řidič_____

Kladla mu za **vinu** úplně všechno. –

_____

Kdo na tebe měl největší **vliv**? –

_____

Letenky jsou teď **levnější**. –

_____

Elektřina je **dražší**. –

_____

Z čeho jsi tak **nervózní**? –
Co_____

Musíš být **klidnější**. –

_____

V příštích dnech bude **tepleji**. –

_____

V zimě je **tma** brzo. –

_____

Chci, aby se moje plány **staly skutečností**! –

_____

Jméno: Datum:

Hodnocení (max. 110 bodů):

1. Slova v závorce dejte do správných tvarů: 24]

Zítra pojedeme do (Jindřichův Hradec) _____. Už jste byli v (Karlovy Vary) _____? Je studentem (Masarykova univerzita) _____. Koncert je v (Dvořákova síň) _____. Sejdeme se na (Novotného lávka) _____ před (Karlovy lázně) _____. Na místě (Karlův most) _____ stál ve 12. století (Juditin most) _____. Když z (Karlovo náměstí) _____ půjdete (Myslíkova ulice) _____ a pak na nábřeží odbočíte doleva a půjdete dál po (Masarykovo nábřeží) _____ _____, dostanete se přímo k (Jiráskův pomník) _____.

2. Dejte do reflexivního pasiva: 5]

Každý rok opravujou dálnice.   _____
Ceny za benzín zase zvýšili.   _____
Hodně o tom diskutovali.   _____
Dnes lidé čtou míň než dřív.   _____
Jak slavíte u vás Vánoce?   _____

3. Dejte do plurálu: 10]

Dítě bylo ošetřeno v nemocnici.   _____
Každý účet je zaplacen včas.   _____
Práce byla odevzdána v termínu.   _____
Byl překvapen vývojem událostí.   _____
Bude nadšena, až to uvidí.   _____

4. Ze sloves v závorce utvořte verbální substantiva: 9]

Bylo to pro mě velké _____ (zklamat). Ten lék už dlouho není k _____ (dostat). Vyskočila _____ (nadchnout) *(Instr.)*. Musím do nemocnice na _____ (vyšetřit). Bylo to těžké _____ (rozhodnout). Omlouvám se za _____ (zpozdit se). Máte doma ústřední _____ (topit)? Díky za _____ (pozvat). Bylo to veřejné _____ (prohlásit).

5. Ze sloves v závorce utvořte adjektiva a použijte je ve větách: 5]

(přečíst) _____ knihu vrátil do knihovny.
(zdědit) _____ pozemek výhodně prodal.
(kysat) Z _____ zelí uvařil polévku.
(rozmrazit) _____ maso musíte rychle spotřebovat.
(vytrhnout) Rána po _____ zubu je dlouho citlivá.

6. Vyberte správný tvar: 5]

Blahopřejeme panu Novákovi a své / jeho rodině.
Srdečně zveme paní Novotnou se svojí / její rodinou.
Paní Nováková přišla se svojí / její rodinou.
Nelíbí se mi můj / svůj pokoj.
Mám rád/a mého / svého přítele.

7. Utvořte ze substantiv reflexivní verba a použijte je ve větě: 12]

zájem, domněnka, obava, omyl, stesk, trápení

_____
_____
_____
_____
_____

8. Doplňte do vět zájmeno _se_ nebo _si_ tam, kde je to nutné: 20]

Dovolte, abych ___ představil. Umíte ___ to představit? Jak ___ to chováš? Jedná ___ o novém programu. O co ___ jedná? Budu ___ řídit vašimi radami. Matka je z nich zoufalá, včera ___ zase poprali. Budeme ___ prát v sobotu. Postavili ___ nové domy. Postavte ___ do fronty! Moc ___ mi to scházelo. Chybíš ___ mi! Vede ___ diskuse na to téma. Vede ___ podnik. Jak ___ mu vede? Odpočinu ___ na dovolené. Pořád ___ na něco stěžuje. Nemůžu ___ na to zvyknout. Potrpí ___ na dobré jídlo. Trápí ___ nad tou prací. Rozhoduje ___ mezi dvěma variantami. Zajímá ___ o nové technologie. Libuje ___ v krásných věcech. Kolik uchazečů ___ letos hlásilo na tento obor? Donesl ___ mi dárek. Doneslo ___ mi, že chce dát výpověď. Nechce ___ mi tomu věřit.

9. Nahraďte prepozice spojkami *ačkoli, i když, přestože, třebaže* **a věty upravte:** 20]

Den byl nádherný navzdory špatné předpovědi.
Přestože předpověď byla špatná, den byl nádherný.

Navzdory nedávnému vážnému zranění hrál v Lize mistrů.

_____

Podstoupili to riziko přes naše přátelské varování.

_____

Proti našemu očekávání všechno dopadlo dobře.

_____

Zpěvačka Beyoncé vystoupí na tom koncertě navzdory protestům muslimů.

_____

Navzdory krizi firma očekává vyšší zisky.

_____

Microsoft smí prodávat svůj produkt i přes zákaz soudu.

_____

Představení je dobré i přes nepochopitelně vlažné přijetí publika.

_____

Navzdory oprávněné kritice kvality balené vody její spotřeba prudce vzrůstá.

_____

Navzdory bouřlivému potlesku publika další písničku už nezahráli.

_____

Přes velké naléhání kamarádů jim odmítl půjčit motorku.

_____

19 TEST

Jméno: Datum:

Hodnocení (max. 110 bodů):

1. Dejte číselné výrazy a slova v závorce do náležitého pádu a vypište je slovy: 80]

V roce 1850 _____ dosáhl počet obyvatel na Zemi poprvé
(1 miliarda) _____. V posledních desetiletích každým dnem přibývá
kolem (200 000 lidé) _____.
(57 %) _____ z nich se narodí v Asii.
To je, jako kdyby každý rok přibyl jeden stát o (75 000 000 – *Lok.*) _____
_____ obyvatel. V současné době na planetě žije
(6,5 miliarda lidé) _____.
Podle demografů by počet obyvatel do roku 2050 _____ mohl vzrůst
na (9,4 miliarda) _____. V Evropě se počet obyvatel zvyšuje jen
o (0,1 %) _____ a brzy začne klesat, v Africe o (3,2 %) _____
ročně, průměrné tempo zvyšování počtu obyvatel ve světě je 1,7 % _____.
Na jednu ženu v Evropě připadá (2,3 dítě) _____, v Africe (5,5 dítě)
_____. Každý 5. _____ člověk na světě je Číňan,
každý 6. _____ Ind.
Ve světě se dosyta najedí jen dva lidé ze (3) _____. Počet hladovějících lidí v Africe se
blíží k (100 000 000) _____, z toho je 1/3 _____ děti.
Více než 1/5 _____ lidstva žije pod hranicí chudoby.
16 000 000 km² _____, tj. 9,99 % _____ povrchu
pevniny je využíváno jako orná půda.
Na planetě je asi 1350 milionů km³ vody _____. Z toho je
97,2 % _____ slané vody v oceánech, 2,5 %
_____ sladké vody v ledovcích, 0,0091 %
_____ ve sladkovodních jezerech a ve vodních tocích,
0,001 % _____v atmosféře, 0,0005 % _____
v živých organizmech. (Další voda je v půdě, v podzemí a ve vnitrozemských slaných
jezerech.) Fyziologicky potřebuje člověk jen (3–5 l) _____ pitné vody
na den, to znamená 1,1–1,8 m³ _____ za rok (1 m³ je 1000 litrů vody).
Celkově však spotřebují (včetně vody používané v zemědělství, průmyslu atd.) lidé ve
vyspělých státech 1200–1500 m³ _____ na obyvatele
za rok. Čísla mluví jasnou řečí.

2. Z podtržených výrazů utvořte adjektivum a věty pozměňte: 6]

Voda je problémem, který souvisí s populační explozí.

_____

V roce 1975 byla přijata mezinárodní dohoda, která zakazuje obchod s ohroženými druhy zvířat.

_____

Termodynamika je vědní obor, jenž zkoumá přeměny různých druhů energie, které provázejí přírodní děje.

_____

Je hodně organizací, které usilují o ochranu životního prostředí.

_____

Kolik je v ČR dětí, které připadají na jednu ženu?

_____

3. Doplňte do vět správné tvary zájmena _jenž_: 12]

Zapište se do kurzů, o _____ máte zájem. Všichni lidé, s _____ jsme mluvili, se na to dívají podobně. Lidé hromadí věci, na _____ jim vůbec nezáleží, po _____ jen touží. Kolik je doopravdy věcí, bez _____ se člověk neobejde? Na OH je několik medailí, o ____ ČR bojuje. Doktorům, _____ vděčí za uzdravení své dcery, rodiče poděkovali darem. Vyskytl se problém, _____ jsem si nebyl vědom. Je to hvězda, na _____ se nezapomnělo, o _____ se pořád hodně mluví. Propagace extremismu je zločin, _____ nelze promíjet. Chci vám doporučit ke čtení zajímavou knihu, Michelangelův básnický deník Oheň, _____ _(Instr.)_ hořím.

4. Doplňte do vět správné tvary zájmena _týž_: 12]

Je to téměř jedno a _____, jsou to jen dvě stránky _____ mince. Hašek a Kafka se narodili _____ _(Gen.)_ roku, v _____ dobu žili v _____ městě, ale zřejmě se nikdy nesetkali. Bojovali proti _____ nepříteli. Mluvíme o _____ autorech. Vrátil se z cesty s _____ dojmy. Všichni lidé by měli mít _____ práva. Existují všude _____ svoboda slova a _____ podmínky? Dospěli jsme k _____ závěrům.

BASIC CZECH III

Ana Adamovičová
Milan Hrdlička

Vydala Univerzita Karlova
Nakladatelství Karolinum
Ovocný trh 5/560, 116 36 Praha 1
Praha 2023
www.karolinum.cz
Redakce Jana Jindrová
Obálka a grafická úprava Jan Šerých
Sazba studio Lacerta (www.sazba.cz)
Vytiskla tiskárna Nakladatelství Karolinum
Druhý dotisk druhého vydání

ISBN 978-80-246-3256-8